Jürgen Thorwald, im Oktober 1916 in Solingen geboren, in einem Dorf am Niederrhein aufgewachsen, schrieb schon als Schuljunge zahlreiche Geschichten und träumte davon, einmal Erzähler und Romanschriftsteller zu werden. Nach dem Ende der Schulzeit begann er mit einem Studium der Medizin, wurde aber durch eine schwere Erkrankung gezwungen, dieses Studium aufzugeben. Sein nachfolgendes Studium der Literatur und Geschichte wurde im Zweiten Weltkrieg durch die Einberufung zur Kriegsmarine abgebrochen.
Seine Arbeit als Schriftsteller, die kurz nach dem Krieg in der Redaktion der heute im »Rheinischen Merkur« aufgegangenen Wochenzeitschrift »Christ und Welt« begann, führte ihn in den folgenden Jahren und Jahrzehnten zu internationalen Erfolgen großen Stils. Dazu zählten seine (durch nostalgische Erinnerungen an sein so absurd aufgegebenes Medizinstudium angeregten) großartig erzählten Medizinhistorien. Sie umfaßten unter anderem seine zweibändige dramatische Geschichte der Chirurgie »Das Jahrhundert der Chirurgen« (Band 3275) und »Das Weltreich der Chirurgen« (Band 3281). Ferner »Die Entlassung – das Ende des Chirurgen Ferdinand Sauerbruch« (Band 11), »Macht und Geheimnis der frühen Ärzte«, »Die Patienten« (Band 3383), eine Geschichte der Menschen, an denen zum ersten Mal neue Methoden der Medizin erprobt wurden. Es folgten, ausgehend von der dramatischen Geschichte der Gerichtsmedizin, die in 25 Sprachen übersetzte Story der Kriminalistik »Das Jahrhundert der Detektive« (Band 3157, 3160, 3164) und die Fortsetzung »Die Stunde der Detektive« (Band 3210 und 3211).
Während der jahrelangen Forschungsarbeiten für andere noch nicht veröffentlichte Werke aus dem medizinischen Themenkreis wie »Die Frauenärzte« und »Das Jahrhundert der Spezialisten« entstanden in Erfüllung seiner erzählerischen Kinderträume die drei Romane »Der Mann auf dem Kliff« (Band 1042), »Die Monteverdi-Mission« und »Tödliche Umarmung«, in denen er sich tatsächlich als bedeutender Erzähler erwies. Sein Ruf beruht jedoch nicht zuletzt auf seinen Werken als Historiker, zu denen der erste Teil einer Geschichte der Juden in Amerika »Das Gewürz« gehört. Doch es waren zwei zeithistorische Werke aus den »Christ und Welt«-Tagen, die seine Entwicklung als Historiker einleiteten. Es handelte sich um die 1949/50 erschienenen Bücher »Es begann an der Weichsel« und »Das Ende an der Elbe«, die in kurzer Zeit nicht nur Hunderttausende von Lesern in Deutschland fanden. Sie wurden auch in Amerika, England, Frankreich, Holland, Spanien, Italien und anderen Ländern übersetzt. In den vier Jahrzehnten, die seither vergingen, wurden sie von keiner anderen Darstellung an Gehalt und Erzählungskunst übertroffen. Diese beiden Werke erschienen im Mai 1985 als einbändige Sonderausgabe (Band 3803).

Die Taschenbuchausgabe des Werkes
Jürgen Thorwald, »Das Jahrhundert der Detektive«
besteht aus den Einzelbänden:
Das Zeichen des Kain (Band 3157)
Report der Toten (Band 3160)
Handbuch für Giftmörder (Band 3164)

Vom Autor bearbeitete Taschenbuchausgabe
mit 20 Abbildungen
Droemersche Verlagsanstalt Th. Knaur Nachf., München

Umschlaggestaltung Atelier Blaumeiser, München
Mit freundlicher Unterstützung
des Bayerischen Landeskriminalamtes
Gesamtherstellung Ebner Ulm
Printed in Germany · 9 · 3 · 585
ISBN 3-426-03160-4

Gesamtauflage dieser Ausgabe: 67 000

Inhaltsverzeichnis

Was die Toten erzählen
oder *Meilensteine der forensischen Medizin*

Was die Toten erzählen
oder *Meilensteine der forensischen Medizin*

1

»Die Leiche ist identifiziert«, so lautete eine Schlagzeile auf der zweiten Seite der Pariser Tageszeitung ›L'Intransigeant‹ vom 22. November 1889. Gleichzeitig veröffentlichte das Blatt zwei nebeneinanderstehende Illustrationen. Die eine zeigte den verwesten, unkenntlichen Kopf einer vier Monate alten männlichen Leiche, die andere das Gesicht des gleichen Mannes zu Lebzeiten.
Das ein wenig makabre Doppelporträt stellte das Gesicht eines unbedeutenden Pariser Gerichtsvollziehers mit Namen Gouffé dar, der ein Büro in der Rue Montmartre unterhalten und seine gutgehenden Geschäfte mit ausgedehnten amourösen Abenteuern verknüpft hatte. An jenem 22. November jedoch, an dem ›L'Intransigeant‹ fast triumphierend sein »Die Leiche ist identifiziert« verkündete, war der Unbedeutende seit Wochen zu einem Ruhm gelangt, der zeitweilig selbst den triumphalen Erfolg der Pariser Weltausstellung überschattete. Gouffés urplötzliches Verschwinden am Abend des 26. Juni und die Enthüllung seiner geradezu beispiellosen Emsigkeit in den Betten der ›gehobenen Damen‹ von den Champs Elysées hatten genügt, ihm über Nacht zu so ungewöhnlicher Popularität zu verhelfen. Die monatelangen vergeblichen Bemühungen des Chefs der Sûreté*, Goron, den Verschwundenen zu entdecken, und eine Flut von Gerüchten hatten ein übriges getan. Schließlich hatte die Suche nach Gouffé durch den Fund eines unkenntlich gewordenen Leichnams bei La Tour de Millery in der Nähe von Lyon und die Frage, ob es sich dabei um den Vermißten handle, neue erregende Akzente erhalten. Am 22. November lieferte ›L'Intransigeant‹ die Antwort: »Es war Gouffé!«
Nicht nur ›L'Intransigeant‹, sondern alle Pariser Blätter berichteten über die ans Mysteriöse grenzende Art und Weise, auf die ein bis dahin in der breiten Öffentlichkeit kaum bekannter Mann, Professor Alexandre Lacassagne, Pathologe und Gerichtsmediziner der Universität Lyon, den bis zur Unkenntlichkeit zerstörten sterblichen Überresten von Millery das Geheimnis ihrer Herkunft entrissen hatte. Das ›Petit Journal‹ veröffentlichte jede Einzelheit der Untersuchung des Toten wie ein Ereignis von weittragender politischer Bedeutung, und Martin Duffus schloß einen Artikel mit den bewegenden Sätzen: »Die französische Nation hat der Welt Al-

* Kriminalpolizei von Paris

phonse Bertillon, den Erneuerer der Kriminalpolizei, geschenkt. Die Entschleierung des Geheimnisses von Millery lehrt uns, daß auch die französische Medizin imstande ist, der Kriminalistik zukunftsträchtige Wege zu weisen. Die Identifizierung des Toten von Millery ist ein Meilenstein der Geschichte.«

Der englische Pathologe Pepper äußerte später einmal Zweifel daran, daß die Ereignisse um den Toten von Millery tatsächlich eine so einmalige Bedeutung besäßen. Sofern er rein sachlich die Entwicklung des Spezialgebietes der Medizin, das den Namen ›forensische‹ oder ›Gerichts-Medizin‹ trug, im Auge hatte, war er zweifellos im Recht. Wenn er aber an die Atmosphäre dachte, an das Eindringen der relativ jungen Gerichtsmedizin in das Bewußtsein der Öffentlichkeit und in die kriminalistische Vorstellungswelt, dann konnte er den Wahrheitsgehalt von Duffus' Worten nicht bestreiten. Es gab in jenen Pionierjahrzehnten der Kriminalistik nur wenige andere Fälle, welche die heraufziehende Bedeutung der Medizin für die Kriminalistik so sehr in das Blickfeld der französischen und europäischen Öffentlichkeit rückten, wie dies der ›Fall Gouffé‹ tat.

Am Abend des 27. Juli 1889, an dem ein Schwager Gouffés, Landry, auf der Polizeidienststelle des Bezirks Bonne-Nouvelle das Verschwinden des Gerichtsvollziehers meldete, hatte der diensttuende Kommissar Brissaud der Angelegenheit keine besondere Bedeutung beigemessen. Landry gab zu, daß Gouffé, ein neunundvierzigjähriger Witwer, der bei seinen Töchtern lebte, amouröse Beziehungen zu wenigstens zwanzig verschiedenen Mädchen unterhalten hatte und sich »zu einem Abenteuer zurückgezogen haben könnte«. Erst als Gouffé am 30. Juli noch nicht wieder aufgetaucht war, gelangte der Fall in die Hände Gorons und des zuständigen Untersuchungsrichters Dopffer. Goron stattete Gouffés Büro einen Besuch ab. Auf dem Fußboden vor dem Geldschrank entdeckte er achtzehn abgebrannte Zündhölzer. Die Concierge berichtete, daß an dem Abend, an dem Gouffé verschwunden war, ein Mann das Büro mit einem Schlüssel geöffnet hatte, eine Zeitlang darin verweilte und dann wieder an ihrer Loge vorübergegangen war. Bei seinem Kommen hatte sie ihn für Gouffé gehalten; erst als der vermeintliche Gouffé fortging, hatte sie erkannt, daß es ein Fremder war. Goron schloß daraus, daß der Fremde in den Besitz von Gouffés Schlüsselbund gelangt sein mußte und versucht hatte, den Geldschrank zu öffnen. Goron veranlaßte Nachforschungen in der Gegend des Boulevard Haussmann und in dem berühmten Café Anglais. Aber obwohl Gorons Beamte sich mit Hunderten von Mädchen in Verbindung setzten, wurde nicht die geringste

Spur des Verschwundenen entdeckt. Gouffé lebte in geordneten finanziellen Verhältnissen. Eine Flucht vor irgendeiner Strafverfolgung kam nicht in Frage. Ein Selbstmord schien angesichts Gouffés Lebenshunger ausgeschlossen. Beschreibungen Gouffés wurden an alle Polizeistellen in Frankreich versandt. Darin hieß es, er sei schlank, 1,75 Meter groß, elegant gekleidet, habe volles, kastanienbraunes Haar und einen gepflegten, viereckig gestutzten Vollbart. Außerdem beauftragte Goron mehrere seiner Schreiber, sämtliche Zeitungen, selbst die kleinsten Provinzblätter, auf Meldungen über Leichenfunde zu überprüfen.

Bis zum 16. August war die Sûreté noch keinen Schritt weitergekommen. Gouffé schien vom Erdboden verschwunden. Goron begann bereits um seinen legendären Ruf zu fürchten. Da – am frühen Morgen des 17. August, fand er auf seinem Schreibtisch je eine Ausgabe des ›Quotidien Provençal‹ und der ›Lanterne‹. In beiden Blättern war eine Notiz angekreuzt. Sie meldete, die Einwohner eines Dorfes in der Nähe von Lyon hätten am Ufer der Rhone in einem Sack eine männliche Leiche entdeckt. Den noch nicht identifizierten Toten habe man in die Morgue, die Leichenhalle von Lyon, überführt. Goron bestürmte den Untersuchungsrichter Dopffer, sofort eine telegrafische Anfrage nach Lyon zu richten. Dopffer zögerte. Die Zahl der falschen Spuren, die man bereits verfolgt hatte, schien ihm ausreichend groß. Schließlich jedoch gab er nach. Aus der Antwort des Untersuchungsrichters Bastide in Lyon sprach deutliche provinzielle Aversion gegen Einmischungen aus Paris. Die Polizei in Lyon, hieß es, stehe bereits vor der Aufklärung des Falles. Unter keinen Umständen handele es sich bei dem Toten um Gouffé. Die Körpermerkmale seien in jeder Beziehung anders als die des Gesuchten.

Dopffer hielt die Angelegenheit für erledigt. Nicht so Goron. Er telegrafierte an die Redaktion der ›Lanterne‹ und bat den Lokalberichterstatter um einen ausführlicheren Bericht. Am 20. August erhielt Goron eine Darstellung, wie sie ausführlicher nicht hätte sein können. Seit Anfang August hatten sich die Einwohner von Millery über einen ekelerregenden Geruch gewundert, der einigen Brombeersträuchern am Rhoneufer entstieg. Der Straßenwärter Goffy entdeckte schließlich am 13. August im Gebüsch einen großen Jutesack. Als er ihn mit seinem Messer aufschlitzte, schob sich ihm ein halbverwester, schwarzhaariger Männerkopf entgegen. Goffy rannte, von Entsetzen gepackt, zur Gendarmerie. Einige Stunden später trafen aus Lyon ein Beamter der Staatsanwaltschaft, Bérard, und ein Arzt, Dr. Paul Bernard, ein. Dr. Bernard gehörte zu den

Ärzten, die in Frankreich seit längerer Zeit als Gerichtsärzte fungierten und in Fällen, in denen die Richter und Staatsanwälte glaubten, medizinischen Rat zu benötigen, hinzugezogen wurden. Da es schon dunkel war und der Schein von Fackeln für eine Leichenöffnung an Ort und Stelle nicht ausreichte, wurde der Sack mit dem Toten nach Lyon überführt. Am 14. August unternahm Dr. Bernard eine Autopsie. Aus seinem Bericht ging hervor, daß man den Toten völlig nackt, mit dem Kopf voraus, in den Sack gestopft hatte. Sein ganzer Körper war in Wachstuch gehüllt und mit einer siebeneinhalb Meter langen Schnur umwickelt. Der Tote war 1,70 Meter groß und fünfunddreißig bis fünfundvierzig Jahre alt. Haar und Bart waren schwarz. Der Kehlkopf zeigte zwei Brüche. Daraus schloß Bernard, daß der Unbekannte erdrosselt worden war.
Dr. Bernard hatte seine Untersuchung gerade beendet, als aus Saint-Genis-Laval, einem Nachbardorf von Millery, eine neue alarmierende Nachricht in Lyon eintraf. Ein Bauer, der Schnecken sammelte, stieß am Rhoneufer auf sonderbare Holzstücke. Der Gendarm Thomas, der kurz darauf des Wegs kam, gewann die Überzeugung, daß es sich um Teile eines Koffers handele, die einen »typischen Leichengeruch« ausströmten. Er brachte sie mit dem Fund von Millery in Verbindung und transportierte das gesamte Material nach Lyon. Dort fand man auf dem Kofferdeckel zwei Etiketten der französischen Staatsbahn. Sie trugen die Aufschrift: »Aufgabebahnhof: Paris 1231 – Paris 27. 7. 188. – Expreßzug 3. Bestimmungsbahnhof: Lyon-Perrache 1.«
Die letzte Ziffer der Jahreszahl 188. war schwer leserlich. Aber der Lyoneser Kriminalkommissar Remondencq entschied, daß es sich um eine 8 handeln müsse, der Koffer also vor mehr als einem Jahr nach Lyon gesandt worden sei. Daß der Koffer in irgendeiner Beziehung zu dem Toten stand, zeigte sich am 16. August, als der Straßenwärter Goffy dort, wo die Leiche gelegen hatte, einen Schlüssel fand, der genau in das Schloß des Koffers paßte.
Soweit der Bericht des Lokalreporters aus Lyon. Goron gewann die – im Grunde durch nichts gerechtfertigte – Überzeugung, auf Gouffés Spur zu sein. Er kannte so manchen Gerichtsarzt jener Tage und mißtraute Dr. Bernards Befunden. Noch am Abend rang er dem unwilligen Untersuchungsrichter Dopffer die Erlaubnis ab, Gouffés Schwager Landry mit einem Sûreté-Beamten nach Lyon zu schicken. Landry sollte sich durch den Augenschein überzeugen, ob der Tote Gouffé sei oder nicht. Am 21. August machten sich der Brigadier Soudais und Landry auf den Weg nach dem Süden. Soudais glaubte ebensowenig wie Dopffer an den Sinn der Reise. Der

Empfang durch den Untersuchungsrichter Bastide trug nicht dazu bei, seine Laune zu verbessern. Nur um der Pflicht zu genügen, bestand er darauf, den Leichnam von Millery zu besichtigen. Es war später Abend. Die ›Morgue‹ von Lyon befand sich auf einer alten Barke, die vor dem ›Hôtel Dieu de Soufflot‹ auf der Rhone vor Anker lag. Während des Sommers verbreitete sie einen fürchterlichen Gestank, im Winter war es darin so kalt, daß sezierenden Ärzten die Instrumente aus den erstarrten Händen fielen.
Der Wärter, Père Delaignue, dessen Bart und Haar bis zu den Hüften herabhing, eine schmutzige, pfeiferauchende Gestalt, führte Soudais und Landry über einen Holzsteg in die Barke hinab. Auf dem nackten Boden lagen einige Tote. Père Delaignue beleuchtete mit seiner Laterne den Leichnam von Millery. Landry preßte ein Taschentuch vor das Gesicht, warf einen einzigen Blick auf die unkenntlichen Reste des Mannes, der Gouffé sein sollte, schüttelte den Kopf und lief entsetzt an Land zurück. Soudais überzeugte sich, daß die Haare des Toten schwarz waren – pechschwarz und nicht kastanienbraun wie diejenigen Gouffés. Am folgenden Morgen telegrafierte er Goron, daß die Expedition gescheitert sei. Mehr noch – der Brigadier erfuhr, daß am gleichen Morgen ein Kutscher aus Lyon eine aufsehenerregende Mitteilung gemacht hatte und soeben durch den Untersuchungsrichter Vial vernommen worden war. Der Kutscher, Laforge mit Namen, gab an, er habe am 6. Juli am Bahnhof auf Fahrgäste gewartet. Schließlich sei ein Mann erschienen und habe einen großen, sehr schweren Koffer einladen lassen. Außer dem Auftraggeber stiegen noch zwei weitere Männer zu; die Fahrt ging in die Gegend von Millery. Dort luden sie den Koffer ab und forderten Laforge auf, zu warten. Nach einiger Zeit kehrten sie ohne Koffer zurück und ließen sich wieder nach Lyon fahren. Laforge erkannte den Koffer an den gefundenen Einzelteilen wieder. Als man ihm das Verbrecheralbum von Lyon vorlegte, identifizierte er anhand der Fotografien drei Männer mit Namen Chatin, Revol und Bouvanet als seine Fahrgäste. Seit dem 9. Juli waren sie wegen eines Raubmordes in Haft.
Vial, der jetzt die Untersuchung des ›Falles Millery‹ übernahm, beauftragte Soudais, seinem Chef in Paris mitzuteilen, er könne sich weitere Einmischungen ersparen. Der Fall sei geklärt. Der Leichnam werde am kommenden Tage auf dem Gemeindefriedhof De la Guillotière beigesetzt.
Goron nahm, wie es in einem zeitgenössischen Bericht hieß, »die Meldungen aus Lyon mit Ingrimm auf, ohne daß sie ihn in seiner sonderbaren Art von Verbohrtheit überzeugt hätten«. Da er zu-

nächst keine Möglichkeit sah, noch einmal in Lyon zu intervenieren, stürzte er sich mit gesteigertem Eifer in die Ermittlungen in der Hauptstadt selbst. Im September erhielt er einen Bericht seiner Spitzel, der ihn aufhorchen ließ. Am 25. Juli war Gouffé in der Brasserie Guttenberg mit einem gewissen Michel Eyraud gesehen worden, der sich als Kaufmann bezeichnete und einen zweifelhaften Ruf genoß. Eyraud befand sich in Begleitung seiner jungen Geliebten Gabrielle Bompard. Dies war jedoch nur der erste Teil des Berichts. Entscheidend war der zweite. Eyraud sowohl wie Gabrielle nämlich waren seit dem 27. Juli spurlos aus Paris verschwunden – seit dem gleichen 27. Juli, an dem Gouffé als vermißt gemeldet worden war. Den ganzen Oktober hindurch ließ Goron nach den beiden fahnden – ohne Ergebnis.

Die Artikel in den Pariser Zeitungen über den Fall Gouffé wurden unterdessen umfangreicher, und ihre Kritik an Goron nahm schärfere Formen an. Sie reizten den an Erfolg Gewohnten. Bevor er sich bereit fand zu kapitulieren, griff er Anfang November zum fassungslosen Erstaunen seiner Umgebung auf seine alte Idee zurück, der Tote von Millery müsse Gouffé sein. Dopffer weigerte sich, ihm auf diesem Weg zu folgen. Aber Goron bedrängte ihn so heftig, daß er schließlich abermals nachgab und sich in Lyon erkundigte, wie der ›Fall Millery‹ zu Ende gegangen sei. Einem Schreiben Vials entnahm er, daß dessen drei Häftlinge unerschütterlich leugneten, irgend etwas mit dem Koffer und dem Toten zu tun zu haben. Der Kutscher Laforge hatte inzwischen erklärt, daß er Zeuge gewesen sei, wie der Koffer mit dem Leichnam in das Gebüsch geworfen wurde. Seither befand er sich wegen Beihilfe ebenfalls in Haft. Es sei, so bemerkte Vial, nur noch eine Frage der Zeit, bis die drei Täter zusammenbrächen und die Identität des Toten enthüllten. Im übrigen aber, schloß Vial, benutze er gern die Gelegenheit, Dopffer um eine Ermittlungshilfe in Paris zu bitten. Der Koffer sei zwar vor mehr als einem Jahr in Paris aufgegeben worden, aber da es sich um ein absolut ungewöhnliches Gepäckstück handele, bestehe vielleicht die Möglichkeit, daß sich ein Bahnbeamter an die Person erinnere, die das Gepäckstück aufgeliefert habe. Er vermute, daß es sich um den Toten handele, der wegen des wahrscheinlich wertvollen Kofferinhaltes ermordet worden sei. Seinem Brief hatte Vial die Aufklebeetiketten des Koffers beigefügt.

Als Dopffer das Schreiben an Goron weitergab, studierte dieser die Etiketten mit der Aufschrift: »Aufgabebahnhof: Paris 1231 – Paris 27. 7. 188. – Expreßzug 3. Bestimmungsbahnhof: Lyon-Perrache 1.« Der 27. Juli, der Tag, an dem ihm Gouffés Ver-

schwinden gemeldet worden war, hatte sich zu fest in sein Gedächtnis eingebrannt, als daß ihm die Übereinstimmung mit den Daten auf den Etiketten nicht aufgefallen wäre. Goron eilte mit dem ersten Wagen, dessen er habhaft werden konnte, zum Gare de Lyon. Ein Beamter der Gepäckannahme durchsuchte die Registratur. Das Ergebnis: Am 27. Juli 1888 war kein Gepäckstück mit der Nummer 1231 aufgegeben worden. Erregt forderte Goron, man möge in der Registratur für das Jahr 1889 nachsehen. Die betreffende Registratur war sehr umfangreich. Denn infolge der Weltausstellung hatte der Gepäckverkehr außerordentlich zugenommen. Aber schließlich fand sich der Beleg, den Goron suchte. Die Aufschrift lautete: »27. Juli 1889, Zug Nr. 3, 11.45 Uhr vormittags, Nr. 1231. Bestimmungsbahnhof: Lyon-Perrache. Ein Gepäckstück, Gewicht 105 Kilo.«
Goron eilte zu Dopffer. Bedurfte es noch langer Erklärungen? Der Koffer, in dem der Tote von Millery transportiert worden war, hatte Paris am 27. Juli 1889 verlassen – am Tage nach Gouffés Verschwinden. Wenn Landry hundertmal in dem Toten von Millery seinen Schwager nicht erkannt hatte und der Gerichtsarzt von Lyon tausendmal behauptete, der Tote könne nicht Gouffé sein – er, so erklärte Goron, sei überzeugt, daß es sich um Gouffé handele und um niemanden sonst.
Der Untersuchungsrichter war noch immer skeptisch. Aber die überraschende Entwicklung der Dinge veranlaßte ihn, Goron nunmehr selbst nach Lyon zu schicken. Am 11. November traf Goron in Begleitung des Sûreté-Inspektors Jaume in Lyon ein. Er überrannte, wie es hieß, »in wütendem Ansturm« den Untersuchungsrichter Vial. Weshalb, grollte er, hielt Vial seit Monaten den Kutscher Laforge fest, wenn der Koffer, in dem der Tote angeblich am 6. Juli in Laforges Wagen geladen worden war, Paris erst am 27. Juli 1889 verlassen hatte?
Wie konnte Laforge diesen Koffer bereits am 6. Juli nach Millery gefahren haben? Er war ein Betrüger, einer jener Narren oder Wichtigtuer, denen er bei der Bearbeitung zahlloser Fälle begegnet war.
Laforge wurde aus dem Gefängnis herbeigeholt und gestand, seine ganze Geschichte erfunden zu haben. Er hatte befürchtet, seine Lizenz als Kutscher wegen eines kleinen Betrugs zu verlieren, und geglaubt, die Polizei von Lyon durch seine Erzählungen günstig zu stimmen. Empört forderte Goron, daß der unbekannte Tote sofort wieder ausgegraben und noch einmal untersucht werde. Er, Goron, werde beweisen, daß man Gouffé in Lyon bestattet habe.

Vial sträubte sich und brachte die verschiedensten Einwände vor. Der Staatsanwalt Bérard suchte Ausflüchte. Aber es bot sich ihnen kein Ausweg. Gegen Abend erteilte Bérard die Anweisung, den unbekannten Toten am folgenden Tage, dem 12. November 1889, zu exhumieren. Den Auftrag zur Exhumierung und Autopsie erhielt Alexandre Lacassagne, sechsundvierzig Jahre alt und seit neun Jahren Professor und Inhaber des neugegründeten Lehrstuhls für gerichtliche Medizin an der Universität Lyon.

2

An jenem bedeutungsvollen 12. November 1889 blickte die Gerichtsmedizin – »die medizinische Hilfskunde des Rechts«, wie sie der deutsche Professor Mende einmal genannt hatte – auf eine (an der Gesamtdauer der Medizingeschichte gemessen) kurze Entwicklungszeit zurück. Es gab später zwar Historiker, die einzelne Stellen aus den Werken des im 2. Jahrhundert n.Chr. wirkenden griechisch-römischen Arztes Galen gerichtsmedizinisch deuteten. Unter anderem beschäftigten sie sich mit Galens Bericht über das sonderbare Gutachten eines anderen Arztes, das eine Griechin vor der Bestrafung wegen Ehebruchs bewahrte. Jene Griechin gebar ein Kind, das auch nicht die entfernteste Ähnlichkeit mit ihrem Manne hatte. Der Arzt erklärte daraufhin, die fremden Züge des Kindes rührten von einem Männerbilde her, das sich im Schlafzimmer der Griechin befand und das sie während der ganzen Dauer der Schwangerschaft unbewußt betrachtet habe. Gelegentlich wurde auch der altrömische Arzt Antistius zitiert, der den Körper des ermordeten Julius Cäsar untersucht hatte und zu dem Ergebnis gelangt war, daß von den dreiundzwanzig Stichwunden, die Cäsars Leichnam aufwies, nur eine Wunde in der Brust tödlich gewesen war.
Derartige Deutungen waren jedoch sehr unsicherer Natur. Das erste ernster zu nehmende Zeugnis dafür, daß sich in der Medizin ein Sonderfach zur Unterstützung der Rechtspflege bildete, entstammte erst dem 13. Jahrhundert n.Chr. Es kam aus China. Dort war um das Jahr 1248 ein umfangreiches Buch mit dem Titel ›Hsi Yüan Lu‹ erschienen, das tatsächlich als Leitfaden für die Anwendung medizinischer Kenntnisse bei der Aufklärung von Verbrechen und bei Gerichtsverfahren gelten konnte. Dem spekulativen Charakter der frühen chinesischen Medizin entsprechend, waren viele der vorgeschlagenen Untersuchungsmethoden zwar reine Phantasie. Aber es blieben bemerkenswerte Angaben über die Untersuchung von Toten, über die Verschiedenartigkeit der Verwundungen je nach Art

der Waffe (ob scharf oder stumpf) und über Anzeichen dafür, ob der Tote erdrosselt oder ertränkt worden war. Das Problem, ob Tote, die man im Wasser fand, tatsächlich ertrunken oder vorher schon getötet worden waren, tauchte ebenso auf wie die Frage, ob jemand vor oder nach dem Tode verbrannt, das heißt, zur Tarnung eines vorangegangenen Mordes dem Feuer ausgesetzt worden war. Es wurde gefordert, jeden Tatort aufs sorgfältigste zu untersuchen, und als Leitmotiv des Buches konnte das Sprichwort gelten:
»Der Unterschied zwischen zwei Haaren kann alles entscheiden.«
Das europäische Mittelalter hatte nichts hervorgebracht, das diesem chinesischen Lehrbuch entsprach. Ein Zeitalter, in dem auf der einen Seite die Folter das Hauptmittel zur Überführung von Verdächtigen und Verbrechern bildete, während auf der anderen Seite die Medizin jede Leichenöffnung vermied und sich in wirklichkeitsfremden Spekulationen verlor, gab nicht den Boden ab, auf dem die Medizin zur Helferin des Rechts hätte werden können. Erst im Jahre 1507 war im Gebiet des Bischofs von Bamberg, also auf deutschem Boden, ein Gesetzbuch entstanden, die ›Bambergische Halsgerichtsordnung‹ oder ›Constitutio Bambergensis Criminalis‹. Dieses Gesetzbuch forderte, daß in Fällen von Kindsmord und Körperverletzung Ärzte befragt werden sollten, bevor ein Urteil erging. Es wurde zum Vorbild für ein weit umfangreicheres Strafgesetz, die ›Constitutio Criminalis Carolina‹ oder ›Kaiser Karls v. und des Heiligen Römischen Reiches peinliche Gerichtsordnung‹. Kaiser Karl v. erließ sie im Jahre 1532 für alle Gebiete, die zu seinem gewaltigen Reich gehörten. Von eingehenden medizinischen Untersuchungen oder Leichenöffnungen bei zweifelhaften Todesfällen war allerdings nicht die Rede. Bestenfalls wurden Wunden ›erweitert‹, um ihre ungefähre Tiefe oder ihren Verlauf festzustellen. Ein wesentlicher Teil der ärztlichen Tätigkeit galt der Entscheidung, ob ein Angeklagter kräftig genug war, der Folter unterworfen zu werden. Es dauerte noch ein halbes Jahrhundert und mehr, bis die ersten Vorläufer der Gerichtsmedizin auf den Plan traten. Zu ihnen gehörten Ambroise Paré, ein Franzose, der von 1509 bis 1590 gelebt hatte und eigentlich als Pionier der Chirurgie in die Geschichte eingegangen war, sowie die beiden Italiener Fortunato Fidelis in Palermo und Paolo Zacchia in Rom. Sie wirkten bereits auf dem Boden, den Andreas Vesalius in der ersten Hälfte des 16. Jahrhunderts bereitet hatte, als er begann, Leichen zu sezieren und an die Stelle phantasievoller Vorstellungen über das Innere des Menschen echtes Wissen zu setzen. Paré hatte die Lungen von Kindern beschrieben, die von ihren Eltern gewaltsam erstickt worden waren. Er hatte

nach den Spuren geforscht, welche bei Sexualverbrechen zurückblieben. Fidelis fahndete nach Symptomen, die den zufälligen Tod durch Ertrinken vom Mord durch Ertränken unterschieden. In Zacchias Werken klangen viele der großen Leitmotive auf, die einmal die Gerichtsmedizin des 19. und 20. Jahrhunderts kennzeichnen sollten. Inmitten eines Gewirrs von abergläubischen Berichten über die ›Selbstentzündung von Menschen‹ oder die ›Gleichzeitige Geburt von 365 Kindern durch eine Frau‹ fanden sich Exkurse über Schußwunden, Hiebwunden, Stichwunden, Tod durch Ersticken, Erdrosseln, Erwürgen, über die Unterscheidung von Selbstmord und Mord, über plötzlichen Tod aus natürlichen Ursachen, Sexualverbrechen und geistige Störungen, Fruchtabtreibung, Kindstötung und im Zusammenhang damit die Frage, ob ein Kind lebend oder bereits tot zur Welt gekommen sei.
Vier Jahre nach Zacchias Tod 1663 war der Däne Thomas Bartholin auf den Gedanken verfallen, das Urteil über die Frage, ob ein tot vorgefundenes Neugeborenes gelebt habe oder nicht, die Entscheidung über die Frage also, ob die Mutter eine Kindsmörderin war oder nicht, davon abhängig zu machen, ob die Lunge des Kindes Luft enthielt. Luft in der Lunge schien ihm ein Beweis dafür zu sein, daß das Kind geatmet hatte. 1682 warf der Arzt Schreyer in Preßburg zum ersten Male die Lungen angeblich totgeborener Kinder ins Wasser. Wenn sie nicht untergingen, mußten sie Luft enthalten – das Kind hatte gelebt. Die erste, noch rohe, aber doch ganz auf Erfahrung und Vernunft beruhende Methode der Gerichtsmedizin war entstanden. 1640 und 1687 hatten zwei deutsche Ärzte, Michaelis und Bohn, in Leipzig damit begonnen, vor Studenten der dortigen Universität über die gewaltsamen Todesarten und den Scheintod zu lehren. Auf Bohn folgten die Deutschen Teichmeyer, Alberti, Plenck und Metzger und die Franzosen Louis, Lafosse, Mahon und Fodéré. Fodéré in Straßburg veröffentlichte 1796 ein umfangreiches Werk unter dem Titel ›Traité de Médecine légale et d'Hygiène publique‹. Seine Arbeit traf sich mit einer anderen, die Johann Peter Frank in Wien veröffentlichte, ›System einer vollständigen medizinischen Polizei‹. Beide kennzeichneten das Zusammenfließen zweier Strömungen: Auf der einen Seite stand das Bemühen um eine medizinische Erklärung und Deutung von Vorgängen, die bei der Beurteilung von Verbrechen und Vergehen aller Art, vom Mord bis zur Notzucht, von der Körperverletzung bis zur simulierten Krankheit, eine Rolle spielten. Auf der anderen Seite führte die beginnende Zusammenballung von Menschen in großen Städten zu Massenerkrankungen und Seuchen und damit zu einer

weiteren Aufgabe für die Medizin: der Überwachung der hygienischen Verhältnisse. In beiden Fällen handelte es sich um staatlich-öffentliche Probleme. Um die Wende vom 18. zum 19. Jahrhundert entwickelte sich in den deutschen und österreichisch-ungarischen Ländern eine Kombination von gerichtsmedizinischen und hygienischen Bemühungen, die als ›Staatsarzneikunde‹ bezeichnet wurde. In Ländern und Städten wurden die Positionen von Amtsärzten geschaffen, welche die öffentliche Gesundheit überwachen und für die Gerichte kriminelle Vergehen medizinisch beurteilen sollten. Gleichzeitig begannen an einigen Universitäten (in Erlangen, in Prag, in Wien) Kurse über Staatsarzneikunde, die den Amtsärzten die Grundlagen ihres Wissens vermittelten. Die Französische Revolution gab dieser Entwicklung einen bedeutsamen Impuls. Napoleons ›Code d'instruction criminelle‹, die umstürzlerische Schöpfung von 1808, versetzte dem ›inquisitorischen‹, geheimen, mit der Tortur das Geständnis erpressenden Gerichtsverfahren der vorangegangenen Jahrhunderte endgültig den Todesstoß. Er bereitete in Frankreich und Europa den Boden für das neue öffentliche, unmittelbare, mündliche Gerichtsverfahren, das die richterliche Tätigkeit ebenso wie das medizinische Gutachten aus der bisherigen Abgeschlossenheit riß und mit der öffentlichen Meinung konfrontierte.
Wenn man im November des Jahres 1889, an dem Tage, an dem Lacassagne sich zum Gemeindefriedhof von Lyon begab, um den so heftig umstrittenen Toten von Millery zu exhumieren, auf diese frühe Entwicklung der Gerichtsmedizin zurückblickte, hatte man nur noch den Eindruck eines beklagenswert bescheidenen Anfangs. Was die Staatsarzneikunde zu Beginn des Jahrhunderts gelehrt hatte, war immer noch weitgehend von dem Bestreben getragen, die medizinischen Probleme nicht durch Experimente, sondern durch gedankliche Konstruktionen zu lösen. Die wahre Entwicklung der Gerichtsmedizin hatte erst einige Jahrzehnte später begonnen. So wie der Weg zu Bertillons System oder der Weg zur Daktyloskopie, war auch sie unlösbar mit der sprunghaften Entwicklung der Naturwissenschaften und der Wendung von der Spekulation zum Experiment, von den hohlen Ideenkonstruktionen zum Suchen nach den Fakten des Lebens und des Todes verknüpft. Nichts charakterisierte diese Entwicklung so sehr wie einige Sätze, die einer ihrer glühendsten und rücksichtslosesten Vorkämpfer, der 1864 verstorbene Berliner Amtsarzt und Lehrer für Staatsarzneikunde, Johann Ludwig Casper, im Vorwort seines 1857 erschienenen, in vieler Beziehung revolutionären ›Handbuchs der gerichtlichen Medizin‹ geschrieben hatte: »Es soll kein Vorwurf sein, wenn ich die Tatsache konsta-

tiere, daß die gerichtliche Medizin, namentlich in Deutschland, in ihrer Bearbeitung ... zum großen Teil von Männern geschehen ist, bei denen große wissenschaftliche Ausbildung, Sammelfleiß und Belesenheit den Mangel an Selbstbeobachtung nicht ersetzen konnten. Um nur einen Verstorbenen zu nennen ..., zitiere ich Henke« (Casper meinte Adolf Henke, der 1843 als Professor der ›Staatsarzneykunde‹ in Erlangen gestorben war), »der mit Schriftstellerfleiß wie wenige andere für die gerichtliche Medizin tätig gewesen ist, ohne meines Wissens jemals gerichtliche Leichenöffnungen verrichtet, die Schwelle eines Kriminalgefängnisses überschritten, ein angeblich stupriertes Frauenzimmer oder den zweifelhaften Gemütszustand eines Verbrechers oder eine Krankheitssimulation untersucht ... zu haben.«

Das Jahrhundert Darwins, Galtons und Quételets hatte auch der Medizin zu einem Aufstieg, einer neuen ›naturwissenschaftlichen Epoche‹ verholfen. Mochte die Geschichte der Anatomie, der Zergliederung des menschlichen Körpers, auch rund dreihundert Jahre alt sein – jetzt erst drang sie bis zu den wahren Feinheiten im Bau des Organismus vor. Schon um die Wende vom 17. zum 18. Jahrhundert hatte der Italiener Morgagni begonnen, die Körper Verstorbener zu öffnen und die Veränderungen, die er an den einzelnen Organen fand, mit den Krankheitserscheinungen zu vergleichen, an denen die Betreffenden zugrunde gegangen waren. Er hatte die Pathologie begründet, die Lehre von den Organveränderungen, die für bestimmte Krankheiten bezeichnend waren. Aber ihren wahren Aufstieg erlebte die Pathologie erst seit der Mitte des 19. Jahrhunderts. Zwar hatte schon im 17. Jahrhundert der Holländer Leeuwenhoek das neuentdeckte Mikroskop benutzt, um Einzelheiten der menschlichen Muskulatur zu studieren, die kein Anatom mit bloßem Auge zu erkennen vermochte. Aber erst im 19. Jahrhundert begann wirklich die Epoche der Mikroskopie, der mikroskopischen Anatomie, der Entdeckung der Zelle als der letzten Einheit des Menschenkörpers wie aller organischen Strukturen, der mikroskopischen Histologie, die den allerfeinsten Einzelheiten der menschlichen Gewebe nachspürte, sie in Hunderttausenden hauchdünner Gewebsschnitte unter dem Mikroskop studierte und das Unsichtbare durch Färbung sichtbar machte, und schließlich der mikroskopischen Pathologie.

Die Ärzte, die sich noch in der ersten Hälfte des 19. Jahrhunderts in Frankreich, Deutschland und Österreich-Ungarn der Aufgabe gewidmet hatten, die Erkenntnisse der naturwissenschaftlich orientierten Medizin auf die Staatsarzneikunde zu übertragen, waren zu zählen. Es waren Männer wie Kromholz und Popel in Prag, Fietz und Bernt in Wien und schließlich jene drei, die in Berlin und Paris die Grundlagen einer »neuen wahren gerichtlichen Medizin« schufen: Johann Ludwig Casper, geboren 1796 zu Berlin, Matthieu Joseph Bonaventura Orfila, der 1787 auf Minorca geborene Hauptschöpfer der Giftkunde, und Marie Guillaume Alphonse Devergie, der 1798 in der französischen Hauptstadt das Licht der Welt erblickte. Ihre Lebenswege waren ebenso verschieden wie die Umstände, unter denen sie arbeiteten. Aber eines war ihnen gemein: Sie galten den meisten Vertretern der Medizin als Eindringlinge, als Nutznießer der wahren Heilkunde oder als Verfechter einer zweitrangigen Wissenschaft, die unter dem Schatten des Verbrechens oder der Elendsquartiere stand. Die Pathologen, die in ihrem stürmischen Forschungsdrang niemals genug Tote für ihre Sektionsräume bekommen konnten, verlangten nicht nur das Recht zur ›Öffnung‹ der in den Krankenhäusern Verstorbenen, sie forderten auch die Leichen all derer, die gewaltsam oder auf plötzliche, unerklärliche Weise starben und in den Straßen, an den Tatorten von Verbrechen, in den Verbrecherquartieren oder als unbekannte Tote in Flüssen und Gewässern gefunden wurden. Rokitansky, der Fürst der österreichischen Pathologen, herrschte vom Jahre 1832 bis 1875 souverän über alles ›Leichenmaterial‹, das Wien zu liefern hatte. Und Bernt, der Lehrer für Staatsarzneikunde, sowie sein Nachfolger Dlaudy, waren nichts mehr als Zuschauer bei den Autopsien der Pathologen. Im Jahre 1830 wurde versucht, sie und ihre Schüler mit der Begründung aus den Sektionsräumen zu entfernen, unter den »Schülern könnten sich selbst Mordverdächtige befinden«. Casper arbeitete in Berlin unter Umständen, die spätere Generationen mit Entsetzen erfüllten, zuerst in dem furchtbaren Leichenkeller der mehr als hundert Jahre alten Berliner Anatomie. Dann wurde er gezwungen, in einen Keller der Charité auszuweichen. Und von hier wiederum vertrieb ihn der König der Pathologen, Rudolf Virchow, schon nach zwei Jahren in einen anderen, pestilenzialisch stinkenden Keller in der Luisenstraße. Aber als 1835 Devergies ›Médecine légale, théorique et pratique‹, 1850 Caspers ›Gerichtliche Leichenöffnungen‹ und 1856 Caspers ›Praktisches Handbuch der gerichtlichen Medizin‹ erschienen, öffnete sich der Blick in eine neue Welt. Es war ein Blick in eine makabre Welt. Aber der Blick dorthin war eine kriminalistische und juristische Notwendigkeit. Die Themen, mit denen Casper oder Devergie sich beschäftigten, unterschieden sich nicht wesentlich von denen, über die ihre Vorgänger in den vorangegangenen Jahrhunderten geschrieben hatten. Die wichtigsten Leitmotive der gerichtlichen Medizin waren zwar die gleichen geblieben und würden in dem abenteuerlich bewegten Jahrhundert, das vor ihr lag, mehr oder weniger die gleichen bleiben. Sie reichten nach wie vor von der Lehre der verschiedensten gewaltsamen und natürlichen Todesarten bis hin zur Beurteilung krankhafter Geisteszustände von Verbrechern. Aber wie die Männer von der Art eines Casper oder Devergie diese Themen behandelten – darin lag das Revolutionäre, darin lagen die Wurzeln für die Entwicklung in der Zukunft. Sie kannten nur noch eine Grundlage für ihr Urteil: die Autopsie, die mikroskopische oder chemische Untersuchung und die sorgfältige Beobachtung. Ihre Lehrbücher und Vorlesungen boten die exakte Schilderung Hunderter und Tausender selbst erlebter und untersuchter Fälle, deren Gesamtbeobachtung erst zur Bildung von Urteilen und Erfahrungsregeln führen konnte.

Am frühen Nachmittag des 12. November 1889, an dem Goron, Jaume und Alexandre Lacassagne auf dem Gemeindefriedhof von Lyon darauf warteten, daß der Totengräber den billigen Holzsarg Nr. 126 freilegte, der die Überreste des Toten von Millery barg, waren Casper seit fünfundzwanzig, Orfila seit sechsunddreißig, Bernt seit siebenundvierzig und Devergie seit zehn Jahren tot. Immer noch rang die Gerichtsmedizin mit ihrer Mutter, der Medizin, und besonders mit der Pathologie um die Abgrenzung und Anerkennung ihrer eigenen Welt. Die Staatsarzneikunde gehörte zum größten Teil bereits der Vergangenheit an. Mit einem neuen Spezialgebiet, der Hygiene, hatte die Medizin wieder an sich gerissen, was zu Caspers oder Bernts Lebzeiten noch ein Teil der Gerichtsmedizin gewesen war. Aber in der Stille hatte Caspers und Orfilas, Bernts und Devergies Arbeit mühsam erkämpfte, mühsam geerntete Früchte getragen. Auf dem Boden, der von ihnen bereitet war, hatten ihre Schüler und Nachfolger weitergearbeitet und einen Erfahrungsschatz zusammengetragen, von dessen Ausmaß die Öffentlichkeit noch wenig ahnte.

3

Am Nachmittag des 12. November 1889 um vier Uhr lagen die Überreste des Toten von Millery auf dem Schiefertisch in Lacassagnes Hörsaal in der Medizinischen Fakultät zu Lyon.

Leer und verlassen stiegen die Bankreihen empor, auf denen sich sonst die Studenten drängten. Nur in der obersten Reihe saß Inspektor Jaume. Er war trotz Lacassagnes spottendem Blick möglichst weit (so hieß es in einem zeitgenössischen Bericht) »aus der Welt geflohen, in der Lacassagne zu Hause war«. Neben Lacassagne und an der gegenüberliegenden Seite des Tisches standen Goron, der Staatsanwalt Bérard, Lacassagnes Schwager Dr. Etienne Rollet, sein Assistent Dr. Saint-Cyr sowie (mit kaum verhüllter Nervosität) Dr. Paul Bernard, der Arzt, der den Toten von Millery im August zum erstenmal untersucht, zum erstenmal seziert hatte.

Alexandre Lacassagne war körperlich ein nur mittelgroßer Mann. Sein starker Schnurrbart ließ den Fünfundvierzigjährigen um vieles älter erscheinen, als er war. Aber in ihm brannte jene Leidenschaft für die Gerichtsmedizin, ohne die keiner ihrer Pioniere sich dieses oftmals düstere Feld hätte erwählen können. Zu einer Zeit, in der Kühlschränke ebenso unbekannt waren wie der Gebrauch von Gummihandschuhen; in einer Zeit, in der man in Lyon selbst an verwesten Leichen mit bloßen Händen arbeitete und diese Hände selten ganz vom Geruch der Toten zu befreien vermochte, war diese Leidenschaft ebenso unerläßlich wie ein unbändiges ›Wissenwollen‹.

Lacassagne stammte aus Cahors und hatte ursprünglich die Ecole Militaire in Straßburg besucht. Später diente er als Militärarzt in Nordafrika. Aber schon dort hatte er begonnen, sich für die forensische Seite der Medizin zu interessieren. Unter den Soldaten und dem verwahrlosten und brutalen Gesindel in den Verbrechervierteln von Tunis und Algier waren Tätowierungen weit verbreitet. Sie hatten Lacassagne den Anlaß für eine umfangreiche Studie gegeben, die sich mit der Bedeutung der Tätowierung für die Identifizierung beschäftigte. Doch das war nur ein Beginn. Lacassagne hatte gespürt, daß sich mit der Gerichtsmedizin eine neue Welt öffnete, die im Zeitalter der Industrialisierung und der sozialen Spannungen mit all ihren medizinischen und kriminellen Begleitelementen geradezu danach verlangte, erforscht zu werden. 1878 war sein ›Précis de Médecine Judiciaire‹ erschienen, und als 1880 in Lyon ein Lehrstuhl für gerichtliche Medizin geschaffen wurde, war Lacassagne der erste Professor der Gerichtsmedizin, den die große Provinzstadt besaß. Seine geistige Vitalität, seine persönliche Ausstrahlung und seine umfassende medizinische, biologische und philosophische Bildung hatten ihn in wenigen Jahren zu einem ernsthaften Konkurrenten der Pariser Schule der Gerichtsmedizin, der Schöpfung eines Orfila und eines Devergie, werden lassen.

Lacassagne hatte wesentlich dazu beigetragen, Grundfragen der gerichtlichen Medizin und der Hygiene zu klären. Er hatte an Methoden zur Feststellung des Todes gearbeitet. Ihm waren noch die Leichenhallen vertraut, in denen Klingelzüge angebracht wurden, damit aufwachende Scheintote die Wärter herbeirufen konnten. Die bekanntesten ›Lebensproben‹ bestanden noch im Vorhalten eines Spiegels oder einer Flaumfeder vor Mund und Nase eines Toten, um am Beschlagen des Spiegels oder der Bewegung der Feder zu erkennen, »ob noch Atem vorhanden war«. Wirkliche Sicherheit war in der Diagnose des Todes noch keineswegs erreicht: Devergie hatte gelegentlich zu dem verzweifelten Mittel des Herzschnitts gegriffen, bei dem ein Finger durch einen Einschnitt auf das Herz zu geschoben wurde, um zu fühlen, ob es noch schlug. Lacassagne hatte auch die Erkenntnisse über das Phänomen der Totenflecken erweitert. Beobachtung und Erfahrung erklärten ihre Entstehung dadurch, daß das Blut nach dem Erliegen des Kreislaufes in die zuunterst gelegenen Teile des Körpers sank und dort zu grauvioletten Verfärbungen der Haut führte. Ihre kriminalistische Bedeutung war nicht zu unterschätzen. Das Absinken des Blutes vollzog sich in gewissen Zeitabläufen. Es begann im allgemeinen nach einer halben Stunde. Innerhalb der ersten zehn bis zwanzig Stunden konnte man die entstehenden Flecke durch Druck wieder zum Verschwinden bringen, weil das Blut in den Gefäßen unter der Haut diesem Druck wich. Erst später drang der Blutfarbstoff durch die Gefäßwände hindurch in die Gewebe und die Haut ein, so daß kein Blut mehr weggedrückt werden konnte. Daraus ließen sich Schlüsse auf den Zeitpunkt ziehen, an dem bei einem Verbrechen oder einem unbeobachteten Todesfall der Tod eingetreten war. Innerhalb einiger Stunden nach dem Tode konnten sich die Totenflecke aber auch verlagern, wenn die Lage des Toten selbst verändert wurde: Das Blut floß in die Körperteile hinab, die sich nach einer solchen Verlagerung zuunterst befanden. Dann aber hörte diese Beweglichkeit des Blutes auf. Wenn man Leichenflecke in hochliegenden Körperpartien entdeckte, verriet dieser Umstand, daß ein Toter innerhalb eines gewissen Zeitraums noch einmal von der Stelle bewegt worden war. Lacassagne hatte sich um die genauere Fixierung dieses Zeitraums bemüht.

Ähnliches galt für das Problem der Totenstarre, das erst 1811 die besondere Aufmerksamkeit des in Belgien geborenen Pierre Nysten erregt hatte. Er hatte erstmals den örtlichen und zeitlichen Ablauf dieser Muskelerstarrung genau beschrieben, die in den Jahrhunderten davor Anlaß zu zahlreichen Spekulationen gegeben hatte. Nach Nysten begann sie in der Kiefermuskulatur, erfaßte dann Hals und Arme und schließlich Beine und Füße, um nach einem kürzeren oder längeren Zeitraum in der gleichen Reihenfolge wieder zu verschwinden. Im allgemeinen löste sie sich am dritten oder vierten Tag. Auch das Phänomen der Leichenstarre hatte sich als wichtig für die Bestimmung der Todeszeit erwiesen. Aber Lacassagne hatte festgestellt, wie viele Regelwidrigkeiten hier noch zu beachten waren, und er hatte erkannt, daß die Erstarrung nicht im Kiefer begann, sondern im Herzen. Er rang hier mit einem Problem, um das sich die Gerichtsmedizin noch viele Jahrzehnte später bemühen würde. Wie die Fragen nach Leichenflecken und Leichenstarre, so hatte er schließlich auch die Frage der Abkühlung nach dem Tode studiert. Schon die großen Pioniere der Gerichtsmedizin hatten versucht, den zeitlichen Ablauf dieser Abkühlung zu erforschen, weil sie nach Unglücksfällen oder Mord Rückschlüsse auf den Zeitpunkt erlaubte, zu dem der Tod eingetreten war. So war es zur Erfahrungsregel geworden, daß die Körpertemperatur innerhalb der ersten vier Stunden nach dem Tode pro Stunde um einen Grad Celsius absank. Aber auch hier gab es viele Überraschungen, Unsicherheiten und Abhängigkeiten von der Umwelttemperatur. Sie hatten Lacassagne veranlaßt, einen seiner Leitsätze zu prägen: »Man muß zweifeln können.« Denn gerade die Rätsel und Ungewißheiten waren es, die ihn reizten, sich um ihre Lösung zu bemühen.

Lacassagnes Gesicht rötete sich zu Beginn seiner Arbeit an dem Toten von Millery vor Zorn. Er hatte Grund zum Zorn genug. Zu seinen bekanntesten Leitsätzen gehörte die Feststellung: »Eine schlecht gemachte Autopsie läßt sich nicht wiederholen.« Dr. Bernard aber war Präparator in seinem, Lacassagnes, Institut gewesen. Hatte er, so grollte Lacassagne, in dieser Zeit nicht mehr gelernt als das, was bei der Autopsie dieses Toten geleistet worden war? Wie grob war hier eingegriffen worden! Welch unnötige Verletzungen am Hals! Welch gewaltsame Behandlung des Schädels und des Brustkorbs. Die Schädeldecke war geradezu eingeschlagen. Große Teile waren verloren! Wie brutal war das Brustbein abgerissen! Waren das die Früchte seiner Lehrtätigkeit? Was Bernard nicht vernichtet hatte, war durch die Leichenveränderung während dreier Monate zerstört. Nichts war geblieben, was für eine Identifizierung des Toten verwendbar war, außer den Knochen und den Haaren. Aber selbst an den Knochen hatte Bernard Zeichen seiner brutalen Arbeit hinterlassen. Es dauerte indessen nicht lange, bis Lacassagnes Zorn verraucht war. Die Aufgabe, das lockende Geheimnis der Identität, das er dem Toten entreißen sollte, waren stärker als der Groll. Mit seinen kräftigen Händen machte er sich ans Werk.

Was in diesen späten Nachmittagsstunden begann, war nur der erste Akt einer Arbeit, die rund elf Tage dauerte. Da außer den

Knochen und Haaren nichts pathologisch Brauchbares geblieben war, galt Lacassagnes erstes Bemühen dem Ziel, das Skelett aus der Verwesungsmasse freizupräparieren. Sechs Jahre trennten Lacassagne noch von der Entdeckung der Röntgenstrahlen, die später eine ungeheure Rolle bei der gerichtsmedizinischen Untersuchung von Skeletteilen spielen sollten. Lacassagne war noch auf den Augenschein angewiesen. Aber auf seine Anregung hin hatte Dr. Etienne Rollet seine Arbeit bereits seit mehreren Jahren auf ein besonderes Ziel konzentriert: die Körpergröße von Toten, die infolge der Verwesung nicht mehr meßbar war, aus einzelnen erhaltenen Knochenteilen zu errechnen. Rollets Studien waren gerade abgeschlossen. 1889, das Jahr des Toten von Millery, war das Jahr der Veröffentlichung seiner Schrift ›De la Mensuration des os longs des membres dans ses rapports sous l'anthropologie, la clinique et la médecine judiciaire‹. Sie war dazu ausersehen, zum Ausgangspunkt für Studien zu werden, die auch sechzig Jahre später immer noch zahlreiche Forscher, darunter die Amerikaner Dupertois, Hadden, Trotter und Gleser, beschäftigen würden. An fünfzig männlichen und fünfzig weiblichen Toten hatte Rollet errechnet, daß es ziemlich genaue Beziehungen zwischen der Gesamtlänge eines Körpers und der Länge seiner einzelnen Glieder gab. Ein Oberarmknochen von 35,2 Zentimeter Länge entsprach im allgemeinen einer Körpergröße von etwa 1,80 Meter. Die Messungen führten nur zu groben Werten, wenn lediglich ein Gliederknochen zur Verfügung stand. Aber je mehr Knochenteile vorlagen, desto genauer wurden die Ergebnisse. Waren zum Beispiel beide Oberarmknochen vorhanden, maß Rollet beider Längen und errechnete den Mittelwert, den er als Grundlage für seine Größenberechnungen benutzte. Wenn ihm außerdem der Oberschenkelknochen, das Schien- und das Wadenbein zur Verfügung standen, gelangte er zu erstaunlich genauen Werten. Er hatte Berechnungsformeln und Tabellen geschaffen, deren Grundlagen sich auch in Zukunft nicht wirklich entscheidend verändern sollten.

Dr. Bernard hatte sich bei der Feststellung der Größe des Toten von Millery auf oberflächliche Schätzungen verlassen. Jetzt präparierte Lacassagne die Arm- und Beinknochen des Toten und maß sie mit besonderen Geräten. Die Errechnung der Körpergröße aus den Armknochen ergab 1,76 Meter, aus den Beinknochen 1,81 Meter; als Mittelwert aus beiden erhielt er eine Körpergröße von 1,785 Metern. Als er Goron dieses erste Resultat seiner Arbeit mitteilte, schien es zunächst, als bedeute es eine bittere Enttäuschung. Denn Gouffés Beschreibung, die nach den Angaben seiner Familie zusammengestellt war, enthielt als Größenangabe den Wert 1,75 Meter. Aber mit der Verbissenheit, mit der Goron seine Spur verfolgte, telefonierte er am 5. November an die Militärbehörden von Paris. Jetzt stellte sich heraus, daß Gouffé während seines Militärdienstes genau gemessen worden war. Die Größenangabe in seinen Militärpapieren lautete – 1,78 Meter! Auch Gouffés Schneider Hochard wurde alarmiert. Er hatte ebenfalls Gouffés Körpergröße gemessen. Sie stimmte mit Lacassagnes Berechnung vollkommen überein. Die erste Brücke war geschlagen.

Unterdessen aber hatte Lacassagne bereits Untersuchungen eingeleitet, die sich als noch weit wichtiger erweisen sollten. Während er die Knochen des rechten Beines präparierte, fiel ihm auf, daß die Knochenteile, an denen beim Menschen die Beinmuskulatur angeheftet ist, merkwürdige Veränderungen aufwiesen. Von den Muskeln war infolge der Verwesung nichts mehr vorhanden, das ein Urteil über ihren einstigen Zustand erlaubt hätte. Aber die sichtbaren Knochenveränderungen verrieten, daß die Muskulatur des rechten Beines schwächer gewesen sein mußte als diejenige des linken. Diese Unterentwicklung war am Unterschenkel stärker ausgeprägt als am Oberschenkel. Lacassagne schloß auf eine Krankheit. Sorgfältig verglich er alle Teile des rechten und linken Beines. Dabei stieß er am rechten Knie auf eine Deformation der Kniescheibe, die er oftmals als Folgeerscheinung einer entzündlichen Wasseransammlung im Knie beobachtet hatte. Der Vergleich der Fußknochen führte Lacassagne noch weiter. Das Gelenk des rechten Fersenbeins zum Sprungbein wies Veränderungen auf, wie man sie unter anderem bei tuberkulösen Gelenkentzündungen in der Jugend fand. Als Lacassagne sämtliche einzelnen Knochen des rechten und linken Fußes wog, ergaben sich kleine, aber bezeichnende Unterschiede. Die linken, offenbar gesunden Fußwurzelknochen wogen 65 Gramm, während die rechten nur ein Gewicht von 55 Gramm besaßen; der Unterschied im Gesamtgewicht von rechtem und linkem Bein betrug 39 Gramm. Es gab zahlreiche Anzeichen dafür, daß der rechte Fuß infolge einer Krankheit verändert war. Lacassagne berichtete Goron, der Tote von Millery habe in seiner Jugend wahrscheinlich an einer tuberkulösen Erkrankung des rechten Fußgelenks mit nachfolgender Schwächung der Muskulatur des rechten Ober- und Unterschenkels gelitten. Sein Gang sei infolgedessen leicht hinkend gewesen. Zumindest habe er das rechte Bein ein wenig nachgezogen. In späteren Jahren habe sich eine Kniewassersucht entwickelt.

Sofort telegrafierte und telefonierte Goron mit Paris. Er erkundigte sich bei Gouffés Tochter, bei Gouffés Arzt Dr. Hervieux, bei Gouf-

fés Schuhmacher (der gespenstischerweise den Namen Millery trug). Lacassagnes Angaben fanden eine erstaunliche Bestätigung. Gouffé hatte leicht gehinkt, doch wegen seiner Eitelkeit hatte niemand dieses Übel auch nur erwähnen dürfen. Die Muskulatur seines rechten Beines war geschwächt. Gouffés Vater und eine Pariserin, Louise Dominique, die Gouffé als Kind gekannt hatte, bezeugten, daß er nach dem Sturz über einen Steinhaufen an einer Entzündung des Fußgelenkes litt, die jahrelang nicht heilen wollte. Von Dr. Hervieux war Gouffé 1885 wegen einer Wasseransammlung im Kniegelenk behandelt worden. Der Arzt hatte ihn zu Dr. Guillaud nach Aix-les-Bains zur Behandlung überwiesen. Guillaud bestätigte nicht nur die Knieerkrankung, sondern auch die Veränderung des gesamten rechten Beines. Zum erstenmal empfand Goron das Gefühl des Rechtbehaltens, des sicheren Triumphes.
Und doch war Lacassagnes Arbeit noch lange nicht beendet. Bei der Untersuchung der Knochen und Knorpelteile in der Mund- und Halspartie stieß er auf Brüche der beiden oberen Hörner des Schildknorpels. Er fand dadurch Bernards Ansicht bestätigt, daß der Tote durch eine gewaltsame Erstickung gestorben sei, hielt aber im Gegensatz zu Bernard ein Erwürgen mit der Hand für wahrscheinlicher als eine Erdrosselung. Was ihn jedoch in erster Linie zur Untersuchung der Hautpartien bewegte, war der Versuch, das Alter des Toten genauer zu bestimmen, als es Bernard getan hatte. In jenen Tagen steckte die Lehre von der Feststellung des Alters anhand der Zähne noch ebenso in den Kinderschuhen wie die Zahnheilkunde selbst. Auch dreiviertel Jahrhunderte später – als neben anderen der Schwede Gösta Gustafson umfassende Versuche unternahm, selbst die winzigste Veränderung zu registrieren, die sich infolge des Alterns am menschlichen Gebiß einstellte – gehörte die Altersfeststellung anhand der Zähne immer noch zu den Pioniergebieten der forensischen Medizin. Zu Lacassagnes Zeit betrafen die brauchbaren Erkenntnisse vor allem die Entwicklung der Zähne bei jungen Menschen und gestatteten verhältnismäßig zuverlässige Altersschätzungen bis zum vierundzwanzigsten oder fünfundzwanzigsten Lebensjahr. Die Feststellung des Alters in den höheren, vor allem aber den mittleren Lebensstadien bot weit größere Schwierigkeiten. Aus diesem Grunde gehörte es zu Lacassagnes bemerkenswertesten Leistungen, daß er Mitte November aus der Abnutzung der Grundsubstanz der Zähne, des Zahnbeins, der Bildung von Zahnzement an den Wurzeln und der Verdünnung dieser Wurzeln darauf schloß, daß der Tote älter gewesen sein mußte, als Bernard angegeben hatte. Er gab sein Alter mit den Worten »um

fünfzig Jahre« an. Angesichts der Tatsache, daß Gouffé neunundvierzig Jahre alt gewesen war, fühlte Goron sich in seinem Triumph bestätigt.
Doch Lacassagne lieferte ihm auch noch eine weitere und letzte Bestätigung. Einer der Hauptgründe dafür, daß die Untersuchungsrichter, aber auch Soudais und Landry, Gouffés Identität mit dem Toten von Millery bestritten hatten, war Bernards Feststellung, der Tote habe schwarzes Haar gehabt. Gouffé dagegen war den Mitteilungen seiner Familie, seines Friseurs und all seiner Bekannten zufolge kastanienbraun gewesen. Lacassagne gehörte zu den Gerichtsmedizinern, die sich mit dem Versuch beschäftigten, aus Vergleichen von Haaren, die man an einem Tatort fand, mit denen eines Verdächtigen Hinweise für die kriminalistische Aufklärung zu liefern. Er hatte seit Jahren mikroskopische Haaruntersuchungen durchgeführt und den Chemiker der Universität Lyon, Professor Hugounenq, zu chemischen Untersuchungen des Haares angeregt. Auf Gorons Anweisung eilte ein Pariser Beamter der Sûreté in Gouffés Wohnung und holte Gouffés Haarbürste. Ein Kurier brachte sie nach Lyon. Lacassagne fand darin so viel Haar, wie er für eine Vergleichsuntersuchung brauchte. Oft genug hatte er erfahren, wie sehr sich die Farbe des Haares im Sarge ändern konnte. Doch bevor er die Haare des Leichnams mit denen von Gouffés Bürste verglich, unterzog er das Totenhaar mehreren Waschungen. Sie genügten, um die kastanienbraune Färbung hervortreten zu lassen. Um jedoch sicher zu sein, daß weder Gouffés Haar noch das des Toten zu Lebzeiten gefärbt worden war, ließ er beide Haarproben chemisch untersuchen. Hugounenq fahndete nach den bekanntesten Grundsubstanzen gebräuchlicher Haarfärbemittel, Kupfer, Quecksilber, Blei, Wismut und Silber. Alle Analysen waren negativ. Lacassagne durfte also annehmen, daß ihm beide Haarproben in ihrer Originalfarbe vorlagen. Erst dann maß er die Stärke der Haare unter dem Mikroskop und stellte so grundlegende Übereinstimmungen fest, daß er Goron und Jaume am 21. November mit einer Geste leichter Theatralik, die ihm nicht fremd war, zurief: »Meine Herren, ich übergebe Ihnen Monsieur Gouffé.«

4

Als Goron einen Tag später, am 22. November, wieder in Paris eintraf, empfingen ihn die Schlagzeilen des ›L'Intransigeant‹: »Die Leiche ist identifiziert!«, empfingen ihn die Berichte, die Lacassagnes Arbeit in allen Einzelheiten schilderten und so eine gerichtsmedizinische Untersuchung erstmals zur Sensation des Tages werden ließen. Vielleicht empfand der Routinier der alten Schule grollend, daß Lacassagnes Ruhm seinen eigenen überschattete. Um so heftiger trieb es ihn, nun Gouffés Mörder zu finden und so Lacassagnes Ruhm zu übertrumpfen.

Bis zum 25. November stellten Handwerker in Gorons Auftrag eine Nachbildung des Koffers von La Tour de Millery her. Einen Tag später stand sie zur allgemeinen Besichtigung in der Morgue von Paris. Gorons Frage an die Öffentlichkeit lautete: »Wo ist dieser Koffer hergestellt, und wo ist er verkauft worden?« Innerhalb von drei Tagen pilgerten fünfundzwanzigtausend Menschen an dem Koffer im Leichenschauhaus vorbei, als handle es sich um die Aufbahrungsstätte einer Berühmtheit. Am 26. November behauptete ein Koffermacher aus der Rue Basfoi, der Koffer sei niemals in Frankreich hergestellt oder verkauft worden. Es handle sich um ein englisches Fabrikat. Goron horchte auf – um so mehr, als er zur gleichen Zeit einen Brief des in London lebenden Franzosen Chévon erhielt. Am 24. Juni 1889 habe, so behauptete Chévon, eine ebenfalls in London wohnende Französin, Madame Vesprés, ihm einen Logiergast aus Paris zugeschickt. Dieser Gast, Michel, habe ein Zimmer für sich und seine Tochter gemietet. Vier Tage darauf hätten die Michels bei der Firma Zwanziger in der Euston Road einen großen Koffer von genau der Art erworben, wie er in der Morgue von Paris zu besichtigen sei. Mitte Juli seien Michel und seine Tochter mit dem Koffer abgereist.

Noch am gleichen Tage ließ Goron Spezialfotos des Koffers anfertigen und sandte den Sûreté-Inspektor Hulier nach London. Der Verkäufer der Firma Zwanziger erkannte den Koffer wieder. Gar kein Zweifel: Er hatte ihn am 11. Juni einem etwa fünfzigjährigen, kurzbeinigen, von einer jungen Dame begleiteten Franzosen verkauft. Ja, er konnte sich erinnern: Der Käufer hatte auffallend große Hände und ein grobes, bärtiges Gesicht gehabt. Goron entschloß sich, nunmehr selbst mit den Resten des Originalkoffers nach London zu reisen. Am 19. Dezember traf er in der englischen Hauptstadt ein. In dem berühmten Polizeigericht in der Bow Street wurde der Todeskoffer dem Verkäufer der Firma Zwanziger, Lauterbach, sowie den beiden Franzosen, Monsieur Chévon und Madame Vesprés, gezeigt. Alle drei beschworen sie, es sei der Koffer der Michels. Jetzt aber begann sich Goron für Madame Vesprés zu interessieren. Hatte sie Michel gekannt? Woher kannte sie ihn? Was wußte sie über ihn? Weshalb hatte er sich in London an sie gewandt?

Offensichtlich hatte Madame Vesprés Anlaß, die Polizei zu fürchten. Jedenfalls gab sie alles preis, was sie über Michel und dessen Tochter wußte. Das Mädchen? Das Mädchen kannte sie nicht genau. Aber mit Bestimmtheit war es nicht Michels Tochter, sondern eine Freundin mit Namen – Gabrielle Bompard. Und Michel? Nun, ihn kannte sie um so genauer. Vor vierzehn Jahren war sie in Paris seine Freundin gewesen. Und sein Name? Wie lautete sein wirklicher Name? Die Französin zögerte. Aber dann gab sie auch diesen Namen preis: Michel Eyraud! Im gleichen Augenblick öffnete sich für Goron, wie er später sagte, »der Blick auf die Lösung des Falles Gouffé«. Er erinnerte sich des Paares aus Gouffés Bekanntenkreis, das am gleichen Tage wie der Gerichtsvollzieher aus Paris verschwunden war – Michel Eyraud und Gabrielle Bompard.
Am 22. Dezember war Goron wieder in Paris, entschlossen, den Mörder zu finden. Ein Spitzel lieferte ihm noch vor Weihnachten genauere Einzelheiten über Eyraud. Eyraud war ein Abenteurer und Betrüger par excellence. Trotz seiner sechsundfünfzig Jahre, seiner häßlichen Züge, seiner nur durch eine Perücke verdeckten Kahlköpfigkeit hatte er bis zu seinem Verschwinden als ein Frauenheld ersten Ranges gegolten. Und seine Lebensgeschichte? Er stammte aus Saint-Etienne, war aber schon als Kind mit seinen Eltern nach Spanien gekommen und sprach deshalb fließend Spanisch. Später hatte er das Färberhandwerk erlernt, war seinem Lehrmeister entlaufen, mit dem französischen Expeditionskorps nach Mexiko gezogen und desertiert. Nach einer Amnestie 1869 hatte er sich nach Frankreich zurückgewagt, eine wohlhabende Frau geheiratet, ihr Geld vergeudet, Frau und Kind verlassen und sich als Stoffhändler in Südamerika versucht. 1882 war er wieder in Frankreich aufgetaucht, um eine Alkoholbrennerei zu gründen, die auf betrügerische Weise in Bankrott ging. Danach hatte er sich an einer zweiten Firma beteiligt, die im Juli 1889 ebenfalls vor dem Bankrott stand. Seit dem Sommer 1888 war Gabrielle Bompard seine Freundin, ein Straßenmädchen, die entlaufene Tochter eines neureichen Händlers aus Lille, die von sich behauptete, als Kind hypnotisiert und vergewaltigt worden zu sein – zwanzig Jahre alt, hübsch, verderbt, verlogen, ohne Gewissen, zu jeder Untat bereit.

In Gorons Phantasie formte sich das Bild des Verbrechens. Eyraud, so sann er, hatte Gouffé gekannt, wahrscheinlich durch den Konkurs seiner Alkoholbrennerei, an dessen Abwicklung der Gerichtsvollzieher beteiligt gewesen war. Sicherlich hatte er erfahren, daß Gouffés Geschäfte blühten, und ebenso sicher hatte er gewußt, wie

unersättlich Gouffés Gier nach jungen Frauen war. Hatte er seine Freundin Gabrielle die Rolle des Köders für Gouffé spielen lassen? Hatte er in einem noch unbekannten Absteigequartier den Koffer bereitgestellt und Gouffé durch Gabrielle dorthin locken lassen? Hatte er ihn in der Hoffnung, die Schlüssel zu Gouffés Geldschrank zu finden, getötet und den Leichnam in den Koffer gepackt? War er nach dem Scheitern dieser Hoffnung auf die Idee verfallen, den Koffer nach Lyon zu schicken und ihn an einer abgelegenen Uferstelle der Rhone auszusetzen? Fragen über Fragen! Aber Goron spürte, daß die Antwort auf jede dieser Fragen ›ja‹ lautete. Ja! Er ließ nach Bildern Eyrauds und Gabrielle Bompards fahnden. Was Eyraud anbelangte, hielt er Anfang Januar 1890 in Händen, was er brauchte. Inspektor Garret spürte Eyrauds verlassene Frau, Laure Bourgeois, auf und fand bei ihr einige Bilder ihres Mannes. Goron diktierte mit verbissener Ausdauer Briefe an alle französischen Botschaften, Gesandtschaften und Konsulate diesseits und jenseits des Atlantiks, übersandte ihnen die Bilder und die Personalbeschreibung Eyrauds und bat, seine Fahndungsersuchen an die jeweils zuständigen Polizeidienststellen in Europa, Nord- und Südamerika weiterzuleiten. Die französischen Zeitungen, bald auch englische und amerikanische, brachten immer neue Meldungen über die aufregende Jagd nach Eyraud.
Da – am Morgen des 16. Januar lag auf dem Tisch Gorons ein Brief, der am 8. Januar in New York zur Post gegeben worden war. Als Goron den Namen des Absenders las, dachte er an eine Täuschung, an das Produkt eines geltungssüchtigen Psychopathen. Er verglich den Brief mit Schriftstücken, die seine Beamten in Eyrauds Wohnung beschlagnahmt hatten. Es konnte keinen Zweifel geben: Der Brief aus New York war von Eyraud geschrieben! Er umfaßte nahezu zwanzig Seiten, angefüllt mit Anklagen darüber, daß man ihn in der ganzen Welt des Mordes beschuldige. Er sei vor dem drohenden wirtschaftlichen Ruin aus Paris geflohen. Gabrielle Bompard habe ihn in den finanziellen Zusammenbruch gejagt. Was aber Gouffé betreffe, so sei er stets dessen Freund gewesen. Wenn jemand den Gerichtsvollzieher getötet habe, dann Gabrielle Bompard. »Sie hat Gouffé«, so behauptete Eyraud, »sehr wohl durch einen ihrer zahlreichen Liebhaber ermorden lassen können!«
Noch war Goron damit beschäftigt, das Motiv zu finden, das Eyraud bewogen haben mochte, diesen sonderbar verräterischen Brief zu schreiben, als er am 18. und 20. Januar weitere Schreiben Eyrauds aus New York erhielt. Die größte Überraschung allerdings stand ihm noch bevor. Am Vormittag des 22. Januar meldete Go-

rons Sekretärin eine Besucherin, die im Vorzimmer wartete. Ihr Name: Gabrielle Bompard.
Die Gesuchte erwies sich als so, wie sie beschrieben worden war: klein, zierlich, elegant. Aber die Züge der Zwanzigjährigen verrieten die Spuren hektischen Lebens. »Ihre Sinnlichkeit und Verderbtheit drangen geradezu durch ihre Haut«, so hat Goron sie geschildert. Sie kam nicht allein, sondern in Begleitung eines offenbar »besseren Kreisen entstammenden Amerikaners«, der sich als George Garanger vorstellte und sofort zu erzählen begann. Goron erfuhr, daß Garanger während einer Geschäftsreise in Vancouver einen französischen Geschäftsmann namens Vanaerd kennengelernt hatte, der von seiner Tochter Berthe begleitet war. Garanger wurde von wilder Leidenschaft für Berthe gepackt, ließ sich in eine Geschäftsgründung mit Vanaerd ein, stimmte begeistert zu, als dieser ihn bat, seine Tochter nach Paris zu begleiten, wurde unterwegs Berthes Geliebter und erfuhr endlich, daß Vanaerd der in allen Zeitungen gesuchte Eyraud war und Garangers Reise nach Paris dazu benutzte, die neugegründete Firma zu liquidieren und mit Garangers Kapital zu verschwinden. Natürlich erfuhr er auch, daß Berthe in Wirklichkeit Gabrielle Bompard war. Aber seine Leidenschaft war bereits so zügellos, daß er seiner Geliebten glaubte, sie sei nur ein Opfer Eyrauds. Eyraud allein war der Betrüger und Mörder. Eyraud hatte Gouffé ermordet und sie, die Ahnungslose, als Lockvogel für den Gerichtsvollzieher benützt. In der Rue Tronson-Ducoudray in Paris hatte Eyraud ihr eine kleine Wohnung gemietet. Dorthin bestellte sie Gouffé am 26. Juli zu einem Rendezvous. Warum nicht? Warum, in Gottes Namen, nicht? Gouffé war nicht der einzige, dem sie sich auf Befehl Eyrauds hingab, um Geld zu beschaffen, wenn er selbst keinen Centime mehr besaß. Warum also nicht auch Gouffé? Aber an dem für jenes Rendezvous vorgesehenen Abend hatte Eyraud ihr mitgeteilt, Gouffé sei anderweitig beschäftigt, das Tête-à-tête finde also nicht statt, und als sie längere Zeit nach dem verabredeten Zeitpunkt in ihre Wohnung kam, fand sie dort außer Eyraud einen rothaarigen Mann vor, der gerade seinen Rock anzog und verschwand. Der Koffer aus London stand in einer Ecke des Schlafzimmers. Am folgenden Morgen schlug Eyraud ihr eine Reise nach dem Süden vor. Der Koffer wurde zur Bahn gefahren. In Lyon mietete Eyraud sich einen Wagen, den er selbst fuhr, lud den Koffer auf und kutschierte mit ihr in Richtung Millery. Dort tauchte wieder der rothaarige Fremde auf und übernahm den Koffer. Eyraud aber hatte von großen Geschäften berichtet und sich mit ihr nach Amerika aufgemacht.

Der Amerikaner war von Gabrielle Bompards Unschuld überzeugt. Gleich nach der Ankunft in Paris hatte er sie überredet, sich der Polizei zu stellen und so selbst allen falschen Verdächtigungen ein Ende zu machen. Gabrielle Bompard nickte lebhaft bestätigend zu jedem seiner Worte. »Offenbar«, so berichtete Goron, »war sie überzeugt, daß ich genauso leichtgläubig sei wie ihr amerikanischer Galan.«

Goron allerdings hatte eine andere Vorstellung vom Ablauf der Dinge. Nach seiner Ansicht hatte Gabrielle Bompard in Amerika begriffen, daß es an der Zeit war, sich von Eyraud zu trennen und die eigene Haut zu retten. Sie hatte den Amerikaner benützt, um einen scheinbar glaubwürdigen Weg zur Sûreté und zu einem ›Geständnis‹ zu finden. Eyraud aber hatte unterdessen seine Briefe geschrieben, um diesem ›Geständnis‹ vorzubeugen. Vor den Augen des fassungslosen Amerikaners ließ Goron Gabrielle Bompard verhaften und – wie es hieß – »in seiner berühmten Garküche braten«. Er ließ sie hungern, vernahm sie bei Tag und Nacht und schickte Spitzel in ihre Zelle. Er ließ sie in der Rue Tronson-Ducoudray vorführen. Die Vermieterin erkannte die Verhaftete sofort; sie erinnerte sich auch an den großen Koffer. Sie erinnerte sich auch an den 26. Juli, aber keineswegs daran, daß Gabrielle Bompard erst spät nach Hause gekommen war. Vielmehr hatte sie einen Herrn empfangen, dessen Beschreibung sehr an Gouffé erinnerte. Vor allem aber: Gabrielle war am 25. Juli bei einem Schlosser in der Nachbarschaft erschienen, um stärkere Eisenbänder um den Koffer legen zu lassen. Gabrielle Bompard log mit jener Unerschöpflichkeit, deren nur pathologische Lügnerinnen fähig sind. Aber bis Anfang Februar entriß Goron ihr Stück für Stück der Wahrheit. Jawohl, so gestand sie schließlich, Eyraud hatte beschlossen, Gouffé zu berauben, und sie wußte es. Aber trotzdem – sie war nur sein Werkzeug gewesen. Das Kopfende des Ruhebetts in ihrer Wohnung grenzte an einen Alkoven, der durch einen Vorhang verdeckt war. Eyraud schraubte eine Eisenschlaufe in den Deckenbalken und zog ein Seil hindurch, an dessen einem Ende sich ein Haken befand. Er selbst verbarg sich am Abend des 26. Juli hinter dem Vorhang, während sie Gouffé empfing, der bereits »vor Gier bebte«. Nur mit einem Morgenmantel bekleidet, der von einer Kordel zusammengehalten war, hatte sie sich zu Gouffé auf das Ruhebett begeben, die Kordel geöffnet und sie im Liebesspiel um Gouffés Hals gelegt. Diesen Augenblick benutzte Eyraud, um die beiden Kordelenden an seinem Seil zu befestigen und dieses Seil anzuziehen. Gouffé begann jedoch zu schreien. Jetzt griff Eyraud nach Gouffés Hals und erwürgte ihn mit seinen Händen – genauso, wie Lacassagne es angenommen hatte. Danach hatte Eyraud den Toten in Wachstuch gehüllt, verschnürt und in den Koffer gepackt. Angeblich von Entsetzen geschüttelt, hatte Gabrielle mehrere Stunden mit dem Toten allein im gleichen Zimmer verbracht, während Eyraud versuchte, Gouffés Büro auszurauben. Voll rasenden Zornes über seinen Mißerfolg hatte er sie nach seiner Rückkehr geprügelt und gleich darauf »ohne Scham, wenige Meter von dem Toten entfernt«, mit ihr geschlafen. Dann kam der Transport des Koffers zum Bahnhof, die Reise nach Lyon, die Fahrt nach Millery, das Hinabstürzen des Toten am Flußufer, schließlich der Abwurf des zerberstenden Koffers – dies war die ganze Geschichte. Dreimal noch fuhr Goron mit ihr in die Rue Tronson-Ducoudray. Er entdeckte die Eisenschlaufe im Deckenbalken und Teile des Seiles, das von Eyraud benutzt worden war.

Seit Gabrielle Bompards Verhaftung befand ganz Paris sich in einem Zustand des Sensationsfiebers. Ganze Familien, Großeltern, Eltern und Kinder strömten in die Rue Tronson-Ducoudray, um das Mordhaus zu besichtigen. Als der Untersuchungsrichter Dopffer die Verhaftete am 7. Februar, von zwei Inspektoren bewacht, nach Lyon schickte, um eine Ortsbesichtigung vorzunehmen, mußte Kavallerie aufgeboten werden, um die Menschenmassen zurückzudrängen. Es gab sogar Leute, die – angetrieben von der so häufigen perversen Bewunderung für Mörderinnen – Gabrielle Bompard Blumen zuwarfen. Aber am 10. Februar war der Spuk zu Ende. Goron hegte keinen Zweifel mehr, daß er die vollständige Geschichte von Gouffés Ermordung kannte – mit einer Ausnahme allerdings. Er war überzeugt, daß die Rolle, die Gabrielle Bompard wirklich gespielt hatte, nicht die Rolle eines zur Beihilfe gezwungenen Opfers, sondern einer bewußt Beteiligten gewesen war.

Zum zweiten Male sandte Goron Fahndungsersuchen an alle französischen Vertretungen jenseits des Ozeans. Diese Fahndungsersuchen waren noch unterwegs, als Eyraud sich abermals selbst zu Wort meldete. Gabrielle Bompards Geständnisse trieben ihn dazu, dem ›L'Intransigeant‹ Gegendarstellungen zu übersenden, deren Veröffentlichung neue Wogen der Gouffé-Hysterie entstehen ließ. In einem fürchterlichen Französisch geschrieben, von Rachedurst diktiert, phantastisch bis zur absoluten Unglaubwürdigkeit, häuften Eyrauds Berichte alle Schuld auf Gabrielle Bompard und einen geheimnisvollen Liebhaber. Das einzige, was Goron an diesen Darstellungen noch interessierte, war der Ort, an dem sie zur Post gegeben worden waren. In den gleichen Tagen, in denen ›L'Intransigeant‹ die letzten Teile von Eyrauds Gegendarstellungen abdruckte, um den 19. Mai, wurde Eyraud in Havanna auf Kuba von einem dort lebenden Franzosen erkannt. Am folgenden Abend verhaftete ihn die kubanische Polizei, als er ein Bordell verließ.

Schon am 24. Mai waren die Inspektoren Soudais und Gaillard mit dem Postdampfer ›La Bourgogne‹ nach Havanna unterwegs, um Eyraud nach Paris zu holen. Als das Postschiff ›La Fayette‹, auf dem die Inspektoren mit dem Verhafteten den Atlantik überquerten, am 30. Juni in Saint-Nazaire anlegte, wartete eine unübersehbare Menschenmenge auf dem Kai. Ein Mann hatte einen Papagei mitgebracht, der darauf abgerichtet war, ununterbrochen Eyrauds Namen zu rufen. Journalisten standen auf den Trittbrettern des Zuges, in dem Eyraud nach Paris fuhr. Am gleichen Tage mieteten gerissene Geschäftemacher das Haus in der Rue Tronson-Ducoudray, um aus der Besichtigung des Mordzimmers Kapital zu schlagen. Alles in allem ein Aufruhr der Sensationsgier, der dunkelsten, unergründlichsten Instinkte.

Am 16. Dezember 1890 endlich begann der letzte, stürmische, noch einmal die Massen erregende Akt – der Prozeß gegen Eyraud und Bompard vor dem Assisen-Gericht der Seine. Eyrauds Situation war von der ersten Stunde an hoffnungslos. Gabrielle Bompard dagegen spielte das Spiel ihres Lebens als ›unschuldig Schuldige‹. Sie fand einen glänzenden Helfer in einem ebenso skrupellosen wie phantasievollen Verteidiger, Henri Robert. Er nützte die Behauptung der Angeklagten, sie sei als halbes Kind in Hypnose mißbraucht worden, hemmungsloas aus und stellte sie als Medium dar, das auch diesmal nur in hypnotischem Zustand an dem Verbrechen teilgenommen hatte. Er beutete einen Meinungsstreit aus, der gerade in jenen Tagen in einem der neuen Spezialgebiete der Medizin, in der Nervenheilkunde, ausgetragen wurde: Konnte man einen Menschen so vollständig hypnotisieren, daß er auch einen Mord beging? Neurologen und Hypnotiseure bevölkerten den Gerichtssaal und trugen damit ein weiteres mysteriöses Element in den Schlußakt des Dramas hinein. Am 20. Dezember war das Spiel zu Ende. Es schlug neun Uhr abends, als der Gerichtspräsident das Urteil verkündete: »Todesstrafe für Eyraud, zwanzig Jahre Zwangsarbeit für Gabrielle Bompard.« Zehn Wochen später, am 2. Februar 1891, fiel Eyrauds Kopf unter der Klinge des Pariser Scharfrichters Deibler. Zur gleichen Stunde verkauften Händler auf den Boulevards kleine Koffer mit einem Leichnam darin, der aus Blei gegossen war. Der Koffer trug die Aufschrift: ›Die Affaire Gouffé‹.

5

Sosehr der Fall Gouffé die Öffentlichkeit auf die Pioniere der forensischen Medizin und die Bedeutung dieser neuen Wissenschaft aufmerksam machte – er stand in dieser Beziehung doch nicht allein. Im Jahre 1882 schon hatte ein Sensationsprozeß, der die österreichisch-ungarische Monarchie in zwei sich erbittert bekämpfende Lager spaltete, die Blicke auf eine andere Wiege der Gerichtsmedizin gelenkt, auf Österreich-Ungarn.

Den Schauplatz der Ereignisse bildete ein kleines ungarisches Dorf, Tisza-Eszlár, im Komitat Szaboles, nahe dem Ufer der Theiß, und nicht weit von Nyiregyháza entfernt. Tisza-Eszlár bestand aus drei weit über die Pußta verstreuten Teilen, dem ›neuen Dorf‹ Ujfalu, dem ›Slowakendorf‹ Totfalu und dem ›alten Dorf‹ Ofalu. Die Einwohner waren römisch-katholische und reformierte Christen sowie Juden.

Am 1. April 1882, um die Osterzeit, verließ das vierzehnjährige christliche Hausmädchen Esther Solymossi das Haus ihrer Dienstherrin in Ujfalu, um bei einem Kaufmann namens Kohlmayer in Totfalu Farbe einzukaufen. Esther erledigte die Einkäufe. Auf dem Heimweg wurde sie noch von ihrer älteren Schwester Sophia gesehen. Aber sie kam niemals mehr nach Ujfalu zurück. Ihre Dienstherrin, Esthers Mutter, die Witwe Solymossi, und Verwandte suchten bis zum Abend, ohne eine Spur von ihr zu entdecken. Als Esthers Mutter an der Synagoge vorübereilte, traf sie den Tempeldiener Joseph Scharf und dessen Frau. Die Witwe weinte; Scharf versuchte sie zu trösten. Sicherlich werde Esther zurückkehren. Vor einigen Jahren sei auch aus dem Dorf Nánas ein Kind verschwunden. Man hätte damals die Juden beschuldigt, das Kind getötet zu haben. Es habe sich jedoch nur in der Pußta verirrt und sei gesund und munter zu seiner Mutter heimgekommen.

Als Esther auch am 8. April noch nicht zurück war, übernahm der Sicherheitskommissar Recsky aus Nagyfalu die Suche im ganzen Bezirk. Aber auch sie führte zu keinem Erfolg. Anfang Mai flüsterte man sich im Dorf die ersten Gerüchte zu, die sich bald darauf wie ein Lauffeuer ausbreiteten. Es hieß: Samuel Scharf, der fünfjährige Sohn des Synagogendieners, habe erzählt: »Der Vater hat Esther ins Haus gerufen, sie gewaschen und in den Tempel geführt, der Schächter hat sie abgeschlachtet. Ich und mein Bruder Moritz haben gesehen, wie das Blut in einem Teller aufgefangen worden ist ...«

Niemals ist geklärt worden, wie diese Gerüchte entstanden. Der

Bezirk, zu dem Tisza-Eszlár gehörte, wurde im Reichstag zu Wien durch den Abgeordneten Onody vertreten, einen wütenden Antisemiten ungarischer Zunge. Zu seinem Repertoire gehörte eine der bösartigsten Verleumdungen, die das Mittelalter erfunden hatte, um Vorwände für seine Judenpogrome zu schaffen: die Geschichte vom Ritualmord. Die Juden, so hieß es, benötigen Christenblut zu gottesdienstlichen Zwecken und töteten Christenkinder, um mit ihrem Blut den Teig des ungesäuerten Osterbrotes, der Mazzen, zu bereiten.

Später vermutete man, die Witwe Solymossi habe sich daran erinnert, daß Joseph Scharf am 1. April von jenem verirrten Kind aus Nánas gesprochen hatte, für dessen Verschwinden die Juden verantwortlich gemacht worden waren. In ihrem ebenso beschränkten wie argwöhnischen Wesen sei der Verdacht gereift, Scharf müsse ein schlechtes Gewissen haben, wenn er davon sprach, daß man damals die Juden zu Unrecht beschuldigt hatte. Sie meldete Scharfs Worte dem Sicherheitskommissar Recsky. Dieser gab den Bericht an Onody weiter. Der Abgeordnete wiederum veranlaßte einige Familien in Tisza-Eszlár, Samuel Scharf durch ihre Kinder aushorchen zu lassen, ihn mit Süßigkeiten zu locken und dem Fünfjährigen Worte in den Mund zu legen, die er gar nicht zu begreifen in der Lage war.

Gleichviel – am 19. Mai erschien aus Nyiregyháza der Untersuchungsrichter Bary mit seinem Schreiber Piczely, den Sicherheitskommissaren Recsky und Pay sowie mehreren Panduren, berittenen Polizisten, in Tisza-Eszlár, um eine Untersuchung gegen Joseph Scharf einzuleiten. Bary war ein beschränkter gewalttätiger Streber und – ein Gefolgsmann Onodys. Er kam mit der festen Überzeugung nach Tisza-Eszlár, daß die Juden Esther Solymossi getötet hatten und daß es seine Aufgabe war, sie zu überführen. Er befragte den kleinen Samuel Scharf und protokollierte Äußerungen, die der Junge angeblich oder wirklich mit jener uferlosen kindlichen Phantasie machte, die jeder verantwortungsbewußte Richter kannte und fürchtete.

Die Geschichten, die das Kind erzählte, waren so widerspruchsvoll, daß ein anderer Richter als Bary den Fall schwerlich weiterverfolgt hätte. Bary aber ließ Joseph Scharf und seinen vierzehnjährigen Sohn Moritz in das sogenannte ›Kallaysche Kastell‹ in Tisza-Eszlár bringen, in dem er sein Hauptquartier aufgeschlagen hatte.

Joseph Scharf, ein verhältnismäßig gebildeter Mann, erklärte alle Aussagen Samuels für Produkte einer bewußt irregeleiteten Kinderphantasie. Auch Moritz stritt ab, jemals etwas von den Vorgängen

gesehen zu haben, die sein kleiner Bruder schilderte. Aber Bary besaß jenen Spürsinn für menschliche Schwächen, der viele sonst stupide Naturen auszeichnet. Er witterte in Moritz den von Grund auf labilen, leicht beeinflußbaren, psychopathischen Charakter, den der Junge tatsächlich besaß. Am 21. Mai übergab er Moritz dem Schreiber Piczely und dem Sicherheitskommissar Recsky. Sie sollten ihn von seinen Eltern trennen, nach Nyiregyháza schaffen, um dort »irgendein brauchbares Geständnis von ihm zu bekommen«. Während der Fahrt übernachteten Recsky und Piczely in Recskys Haus in Nagyfalu, sperrten Moritz in einen finsteren Stall und drohten ihm, dort werde er den Rest seines Lebens verbringen, falls er nicht gestehe, die Tötung Esther Solymossis beobachtet zu haben. Wenn er dagegen ein Geständnis ablege, werde ihm nichts geschehen. Gegen Mitternacht schließlich wurde Moritz so lange geschlagen und an den Ohren gerissen, bis er bereit war, alles zuzugeben, was man von ihm verlangte. Recskys Hausmädchen, die Zeugin der Vorgänge geworden war, berichtete einigen Nachbarn darüber. Daraufhin wurde sie auf Recskys Befehl von einem Polizeidiener ausgepeitscht, bis sie schwor, niemals mehr ein Wort über die Nacht vom 21. auf den 22. Mai zu verlieren.
Piczely schickte noch in der Nacht Panduren nach Tisza-Eszlár, um den Untersuchungsrichter Bary zu alarmieren. Bary traf im Morgengrauen in Nagyfalu ein und nahm zufrieden Moritz Scharfs Geständnis zu Protokoll. Es lautete: »Mein Vater, der Synagogendiener Joseph Scharf, rief die Esther Solymossi von der Straße in unser Haus. Der bei uns wohnende jüdische Bettler Wollner führte sie in die Synagoge, streckte sie daselbst zu Boden und entkleidete sie bis auf das Hemd. Zugegen waren außer meinem Vater und Wollner die Schächter Schwarz, Buxbaum und Braun, ferner Adolf Junger, Abraham Braun, Samuel Lustig, Lazar Weisstein und Emanuel Taub. Braun und Buxbaum hielten die Esther fest, der Schächter Schwarz aber schnitt ihr mit einem Messer den Hals durch. Das Blut wurde aufgefangen und in einen Topf geschüttet. Ich sah durch das Schlüsselloch und konnte alles wahrnehmen ... Esther Solymossi, die ich von früher her kannte, trug Galizenstein« (Farbe, die das Mädchen eingekauft hatte) »in einem alten gelben Tüchel in der Hand ... Mein Bruder Samuel hat nichts gesehen. Ich habe ihm nur alles erzählt ...«
Bary war selbst so sehr von der Tatsache eines jüdischen Blutrituals überzeugt, daß er das, was Moritz geschildert hatte, für völlig glaubhaft hielt. Er ließ den Jungen nach Nyiregyháza schaffen und in der Wohnung des dortigen Gefängniswärters Henter

unterbringen. Henter erhielt den Auftrag, Moritz von der Umwelt abzuschließen und täglich daran zu erinnern, daß er sofort ins Gefängnis komme, falls er jemals seine Aussage änderte. Dann verhaftete Bary an den verschiedenen Orten des Bezirks all jene jüdischen Bürger, deren Namen Moritz genannt hatte.

Sie beteuerten ausnahmslos, nichts von den angeblichen Vorgängen zu wissen. Schwarz, Buxbaum und Braun waren am 31. März nach Tisza-Eszlár gekommen, um sich für das dort freigewordene Amt des Schächters zu bewerben. Sie hatten am Morgen des 1. April den Gottesdienst besucht, der bis 10 Uhr dauerte, danach die Synagoge verlassen und nicht wieder betreten. Wollner war ein Bettler, der am 31. März zufällig im Hause Scharf ein Obdach gefunden hatte. Er hatte den Gottesdienst besucht und war weitergezogen. Auch Joseph Scharf war während des Gottesdienstes in der Synagoge gewesen und hatte sich dann nach Hause begeben. Dort aß er um 12 Uhr mit seinen drei Kindern, darunter Samuel und Moritz, zu Mittag. Nach dem Ende des Gottesdienstes hatte er selbst die Synagoge verschlossen; niemand hatte sie mehr betreten. Scharf weigerte sich zu glauben, daß Moritz wirklich jene Aussagen gemacht hatte, die ihm vorgehalten wurden. Er weigerte sich verzweifelt, manchmal müde, manchmal zornig, immer aber standhaft. Auch alle anderen Verhafteten behaupteten, gleich nach dem Gottesdienst heimgegangen zu sein, zu einer Zeit also, als Esther Solymossi sich noch auf dem Wege nach Totfalu befand. Ihre Familien legten Zeugnis für sie ab. Doch Bary beachtete diese Zeugnisse nicht.

Schon die ersten Meldungen aus Tisza-Eszlár fielen angesichts des in Österreich-Ungarn weit verbreiteten, teils untergründigen, teils offenen Antisemitismus auf günstigen Boden. Die Zeitungen waren voller Berichte und Kommentare. Juden wurden mißhandelt, jüdische Häuser geplündert, christliche Dienstboten verließen jüdische Häuser aus Angst, ermordet zu werden. Bary erhielt zahllose Zuschriften, die ihn in seiner Haltung bestärkten. Unbekannte übersandten ihm angebliche jüdische Rezepte über die »beste Art, ein Mahl mit dem Blute christlicher Jungfrauen zuzubereiten«. Bary heftete diese Rezepte zu den Untersuchungsakten. Kommandos durchwühlten das Gelände der Synagoge, die Keller in den Häusern aller Verhafteten wurden geöffnet, selbst Weinfässer auf der Suche nach dem Leichnam Esther Solymossis zerschlagen.

So weit war Bary gekommen, als am 18. Juni 1882 ein Ereignis eintrat, das die Sensation um das bisherige Geschehen in den Schatten stellte. Am Vormittag dieses drückendheißen Junitages zog der Feldhüter des Dorfes Tisza-Dada einen weiblichen Leichnam aus der Theiß. Die linke Hand der Toten hielt ein Tuch umklammert, in das eine bläulichweiße Farbe eingewickelt war. Der Feldhüter wußte – wie jedermann –, daß Esther Solymossi am Tage ihres Verschwindens Farbe eingekauft hatte. Schnell verbreitete sich die Nachricht, man habe Esther gefunden – an ihrem Hals sei nicht die Spur einer Schnittverletzung.

Bary eilte erregt nach Tisza-Dada. Wenn es sich bei der Toten wirklich um Esther Solymossi handelte, wenn die Tote keine Verletzung aufwies, dann brach das ganze Gebäude seiner Anklage wie ein Kartenhaus zusammen. Er ließ die Mutter des Mädchens und alle Nachbarn und Verwandten nach Tisza-Dada bringen. Die Witwe Solymossi bestätigte, daß die Tote ein Kleid von der gleichen Art trug, wie es Esther getragen hatte. Aber zu Barys Erleichterung behauptete sie, die Tote könne nicht ihre Tochter sein. Sie gab keine Gründe für ihre Meinung an, und Bary fragte sie nicht danach. Einige Nachbarn stimmten ihr zu. Andere allerdings gaben zu Protokoll, ihrer Meinung nach handle es sich um Esther und um niemanden sonst. Am Vormittag des 19. Juni sandte Bary die Wundärzte Dr. Trajtler und Kiss sowie den Kandidaten der Medizin Horvath an die Fundstelle. Sie erhielten den Auftrag festzustellen, ob die Tote überhaupt ein Mädchen von vierzehn Jahren sei und ob sie seit dem Tage von Esthers Verschwinden, also seit dem 1. April, im Wasser gelegen haben könne.

Trajtler und Kiss waren Landpraktiker, die einige wenige Male in ihrem Leben eine Autopsie durchgeführt hatten. Und Horvath hatte noch nicht einmal seine Ausbildung beendet. Am 20. Juni legten sie dem Untersuchungsrichter ein Protokoll vor. Es enthielt der Hauptsache nach folgende Feststellungen: 1. Bei der Toten handele es sich mit Bestimmtheit »um ein Individuum, welches wenigstens das achtzehnte, wahrscheinlich aber das zwanzigste Lebensjahr erreicht hat«. Dies sei durch die »allgemeine Entwicklung des Körpers« bewiesen, »durch den Zustand der Zähne und die Tatsache, daß die Stirnnaht des Stirnbeins verwachsen sei«. 2. Die Geschlechtsteile der Toten seien so sehr erweitert, daß sie sich sehr häufig mit Männern abgegeben haben müsse. 3. Die »Gefundene« könne höchstens zehn Tage tot sein. Ihre Haut sei weiß und zeige keine Spur von Fäulnis. Die Eingeweide seien gut erhalten. 4. Das Herz und die Venen der Toten seien völlig blutleer. Sie sei an einer Blutarmut gestorben. 5. Die gesamte Haut sei sehr zart. Insbesondere die Haut der Hände und der Füße sowie die Nägel seien sehr gepflegt. Die Tote sei niemals barfuß gegangen, vielmehr seien ihre Füße stets mit Schuhen bekleidet gewesen, und sie habe zweifellos einem Stande angehört, der keinerlei schwere Arbeit verrichte.

Keine einzige dieser Feststellungen traf auf Esther Solymossi zu. Sie war vierzehn Jahre alt gewesen, hatte an keiner Blutarmut gelitten, noch keinen Umgang mit Männern gehabt, eine wettergebräunte Haut und arbeitsgewohnte Hände besessen und war immer barfuß gegangen. Außerdem war sie nicht vor zehn Tagen, sondern vor mehr als zweieinhalb Monaten verschwunden.

Bary sah sich in seinem Tun bestätigt. Aber damit gab er sich nicht zufrieden. Sein Argwohn und sein Judenhaß ließen ihn eine Verbindung zwischen dem Leichenfund und den Juden von Tisza-Eszlár vermuten. Die Tatsache, daß die Tote ein Kleid wie Esther Solymossi und ein Tuch mit Farben getragen hatte, erregte in ihm den Verdacht, Freunde der Verhafteten hätten eine fremde Leiche ›kostümiert‹, um den Eindruck zu erwecken, daß Esther ertrunken sei, und so ihre Glaubensgenossen vor der Mordanklage zu bewahren. Er griff ohne Besinnen zu, als ein Unbekannter, der offenbar auf den gleichen Gedanken verfallen war, ihm einen anonymen Brief schrieb. In diesem Brief wurde ein jüdischer Theißflößer namens Jankel Smilovics beschuldigt, bei der Unterschiebung der unbekannten Leiche beteiligt gewesen zu sein. Der Briefschreiber behauptete weiter, die Idee der Leichenunterschiebung stamme von Amsel Vogel aus Tisza-Eszlár. Zwei Juden hätten die Leiche auf einem Wagen nach Tisza-St. Marton gefahren und Smilovics übergeben. Der jüdische Flößer David Herschko habe sie dann unter seinem Floß nach Tisza-Eszlár befördert. Dort habe eine unbekannte Jüdin ein Kleid gebracht, wie es Esther Solymossi trug, und ein Bündel mit Farbe. Der Flößer Ignaz Mathey habe sich bestechen lassen und bei der Bekleidung der Toten geholfen.

Bary ließ Vogel, Smilovics, Herschko verhaften und in das Kallaysche Kastell bringen. Sie leugneten. Daraufhin wurde Vogel durch den Sicherheitskommissar Pay gezwungen, literweise kaltes Wasser zu trinken, bis er sich vor Qualen krümmte. Er wurde im Laufschritt vor einem Wagen hergetrieben, bis er zusammenbrach. Schließlich gestand er, was man von ihm erwartete. Auch Smilovics gestand aus Furcht, ebenfalls gefoltert zu werden. Da er außerstande war, die Namen der beiden Juden zu nennen, die ihm in Tisza-St. Marton die fremde Tote übergeben haben sollten, wurden die jüdischen Einwohner von Tisza-Eszlár gezwungen, sich vor dem Gemeindehaus in Reih und Glied aufzustellen. Bary forderte Smilovics auf, die beiden Unbekannten herauszusuchen. In seiner

Angst wies Smilovics auf die ersten besten am Anfang der Reihe, Martin Gross und Ignaz Klein. Sie wurden geprügelt und mußten Wasser trinken, bis sie riefen: »Befehlt, was ich aussagen soll – ich will alles sagen ...« Herschko wurde durch Schläge gezwungen, ein Protokoll zu unterschreiben. Es war in ungarischer Sprache abgefaßt, die er nicht verstand. Mathey entrann als einziger der Verhaftung, erhielt aber so viele Stockschläge auf die Fußsohlen, daß auch er gestand, von der Affäre gewußt zu haben. Als die Verhafteten im Gefängnis von Nyiregyháza eintrafen, forderte der Abgeordnete Onody die Gefängniswärter auf: »Jagt diese Judenhunde an meinem Kastell vorüber, daß meine Frau und mein Gesinde eine Freude haben.«
Diese weitere Entwicklung der Affäre hatte eine wilde Erregung und heftige Diskussionen weit über die Grenzen Österreich-Ungarns hinaus entstehen lassen. Der Fall Tisza-Eszlár wurde zum Gegenstand von Parlamentsdebatten in Budapest und Wien. Die Oberstaatsanwaltschaft in Budapest sah keinen anderen Weg, als eine Überprüfung der Angelegenheit in die Wege zu leiten. Den Auftrag dazu erhielt der Staatsanwalt Szeiffert. Es stellten sich aber auch einige der bekanntesten ungarischen Verteidiger zur Verfügung, um die Sache der Verhafteten zu vertreten, unter ihnen der Reichstagsabgeordnete Karl von Eötvös. Als Eötvös im Oktober 1882 das Studium der Unterlagen beendet und mit einigen Verhafteten gesprochen hatte, war er überzeugt davon, daß es nicht die Spur eines Beweises für einen »Synagogenmord« gab und daß hier aus Gerüchten, Voreingenommenheit, Skrupellosigkeit und Rassenhaß ein Fall aufgebaut worden war, dem jede rechtliche Grundlage fehlte. Was bedeutete der Kronzeuge Moritz – ein unglaubwürdiges, psychopathisches Kind, dem man seine Aussagen suggeriert hatte. Was bedeuteten die vorliegenden Geständnisse – nichts. Jeder Angeklagte würde sie widerrufen, sobald er nicht mehr Barys Foltern ausgesetzt war. Eötvös' besondere Aufmerksamkeit richtete sich auf die Tote aus der Theiß. Er las das von Trajtler, Kiss und Horvath verfaßte Protokoll. Da er manchen Prozeß in Budapest geführt oder beobachtet hatte, war er auch mit den Pionieren der ungarischen Gerichtsmedizin in Berührung gekommen, die ihr erstes Wissen in Frankreich gesammelt hatten. Ihre Namen waren Ajtai und Belki. Eötvös war aber auch sehr oft in Wien und hatte dort erst im vergangenen Jahr erlebt, wie unter Führung des Professors Eduard von Hofmann eine Wiener Schule der Gerichtsmedizin entstand. Hofmann hatte großes Aufsehen dadurch erregt, daß er unter den völlig verbrannten Opfern des Wiener Ring-

theater-Brandes zahlreiche Männer und Frauen an ihren Zähnen oder an Besonderheiten ihres Skeletts identifizieren konnte. So besaß Eötvös eine gewisse Vorstellung von der gerichtsmedizinischen Arbeit. Beim Studium des Autopsie-Protokolls von Tisza-Dada gelangte er zu der Überzeugung, daß hier äußerst laienhaft gearbeitet worden war. Wenn aber die Wundärzte sich geirrt hatten, wenn der gefundene Leichnam nicht der eines älteren Mädchens oder einer älteren Frau war, sondern die Leiche Esther Solymossis – was blieb dann von der Anklage?

Eötvös versicherte sich der Hilfe von Johannes Belki in Budapest. Da Belki aber erst zweiunddreißig Jahre alt war, hielt Eötvös es für klug, noch zwei ältere Pathologen um Unterstützung zu bitten, die zwar keine Gerichtsmediziner waren, aber den Untersuchungen Belkis durch ihr Alter und ihre Würde größeres Gewicht verleihen konnten. Am 3. November 1882 beantragte Eötvös bei Bary die Exhumierung der Toten von Tisza-Dada und eine neue Autopsie durch die Professoren aus Budapest. Bary lehnte eine Exhumierung als überflüssig ab. Da erlebte Eötvös eine Überraschung, wie sie ihm selten begegnet war. Der Staatsanwalt Szeiffert unterstützte seinen Antrag. Noch ahnte Eötvös es nicht: Auch Szeiffert war im Laufe der Aktenstudien zu der Überzeugung gelangt, daß es keinen echten Schuldbeweis gegen die Verhafteten gab; er hielt die Anklage nur deshalb aufrecht, weil die Erregung im ganzen Land ihm keine andere Wahl ließ, aber auch, weil er nur in einem öffentlichen Verfahren die Möglichkeit sah, der Flut von Entstellungen und Legenden zu begegnen.

Am 3. Dezember 1882 erhielten die Professoren Scheuthauer, Mikalcovics und Belki den Auftrag, die Tote aus der Theiß zu exhumieren und nochmals die Frage zu prüfen, ob sie nicht doch mit Esther Solymossi identisch sein könne. Am 7. Dezember kamen die Ärzte nach Tisza-Dada. Vier Wochen später, am 8. Januar, übersandten sie dem Staatsanwalt und dem Richter das Gutachten, das in seinen Hauptpunkten feststellte: 1. Die aufgefundene Tote sei keineswegs älter als vierzehn bis fünfzehn Jahre; 2. Sie könne durchaus zwei bis drei Monate im Wasser der Theiß gelegen haben; 3. Die Wundärzte Trajtler, Kiss und der Kandidat Horvath seien in völliger Unkenntnis der Hautveränderungen beim Wassertode einem Irrtum verfallen, wenn sie behaupteten, die Gefundene sei niemals barfuß gegangen; 4. Es könne keine Rede davon sein, daß die Tote häufig Umgang mit Männern gehabt habe; 5. Es sei absolut wahrscheinlich, daß es sich um niemand anderen als Esther Solymossi handele. Seit langem werde außer Esther kein

Mensch im ganzen Bezirksgebiet vermißt. Diese Tatsache könne nur die Überzeugung bestärken, daß das Mädchen aus der Theiß Esther sei, die bei einem Unfall oder durch irgendwelche unbekannte Umstände ins Wasser gestürzt sein konnte.
Bary lehnte es ab, das Gutachten der Budapester Ärzte in die Akten aufzunehmen. Als im Mai 1883 feststand, daß Szeiffert am 19. Juli vor dem Gerichtshof in Nyiregyháza gegen sämtliche Verhafteten Anklage wegen Mordes, Beihilfe zum Mord und Unterschiebung einer Leiche erheben würde, beschloß Eötvös, sich auch noch die gutachtliche Stellungnahme der höchsten gerichtsmedizinischen Autorität in Österreich über die Tote aus der Theiß zu sichern. Er wandte sich an Professor Eduard von Hofmann in Wien.

6

Eduard von Hofmann war in diesen Tagen, fünfundvierzig Jahre alt, ein stämmiger bärtiger Mann von jener verzehrenden Vitalität, die sich früh verbraucht.
Wenn Österreich-Ungarn im letzten Viertel des neunzehnten Jahrhunderts neben Frankreich die Bezeichnung »zweite Wiege der Gerichtsmedizin« erhielt, dann war dies in erster Linie Hofmanns Verdienst. Im tschechischen Teil der Donaumonarchie, in Prag, aufgewachsen, war er Schüler der dortigen ersten Pioniere der Gerichtsmedizin, Maschka und Popel, gewesen und hatte seit 1865 in der Stadt, die eine deutsche und eine tschechische Universität besaß, forensische Pathologie gelesen. 1869, mit zweiunddreißig Jahren, war er als Professor der Staatsarzneikunde nach Innsbruck berufen worden. Dort fand er die primitivsten Verhältnisse vor – kein eigenes Institut und keinen eigenen Lehrsaal. Die Auseinandersetzung mit den Pathologen, die nicht erkennen wollten, daß die kriminalistische Seite der Pathologie eine völlig eigene Welt war, kennzeichnete die Situation. In Innsbruck hatte Hofmann mit seiner verhaltenen Energie begonnen, den »Irrtum zu bekämpfen, der da glaubte, daß, wo sonst tüchtiges medizinisches Wissen vorhanden war, sich dessen Anwendung für forensische Zwecke von selbst ergäbe«. In sechs Jahren schuf er das Fundament, auf dem seine Nachfolger Kratter, Dittrich, Ipsen, Meixner die Universität Innsbruck zu einer der wichtigsten Lehrstätten der gerichtlichen Medizin in Österreich werden ließen.
Als Hofmann 1875 als Professor der Gerichtsmedizin nach Wien übersiedelte, hatte er die sogenannte ›Wiener Lehrkanzel für Ge-

richtsmedizin‹, die in der ersten Hälfte des Jahrhunderts berühmt gewesen war, völlig vernachlässigt vorgefunden. Im Kampf mit den Wiener Pathologen hatte er dem Institut für gerichtliche Medizin, das bei seiner Ankunft noch im Leichengebäude des Wiener Allgemeinen Krankenhauses untergebracht war, endgültig das Recht erstritten, alle Autopsien für Zwecke gerichtlicher Untersuchungen, aber auch alle sanitätspolizeilichen Autopsien von ungeklärten Todesfällen in Wien durchzuführen und mit keinem Pathologen zu teilen.

Als er im Juni 1883 die Begutachtung des Falles Tisza-Eszlár übernahm, wuchs neben dem Totenhaus des Allgemeinen Krankenhauses gerade ein Gebäude mit einem neuen großen Lehrsaal für die gerichtliche Medizin empor, der in wenigen Jahren zu einer Art Mekka für zahlreiche Studenten aus Europa und der übrigen Welt werden sollte.

Hofmann war ein sachlicher, kühler Mann, dessen Vorlesungen geradezu monoton wirkten, weil er nichts gelten ließ als die reinen Fakten. Niemand bemerkte deshalb auch die Erregung, die ihn befiel, als er das Gutachten der Ärzte Trajtler, Kiss und des Kandidaten Horvath vom 19. und 20. Juni 1882 in Händen hielt. Es repräsentierte genau das, wogegen er seit anderthalb Jahrzehnten kämpfte: den irrigen Glauben, jeder Arzt sei fähig, gerichtsmedizinische Befunde zu erheben. Dieses Gutachten verkörperte diesen Irrtum in so erschreckender Weise, daß es geradezu als Menetekel hätte dienen können, als Mahnung für jeden Staatsanwalt und Richter.

Hofmann sah sich hier in der nicht eben erfreulichen Lage, über etwas urteilen zu müssen, das er selbst nicht mit eigenen Augen hatte sehen können. Die einzig sicheren Grundlagen, über die er verfügte, boten die Protokolle der Ärzte aus Budapest, die allerdings ungewöhnliche Sorgfalt und wissenschaftliche Präzision erkennen ließen. Aber die Fehlurteile der Ärzte von Tisza-Dada waren so frappierend, ihre Unkenntnis in vielen Punkten so grotesk, daß Hofmann des persönlichen Augenscheins nicht bedurfte. Er brauchte nur auf seine Erfahrungen zurückzugreifen, die er in Prag und Wien an Wasserleichen gesammelt hatte, um zu beweisen, daß das Gutachten von Tisza-Dada Irrtümer über Irrtümer, Fehler über Fehler enthielt, daß diese Landärzte auch nicht die einfachsten gerichtsmedizinischen Kenntnisse besaßen.

Da war die Frage des Alters der Toten aus der Theiß. Die Wundärzte in Tisza-Dada hatten ihr Urteil auf den »allgemeinen Eindruck«, eine flüchtige Beurteilung der Zähne und die Verwachsungen der Stirnnaht gestützt. Hofmann verfügte ebensowenig wie Lacassagne über die Kenntnisse auf dem Gebiet der altersbestimmten Veränderungen des Knochengerüstes, die erst eine zukünftige Entwicklung erarbeiten sollte. Was er jedoch an Erfahrungen besaß, bedeutete für seine Zeit ein Höchstmaß. Wenn die Ärzte in Tisza-Dada festgestellt hatten, die knochige Verwachsung der Stirnnaht bei der Toten sei ein Zeichen für ihr höheres Lebensalter, so bewies das nur ihre Unwissenheit. Es war eine tausendfach erwiesene Tatsache, daß die Stirnnaht eines Menschen bereits im zweiten Lebensjahr zusammenwuchs. Aus der genauen Überprüfung des Zahnbefundes, wie er von den Budapester Ärzten registriert worden war, ergab sich, daß die bleibenden Zähne alle vorhanden waren; nur die Weisheitszähne waren bei der Toten noch nicht voll durchgebrochen. Die hinteren Backenzähne, die im zwölften oder dreizehnten Lebensjahr zum Vorschein kamen, waren voll entwickelt. Also hatte die Tote dieses Lebensalter überschritten. Da die Weisheitszähne sich im allgemeinen zwischen dem sechzehnten und siebzehnten Lebensjahr einstellten, im vorliegenden Fall aber fehlten, konnte man schließen, daß die Tote dieses Alter noch nicht erreicht hatte, also zwischen zwölf und siebzehn Jahre alt gewesen war. Weil allerdings bekannt war, daß die Weisheitszähne gelegentlich erst im vier- oder fünfundzwanzigsten Lebensjahr durchbrachen, stützte Hofmann sich nicht allein auf den Zahnbefund. Er zog die von Belki genauestens formulierte Beschreibung des ganzen Skeletts zu Rate. Die Ärzte von Tisza-Dada waren auf das Skelett überhaupt nicht eingegangen. Erfahrungsgemäß bildeten sich in den kindlichen Knorpelteilen der Schulterblätter erst mit dem vierzehnten Lebensjahr Knochenkerne. Sie waren an der Toten aus der Theiß noch nicht vorhanden gewesen. Ebenso wuchsen die drei Teile des Hüftbeines erst zwischen dem sechzehnten und achtzehnten Lebensjahr zusammen. An der Toten waren sie noch nicht verschmolzen. Zahlreiche andere Einzelheiten der Skelettentwicklung bewiesen, daß die Tote viel eher dreizehn Jahre alt gewesen war als achtzehn. Was die besonders hervorgehobene Weite der Geschlechtsorgane betraf, so hatten zahlreiche Erfahrungen Hofmann gelehrt, wie sehr das Wasser die Gewebsteile erschlaffen ließ, so daß sie sich weit über das normale Maß hinaus erweiterten. So hatte sich in Tisza-Dada Unkenntnis an Unkenntnis gereiht. Hofmann kam zu dem Schluß, daß es sich bei der Toten aus der Theiß um ein junges Mädchen im Alter Esther Solymossis gehandelt habe.

Als zweites war die Behauptung der Ärzte von Tisza-Dada zu

überprüfen, die Tote habe höchstens zehn Tage im Wasser gelegen. Allzuoft war Hofmann auf Wasserleichen gestoßen, die nach Wochen und Monaten noch eine erstaunliche Frische zeigten. Stets handelte es sich dabei um Leichen, die nicht, wie es meist nach dem Ertrinken geschah, nach einigen Tagen wieder zur Wasseroberfläche emporgekommen waren, sondern durch irgendwelche Hindernisse unter Wasser festgehalten wurden. Während die Toten, die auf der Wasseroberfläche trieben, dem fäulnisfördernden Einfluß der Luft ausgesetzt waren, geschah dies bei Leichen unter Wasser, vor allem, wenn sie in kühlem, strömendem Wasser lagen, nicht. Das Wasser hielt ihre inneren Organe frisch. Es bleichte ihre Haut. Der Zusammenhang zwischen der äußersten Hautschicht und der darunterliegenden Lederhaut lockerte sich. Nach einigen Wochen ließ sich die Oberhaut an Händen und Füßen mitsamt den Nägeln abstreifen oder wurde durch die Strömung von selbst abgestreift. Größere Hautpartien lösten sich ab. Aus der bloßliegenden Lederhaut sickerte das Blut, und der Körper wurde völlig blutleer.
Alle diese natürlichen Befunde hatten die Ärzte in Tisza-Dada zu Schlüssen verleitet, die an Ahnungslosigkeit kaum zu überbieten waren. Aus der ›Frische‹ hatten sie geschlossen, daß die Tote erst vor wenigen Tagen gestorben sein konnte. Die Blutleere hatte sie zu der Behauptung verführt, die Tote sei an Blutarmut zugrunde gegangen, während Esther Solymossi bis zuletzt ein gesundes Mädchen gewesen war. Am bezeichnendsten war ihre Feststellung, die Tote habe niemals körperliche Arbeit verrichtet, sei niemals barfuß gegangen wie Esther, und die Haut der Hände und Füße sowie die Finger und Fußnägel gehörten zu einer gepflegten Dame. Trajtler, Kiss und Horvath hatten sich von der dünnen Lederhaut täuschen lassen, die außerordentlich zart wirken konnte. Die Nagelbetten, über denen sich längst keine Nägel mehr befanden, erschienen ihnen als gepflegte Nägel. Die Ärzte aus Budapest hatten denn auch in der Tat weder Finger- noch Fußnägel vorgefunden, und Hofmann kannte genügend Studenten der höheren Semester, die auch erst hatten lernen müssen, diesen Täuschungen zu entgehen. Bei der Beendigung seines Gutachtens bemerkte er: »Die Welt der Gerichtsmedizin hat ihre Geheimnisse. Sie wollen erkannt und erforscht sein. Die Ereignisse in Tisza-Dada scheinen mir das eklatanteste Beispiel dafür, welche Fehler der Rechtsprechung durch die weitverbreitete Mißachtung des speziellen Wissens drohen . . .«
Als Hofmann im Juli 1883 sein endgültiges Gutachten Karl von Eötvös übergab, maßte er sich nicht an zu entscheiden, daß die Tote aus der Theiß Esther Solymossi gewesen sei; er sagte nur,

daß es sich um ein junges Mädchen in Esthers Alter gehandelt habe, das seit Monaten in der Theiß gelegen habe. Während sein umfangreiches Schriftstück seinen Weg nach Nyiregyháza antrat, war der Prozeß um den Fall Tisza-Eszlár bereits seit dem 13. Juni im Gange.

Der Gerichtssaal von Nyiregyháza war zum Schauplatz eines nur schwer zu beschreibenden Kampfes zwischen Vernunft und Haß, zwischen kühlem Urteil und eifernder Blindheit geworden. Die Untersuchungsmethoden Barys waren bloßgestellt. Den Schreiber Piczely hatte man als ehemaligen Mörder und Zuchthäusler entlarvt. Es war nicht mehr zweifelhaft, daß Moritz Scharf durch erpresserische Drohungen zur Lüge verführt worden war. Weder die Voreingenommenheit noch die Schwäche des Gerichtspräsidenten Kornis, weder der Lärm wütender Zuschauer noch die haltlosen Angriffe des Abgeordneten Onody gegen den Staatsanwalt Szeiffert verhinderten, daß das Gespinst aus Gerüchten, Lügen und Erpressungen zerriß. Sie konnten auch nicht verhindern, daß die Professoren aus Budapest, deren Gutachten ursprünglich aus den Akten gestrichen worden war, in jenen Tagen als Zeugen auftraten, in denen Eötvös auch Hofmanns Entscheidung in Händen hielt. So bildete Hofmanns Gutachten mit seinen schwerwiegenden Argumenten in Karl von Eötvös' siebenstündiger Verteidigungsrede den Schlußstein. Am 3. August 1883 sprach das Gericht sämtliche Angeklagten frei.

Sosehr Hofmann, der in einer Atmosphäre der Toleranz aufgewachsen war, dieses Urteil mit Befriedigung begrüßte, bedeutungsvoller blieb für ihn die Tatsache, daß die Ereignisse von Tisza-Eszlár vor aller Öffentlichkeit die Richtigkeit eines seiner größten Ziele bestätigte: die Notwendigkeit der speziellen Ausbildung jedes Arztes, der über gerichtsmedizinische Dinge urteilen sollte. Hofmann, der niemals wirkliche Erholung gekannt hatte, starb im Hochsommer 1897, kaum sechzig Jahre alt, auf seinem Landgut Igls an einem Herzleiden. Der Tod kam zu früh. Hofmann konnte die große Aufgabe, die er sich selbst gestellt hatte: die Trennung der Gerichtsmedizin von der allgemeinen Medizin und Pathologie nicht nur zu vollziehen, sondern auch fest zu verankern, nicht mehr zu Ende führen. Sein Schüler Albin Haberda aber schien den Wiener Universitätsbehörden noch zu jung, um Hofmanns Nachfolge antreten zu können. So wurde der Allgemeinpathologe Kolisko als Hofmanns Nachfolger berufen – und damit war der Zustand wiederhergestellt, gegen den Hofmann so erbittert angekämpft hatte. Dieser Zustand hielt bis zum Jahre 1916 an, bis Albin Haberda die

Führung der Wiener Schule der Gerichtsmedizin übernahm und ihr ein weit über die Grenzen der Pathologie hinaus reichendes Arbeitsfeld wies. Hofmann aber blieb die große Gestalt, die nicht nur den Ruhm der Wiener Gerichtsmedizin begründet hat, sondern die auch als die Verkörperung des Kampfes um die Eigenstellung der gerichtlichen Medizin in die Geschichte eingegangen ist – und mit ihr das Menetekel von Tisza-Eszlár.

7

»Besonders interessant ist ..., daß es mir gelungen ist, aus vier Wochen lang auf einem Brett eingetrocknet gewesenem, in physiologischer NaCl-(Kochsalz-)Lösung aufgelöstem Blut von Menschen, Pferd und Rind mit Hilfe meines Serums sofort das Menschenblut zu diagnostizieren, eine Tatsache, die gerichtsmedizinisch von ganz besonderer Wichtigkeit sein dürfte ...«

So lautete ein Satz in einer wissenschaftlichen Arbeit, die am 7. Februar des Jahres 1901 in der ›Deutschen Medizinischen Wochenschrift‹ erschien. Sie trug den Titel: »Eine Methode zur Unterscheidung der verschiedenen Blutarten, insbesondere zum differentialdiagnostischen Nachweis des Menschenblutes.« Der Name des Verfassers war Paul Uhlenhuth, Assistent am Hygienischen Institut der Universität Greifswald.

Die Arbeit war ebenso nüchtern wie kurz. Aber so unscheinbar sie auch im Verhältnis zu den Pressestürmen wirken mochte, welche die Affären Gouffé oder Tisza-Eszlár hervorgerufen hatten – sie kündigte doch die vielleicht bedeutsamste Neuerung an, welche die Annalen der forensischen Medizin während des Übergangs vom 19. zum 20. Jahrhundert zu verzeichnen hatten.

Die Pioniere der Gerichtsmedizin hatten seit langem nach einer Möglichkeit gesucht, festzustellen, ob Flecken und sonstige Spuren, die man an Tatorten von Verbrechen oder am Eigentum Verdächtiger fand, von Blut herrührten oder nicht. Sie hatten frühzeitig gelernt, daß Blut seine typische Farbe sehr bald verlor, wenn es eintrocknete und älter wurde. Sein Rot verwandelte sich in Braun. Später nahm es grüngelbliche Tönungen an, die in keiner Weise mehr an Blut erinnerten. Dennoch konnte sich hinter diesen Farben Blut verbergen – Blut, das bei Mord, Mordversuch, Körperverletzung, Vergewaltigung, Wilddieberei oder Tierdiebstahl als Indiz die Verbindung zwischen Tat und Täter herzustellen vermochte. Schon in der Frühzeit der Gerichtsmedizin waren also alle erdenklichen Versuche unternommen worden, Methoden zu finden, mit deren Hilfe sich selbst in völlig undefinierbaren Flecken noch Blut nachweisen ließ. In Verbindung damit aber war sogleich ein zweites Problem aufgetaucht.

Tausendfach verzeichnete die Geschichte der Kriminalpolizei und der Justiz Fälle, in denen man bei Verdächtigen und Angeklagten frische, unverkennbare Blutflecke gefunden hatte, ohne die Beschuldigten deswegen eines Verbrechens überführen zu können. Immer wieder wandten die Verdächtigen ein, die Blutspuren, die nach Meinung ihrer Ankläger von einem Ermordeten oder Verletzten stammten, gingen auf das Schlachten eines Tieres und die Beschmutzung mit Tierblut zurück. Wie wollte man diese Behauptung widerlegen? Tausendfach hatten derartige Einwände eine unübersteigbare Mauer aufgerichtet, vor der die gerichtliche Medizin machtlos stand. Sie war unübersteigbar, solange es keine Methode gab, Menschenblut von Tierblut zu unterscheiden.

An jenem 7. Februar 1901, an dem die Gerichtsmediziner zunächst in Deutschland und Österreich aufhorchend und zweifelnd zugleich Uhlenhuths Arbeit in der ›Deutschen Medizinischen Wochenschrift‹ lasen, standen sie der Frage des einfachen Blutnachweises allerdings nicht mehr völlig machtlos gegenüber.

Im Jahre 1853 war der Anatom Ludwig Teichmann-Stawlarsky in der damals zu Österreich-Ungarn gehörenden polnischen Stadt Krakau darauf aufmerksam geworden, daß Blut, das man mit Essigsäure behandelte, eigentümliche Kristalle bildete. Es genügte, Splitter eingetrockneter Blutflecke abzulösen, auf einem Glas mit etwas Kochsalz und Eisessig zu versetzen und bis zum Kochen zu erwärmen. Sogleich ließen sich unter dem Mikroskop unverwechselbare Kristalle beobachten. Sie erhielten den Namen Hämin-Kristalle, weil sie einen Stoff, Hämin, darstellten, der wiederum einen Teil jenes roten Blutfarbstoffes Hämoglobin bildete, das dem Blut seine Färbung verlieh. Zwar ergab sich, daß die Kristallbildung ausblieb, wenn es sich um Blutflecke an verrosteten Metallteilen handelte. Sie versagte auch bei Spuren auf Materialien, die großer Hitze von mehr als 140 Grad ausgesetzt worden waren. Wenn sich also keine Kristalle bildeten, war keineswegs mit Sicherheit erwiesen, daß die untersuchten Spuren kein Blut enthielten. Bildeten sie sich aber, so konnte man um so sicherer sein, Blut gefunden zu haben. Unter dem Namen der Teichmannschen Hämin-Probe war die Entdeckung aus Krakau längst zum Rüstzeug jedes Gerichtsmediziners geworden.

Einige Jahre nach Teichmann, 1861, war es dem Holländer van Deen in Groningen gelungen, auf andere Weise zu zeigen, ob längst vertrocknete, als Blut nicht mehr erkennbare Flecke aus Blut bestanden oder nicht. Er nutzte die Erkenntnis, daß der Blutfarbstoff Hämoglobin dem Blut nicht nur seine Färbung verlieh, sondern vor allem die Fähigkeit besaß, in den Lungen von Mensch und Tier Sauerstoff an sich zu binden, diesen als wichtigen Lebensspender durch die Adern zu den einzelnen Organen zu tragen und an diese Organe weiterzugeben. Das Hämoglobin war also in der Lage, Sauerstoff an sich zu binden, aber auch frei zu machen. Van Deen hatte bei Versuchen mit alkoholischen Auszügen der westindischen Guajakpflanze entdeckt, daß diese sich blau färbten, wenn man sie mit verharztem, sauerstoffhaltigem Terpentin und Blut zusammenbrachte. Die Blaufärbung ging offenbar auf eine Einwirkung des Sauerstoffs zurück; sie blieb stets aus, wenn der Mischung kein Blut beigegeben wurde. Das Hämoglobin des Blutes setzte also den Sauerstoff aus dem Terpentin frei und übertrug ihn auf das Guajak. Dabei genügte die winzigste Blutmenge, um die Blaufärbung hervorzurufen. Selbst als van Deen bei seinen Versuchen Lösungen aus jahrealten Blutflecken, deren Blutfarbstoff längst verblaßt war, verwendete, bildete sich in Minutenschnelle das gleiche Blau. Im Laufe der folgenden Jahrzehnte hatte sich zwar herausgestellt, daß auch Kali, Chlor oder Jod die Guajak-Lösung ebenso bläuen konnten wie Blut, nichtsdestoweniger war auch die ›van Deensche Probe‹ zu einer Standardmethode des Blutnachweises geworden.

Zwei Jahre nach van Deen, 1863, hatte der Deutsche Schönbein eine andere Blutprobe angegeben. Sie zeigte Blut selbst dort an, wo keine Flecken mehr zu sehen waren, weil man sie durch Reinigen entfernt hatte. Schönbein war darauf aufmerksam geworden, daß das Hämoglobin ein Ferment enthielt, durch das Wasserstoffsuperoxyd zur Bildung eines weißen Schaumes veranlaßt wurde. Dieser Schaum entstand sofort, wenn man verdächtige Kleidungsstücke oder andere Gegenstände mit Wasserstoffsuperoxyd betupfte und dabei Stellen berührte, an denen Blut verborgen war. Auch hier lehrte die kommende Zeit, daß Wasserstoffsuperoxyd nicht ausschließlich auf Blut, sondern auch auf Schleim, Speichel und zuweilen auf Rost reagierte. Außerdem hatte man erfahren, daß eine zu starke Anwendung des Wasserstoffsuperoxyds vorhandene Blutflecken zerstörte, so daß kein Beweismaterial zurückblieb. Trotzdem gewann Schönbeins Probe eine besondere Bedeutung. Sie wies auf mögliche Blutspuren hin, deren Bestätigung dann durch die Tests von Teichmann und van Deen gelang ...

Aus der Erkenntnis, daß das Blut aus roten und weißen Blutkörperchen bestand, war schließlich der Gedanke erwachsen, in verdächtigen Flecken unter dem Mikroskop nach roten Blutkörperchen zu suchen. Sie präsentierten sich als unverkennbare winzige Scheiben, die in ihrer Mitte eine flache Delle aufwiesen. Um sie in Splittern eingetrockneten Blutes sichtbar zu machen, war es notwendig, diese Splitter zu verflüssigen und die ebenfalls eingetrockneten roten Blutkörperchen wieder aufquellen zu lassen. Zu diesem Zweck verwandte man Kochsalzlösung, Borax oder Kalilauge. Manchmal dauerte es jedoch mehrere Tage, bis es zur Quellung kam und die ersten Blutscheibchen deutlich hervortraten. Bei allzu alten Spuren aber konnten alle mikroskopischen Versuche der Identifizierung scheitern. Dafür war seit dem Jahre 1859 neben der Mikroskopie eine neue physikalische Forschungsmethode der Naturwissenschaft entstanden, die für die forensische Medizin ganz allgemein eine außerordentliche Bedeutung erlangen sollte. Es handelte sich um die Spektralanalyse, welche die Deutschen Kirchhoff und Bunsen in jenem Jahre 1859 entdeckten.

Licht, das man durch ein Prisma leitete und sich darin zerstreuen ließ, lieferte auf einem Auffangschirm ein Spektrum, ein dem Regenbogen ähnliches Farbband von Rot bis Violett. Bunsen und Kirchhoff erkannten, daß jeder lichtausstrahlende Stoff sein eigenes, nur für ihn kennzeichnendes Spektrum besaß. 1861 schon hatten die beiden Heidelberger Forscher mitgeteilt, in ihrem Spektroskop vermöge man noch weniger als den dreimillionsten Teil eines Milligramms Natriumsalz mit der größten Deutlichkeit an einer feinen gelben Linie zu erkennen, durch die das Salz eindeutig charakterisiert würde. Es stellte sich heraus, daß sich die verschiedensten festen, flüssigen und gasförmigen Stoffe, wenn man sie durch Erhitzen oder elektrische Entladung zur Ausstrahlung von Licht veranlaßte, stets durch ganz bestimmte Farben, Linien oder Banden (dicht zusammengerückte Linien) auszeichneten. So wurde es möglich, unbekannte Substanzen an der Art ihrer Spektren zu erkennen. Außer den durch selbstleuchtende Stoffe gelieferten Spektren hatten Bunsen und Kirchhoff sogenannte Absorptionsspektren gefunden. Sie entstanden, wenn man Licht eines glühenden Stoffes durch einen kühleren gasförmigen oder flüssigen Stoff strahlen ließ. Der durchstrahlte Stoff verschluckte (absorbierte) Teile des Lichts, so daß in den Spektren Lücken als schwarze Linien erschienen. Lage und Art dieser Lücken verrieten die Art der durchstrahlten Substanz. Schließlich war deutlich geworden, daß es – außer dem für das menschliche Auge sichtbaren Licht – unsichtbare ultraviolette und infrarote Lichtstrahlen gab, die eigene, unsichtbare Spektren jenseits des Violett bzw. Rot erzeugten. Diese ließen sich jedoch durch Fotografie sichtbar machen und errangen ebenfalls außerordentliche Bedeutung für die Identifizierung unbekannter Stoffe.

Bei der Anwendung der Spektralanalyse auf Blutlösungen ergab sich, daß das Hämoglobin dieser Lösungen im Farbenband des Spektrums dunkle Absorptionsstreifen und Bänder erzeugte, die an ganz bestimmten, typischen Stellen lagen. Bei frischem Blut genügte die Behandlung mit Kochsalzlösung, bei älterem gelang es meist, mit Essigsäure, Schwefelsäure oder Alkohol Blutpräparate zu gewinnen, die sich in den Spektralapparat bringen ließen. Die Lösungsmittel riefen zwar bestimmte Veränderungen des Hämoglobins hervor, aber auch sie verrieten sich in typischen Lageveränderungen der Absorptionsstreifen. Schließlich hatte die Konstruktion eines Mikrospektrographen, der mit einem Mikroskop verbunden werden konnte, die Möglichkeit zur Feststellung und Untersuchung winzigster Blutspuren geschaffen.

So hatte sich die forensische Medizin auf dem Gebiet des Blutnachweises bis zur Jahrhundertwende ein Arsenal von Mitteln und Methoden geschaffen. Was jedoch die nicht weniger wichtige Unterscheidung menschlichen Blutes von Tierblut anbelangte, war ihr jeder Erfolg versagt geblieben. Vom Jahre 1829 bis zum Jahre 1901 spannte sich ein Bogen fruchtloser Experimente und bitterer Enttäuschungen. Er war verbunden mit den Namen Orfila, Dumas, Cattaneo, Barruel, Friedberg, Misuraka, Dvornitschenko, Magnanini – Franzosen, Italienern, Japanern, Russen, Holländern, Deutschen, Österreichern. 1829 hatte der Franzose Barruel geglaubt, eine Methode zur Unterscheidung zwischen Tier- und Menschenblut gefunden zu haben, und damit großes Aufsehen erregt. Als Barruel bei einem Experiment Ochsenblut mit Schwefelsäure kochte, hatte er einen eigenartigen Kuhstallgeruch wahrgenommen. Kurz darauf behandelte er das Blut eines Selbstmörders mit Schwefelsäure. Dabei drang – wie es in einem Bericht hieß – ein »so starker Geruch von Männerschweiß aus dem Glaskolben hervor, daß Barruel sein Laboratorium für einige Minuten verlassen mußte«. In der Folge hatte der Franzose ein ganzes System der Blutgerüche entwickelt: Bei der Behandlung mit Schwefelsäure sollte sich Männerblut durch den Geruch nach Männern, Frauenblut durch den Geruch nach Frauenschweiß, Schafblut durch den Geruch nach Schafwolle, Schweineblut durch den Geruch nach einem Schweinestall, Froschblut durch den Geruch nach Sumpfbinsen verraten. Doch Barruels Methode, lange ernsthaft beachtet, hatte sich als trügerisch erwiesen.

In späteren Jahrzehnten war versucht worden, durch mikroskopische Blutuntersuchung zum Ziel zu kommen. Alle Säugetiere (mit Ausnahme der Kamele und Lamas) besaßen kreisscheibenförmige rote Blutkörperchen, und so war es auch beim Menschen. Alle übrigen Wirbeltiere hingegen zeigten unter dem Mikroskop ovale rote Blutkörperchen mit einem Zellkern, der den Blutkörperchen aller Säugetiere und des Menschen fehlte. Sofern man also runde Blutkörperchen fand, konnte man sicher sein, Säugetier- oder Menschenblut vor sich zu haben; ovale Blutkörperchen stammten von Fischen, Vögeln oder anderen Wirbeltieren. Damit war einiges, aber nicht viel erreicht. Um auch zu einer Unterscheidung zwischen dem Blut des Menschen auf der einen und dem Blut von Rindern, Pferden, Hunden, Schweinen und anderen in Kriminalfällen immer wieder als Blutquelle genannten Haustieren auf der anderen Seite zu gelangen, war man dazu übergegangen, die Größe der Blutkörperchen zu messen. Das menschliche Blut besaß die größten roten Blutkörperchen. Aber die Größenunterschiede gegenüber denen der Haustiere waren so geringfügig, daß schon bei frischem Blut jede zuverlässige Unterscheidung unmöglich war. Zudem gewannen bei getrocknetem Blut, dessen rote Blutkörperchen man künstlich wieder aufquellen lassen mußte, die Blutzellen niemals ihre ursprünglich natürliche Größe zurück.
Schließlich und endlich hatte der Italiener Roberto Magnanini – später Professor der Gerichtsmedizin in Modena – im Jahre 1898 eine Methode bekanntgemacht, die sich auf die Spektralanalyse stützte. In mühevollen Untersuchungen hatte er gefunden, daß sich der rote Blutfarbstoff des Menschen und der Tiere bei der Behandlung mit Kalilauge sehr verschieden verhielt. Unter der Einwirkung der Lauge bildete sich ein besonderer Stoff, der den Namen Hämatin erhielt. Bis zu seiner Entstehung vergingen im frischen Menschenblut 2 Minuten, beim Hundeblut 6, beim Pferdeblut 31 und beim Blut eines Kalbes 135 Minuten. Die Differenzen waren groß genug, um darauf Unterscheidungsmöglichkeiten aufzubauen. Aber die Methode selbst war nur auf frisches Blut, nicht auf Spuren anwendbar, so daß sie keine Chance für eine praktische Lösung des großen Problems bot.
So stand die forensische Medizin im Jahre 1901 der Unterscheidung von Menschen- und Tierblut noch genauso hilflos gegenüber wie siebzig Jahre zuvor in den Tagen Barruels. Als Paul Uhlenhuths Arbeit über seine neue Methode erschien, waren seine ersten Leser von der Skepsis der allzuoft Enttäuschten erfüllt. Was hatte Uhlenhuth anzubieten? Eine neue Hoffnung, die doch nur trog? War es

eine Seifenblase, die im Nichts der Enttäuschung zerplatzte? Oder vielleicht doch die große Entdeckung, die der Hilflosigkeit eines Jahrhunderts ein Ende setzte und der forensischen Medizin – diesmal auf deutschem Boden – einen ihrer bedeutungsvollsten Fortschritte bescherte?

8

Paul Uhlenhuth, ein Sohn der Stadt Hannover und im Jahre 1901 knapp dreißig Jahre alt, war kein Gerichtsmediziner. Als Militärarzt war er kurz vor der Jahrhundertwende in das Institut für Infektionskrankheiten in Berlin und damit an eine der berühmtesten Stätten der Medizin jener Tage ›kommandiert‹ worden.

So wie in Frankreich der Name Pasteur das Denken und Fühlen selbst der Massen bewegte, so war der Name des Direktors des Berliner Instituts für Infektionskrankheiten, Robert Koch, jedem bekannt. Er verkörperte ein entscheidendes Kapitel Medizingeschichte. Allein die Entdeckung des Erregers der Tuberkulose hätte genügt, seinen Namen unsterblich werden zu lassen. Als Kochs Schüler hatte Uhlenhuth die ersten Schritte in die geheimnisumwitterte Welt der Bakterien, der Übertragung von Infektionskrankheiten und der erstaunlichen Fähigkeit des Blutes getan, sich gegen eindringende Krankheitskeime, ja überhaupt gegen Fremdstoffe zur Wehr zu setzen. In Kochs Institut war er dessen einstigem einzigen Assistenten, Friedrich Loeffler, begegnet, dem Entdecker des Diphtherie-Erregers. Loeffler war mittlerweile Professor für Hygiene an der Universität Greifswald geworden. In Berlin leitete er eine staatliche Kommission zur Erforschung der Maul- und Klauenseuche. Er wählte sich Uhlenhuth als Assistenten und nahm ihn 1899 mit nach Greifswald, weil die Berliner Ställe für Versuchstiere, die er zu seiner Arbeit brauchte, nicht ausreichten. Hier aber, in Greifswald und auf der Suche nach einem Schutzserum gegen den sich jeder mikroskopischen Beobachtung entziehenden Erreger der Maul- und Klauenseuche, war Uhlenhuth auf dem Boden angelangt, aus dem seine eigene Entdeckung hervorwachsen sollte. Es war der Boden der Serumforschung, die jener geheimnisvollen Fähigkeit des Blutes nachspürte, sich gegen fremde Eindringlinge zu wappnen und sie in Abwehrreaktionen unschädlich zu machen.

Im Jahre 1890 hatte der Deutsche Emil von Behring gefunden, daß sich in dem wäßrigen Bestandteil des Blutes, dem sogenannten Blutserum, von Tieren, die man vorsichtig mit geringen Mengen von Diphtheriegift impfte, Abwehrstoffe gegen die Diphtherie

bildeten, die bei Diphtheriekranken eine deutliche Heilwirkung hervorriefen. Seither wetteiferten vor allen Dingen deutsche, französische und belgische Forscher um die Entdeckung von Heilseren gegen weitere Infektionskrankheiten. Dabei hatte der Belgier Bordet 1899 entdeckt, daß Kaninchen, denen man einige Zeit Kuhmilch einspritzte, in ihrem Blutserum einen Abwehrstoff gegen das für sie fremde Eiweiß der Kuhmilch entwickelten. Brachte man ihr Blutserum mit Kuhmilch zusammen, so kam es zu einer merkwürdigen Erscheinung: Das Eiweiß der Kuhmilch, das Kasein, wurde aus der Milch ›ausgefällt‹, es entstand ein trüber Niederschlag. Mehr als das: Es ergab sich, daß Kaninchen, denen man Ziegenmilch einspritzte, gegen das Eiweiß dieser Milch Abwehrstoffe erzeugten, die aber ausschließlich gegen Ziegenmilch wirksam waren, nicht aber gegen das Eiweiß der Kuhmilch. Das Blut besaß offensichtlich die Fähigkeit, in seinem Serum auf wunderbar anmutende Weise spezifische Abwehrstoffe gegen jedes fremde Eiweiß zu mobilisieren und dabei Unterscheidungen zwischen den Arten des Eiweißes zu treffen, die menschlichem Forschen unmöglich waren.
Diese Abwehrstoffe hatten wegen ihrer ›niederschlagenden‹ oder ›fällenden‹ Wirkung den Namen Präzipitine erhalten. Das Phänomen ihrer Entstehung und Wirkung übte eine sonderbare Anziehungskraft auf Uhlenhuth aus. »Unter diesem Eindruck«, so schrieb er rund fünfzig Jahre später, gegen Ende seines langen Lebens, »begann ich im Jahre 1900 meine Arbeit, und ich fing ›ab ovo‹ an, im wahrsten Sinne des Wortes, indem ich mir die Aufgabe stellte, festzustellen, ob in dem Serum mit Eier-Eiweiß vorbehandelter Tiere spezifische Präzipitine sich entwickeln und ob sich auf diese Weise die Eiweißstoffe verschiedener Vogeleierstoffe differenzieren ließen.«
Uhlenhuth begann damit, Kaninchen große Mengen von Hühnereier-Eiweiß einzuspritzen. Aus ihrem Blut gewann er ein Serum, das sogar in der ungeheuren Verdünnung von 1:100 000 in der klaren Lösung des Hühnereis das Eiweiß niederschlug und dabei eine trübe Färbung erzeugte. Dasselbe Serum übte dagegen keinerlei niederschlagende Wirkung auf irgendwelche eiweißhaltige Lösung anderen Ursprungs aus. In der Folgezeit arbeitete Uhlenhuth mit den verschiedensten Arten von Eiern, mit solchen von Möwen, Perlhühnern, Kiebitzen, Tauben, Gänsen, Enten, Puten. Es zeigte sich, daß in allen Eiersorten verschiedene Eiweißstoffe vorlagen, gegen die sich im Blutserum von Kaninchen Fällungsstoffe bildeten. Nur bei Tieren, zwischen denen eine sehr enge Verwandtschaft bestand, wie etwa bei Hühnern und Perlhühnern, wirkten die Prä-

zipitine auf das Eiweiß beider Eierarten, wenn auch in verschieden starkem Maße. Mit Hilfe seiner Fällungsseren aus Kaninchenblut war Uhlenhuth bald in der Lage festzustellen, von welchen Tierarten Eiweißlösungen stammten, die er sich, ohne ihren Ursprung zu kennen, vorlegen ließ. Fast von selbst drängte sich schließlich der Gedanke auf, einen Schritt weiter zu gehen. Gab es vielleicht sogar Unterschiede zwischen dem Eiweiß des Hühnereis und dem Eiweiß, das sich im Blut des Huhns, also des gleichen Tieres, befand? Ließen sich diese Unterschiede ebenfalls mit Hilfe von Seren des Kaninchens feststellen?

Wenige Wochen später, im Sommer 1900, hielt Uhlenhuth den Beweis in der Hand. Es gab Unterschiede. Kaninchenserum, das durch die Injektion von Hühnereiweiß entstand, besaß keinerlei eiweißfällende Wirkung auf Lösungen von Hühnerblut. Umgekehrt führte Serum, das durch die Injektion von Hühnerblut entstanden war, zur Fällung des Eiweißes in diesem Blut, nicht aber zur Fällung von Eiweiß im Hühnerei. Uhlenhuth gab Kaninchenserum, durch das Eiweiß im Hühnerblut gefällt wurde, in eine Lösung von Rinderblut. Nicht die Spur einer Wirkung trat ein. Es gab also entscheidende Differenzen zwischen dem Eiweiß der verschiedenen Blutsorten. Uhlenhuth wiederholte sein Experiment mit Lösungen von Pferdeblut, Hammelblut, Schweineblut. Die Ergebnisse waren stets die gleichen.

Fünfzig Jahre später schrieb Uhlenhuth, nunmehr emeritierter Professor für Hygiene und Bakteriologie in Freiburg, mit der äußerlichen Kühle des Wissenschaftlers: »Diese interessante Beobachtung war der Ausgangspunkt für die Ausarbeitung des biologischen Verfahrens zur Untersuchung der verschiedenen Blutarten.« In seinen Worten klang nichts mehr von der Erregung des Augenblicks nach, in dem in ihm die Ahnung aufstieg, daß hier vielleicht eine Möglichkeit gegeben sei, Menschenblut von Tierblut zu unterscheiden und eines der brennendsten Probleme der Gerichtsmedizin zu lösen. Uhlenhuth zögerte im Sommer des Jahres 1900 keinen Augenblick, den zunächst nur geahnten Weg zu beschreiten.

Er injizierte Eselsblut in Kaninchen, gewann auf dem üblichen Weg das Blutserum des Kaninchens und brachte es mit dem Serum von Eselsblut zusammen. Sofort begann der Prozeß der Trübung und Fällung. Das gleiche Kaninchenserum hatte keinerlei Wirkung auf das Blut von Pferden, Rindern, Ziegen, Hühnern. Als Uhlenhuth das gleiche Experiment mit einem Kaninchenserum, das durch Injektion von Rinderblut gewonnen war, wiederholt hatte und abermals dessen spezielle Wirkung nur auf Rinderblut feststellte, teilte er Professor Loeffler zum ersten Male die bisherigen Ergebnisse seiner Arbeiten mit. Loeffler wußte als Hygieniker genug von den Problemen der Gerichtsmedizin, um die Bedeutung dessen zu erkennen, was Uhlenhuth gefunden hatte. Loeffler jedoch war mit den Tücken und Täuschungsmöglichkeiten aller wissenschaftlichen Forschung nur zu vertraut. Er glaubte nicht – er wollte überzeugt sein. Er ließ Blutlösungen der verschiedensten Tiere herstellen, vom Rind, vom Pferd, vom Hund, von der Katze, vom Damhirsch, vom Meerschweinchen, vom Schwein, von der Gans, der Pute, dem Huhn, der Maus. Zuletzt fügte er dieser Sammlung noch eine Lösung von Menschenblut hinzu. Dann stellte er Uhlenhuth die Aufgabe, mit Hilfe seines Serums, das, wie Uhlenhuth behauptete, nur auf das Eiweiß von Rinderblut wirkte, festzustellen, welche unter den zahlreichen Blutlösungen vom Rind stammte.

»Nach wenigen Minuten«, so berichtete Uhlenhuth abermals fünfzig Jahre später, »hatte ich die Aufgabe gelöst. Einzig und allein die Rinderblutlösung gab die typische Trübung und einen Niederschlag, während alle anderen klar blieben.«

Dieses große Experiment aus dem Herbst des Jahres 1900 überzeugte Loeffler. Er gab Uhlenhuth die Möglichkeit, alle erdenklichen eiweißfällenden Kaninchenseren für die verschiedensten Blutarten, vor allem aber für Menschenblut, zu erzeugen und die Resultate zu sammeln. Wochenlang arbeitete Uhlenhuth, bis es ihm gelang, Kaninchenserum zu gewinnen, das auch auf das Eiweiß im menschlichen Blut wirkte. Dann aber fand er innerhalb von Minuten unter Dutzenden unbekannter Blutproben von Mensch und Tier das Menschenblut heraus. Die großen Versuchsreihen, die er jetzt durchführen konnte, bestätigten unwiderruflich, daß es mit Hilfe einer Reihe eiweißfällender Seren möglich war, nicht nur Menschenblut von Tierblut, sondern auch das Blut der verschiedenen Tierarten voneinander zu unterscheiden. Er war in der Lage, genau zu sagen, dieses Blut stamme vom Rind, jenes vom Pferd, ein anderes vom Schwein, und das gleiche galt für das Blut von Schafen, Gänsen und Hühnern, Ratten und Kaninchen. Die eiweißfällenden Seren für nahe miteinander verwandte Tierarten wie Pferd und Esel erlaubten keine genaue Unterscheidung des Blutes. Das Pferdeserum wirkte auch im Eselsblut. Und was den Menschen anlangte – so fällte das beim Menschen wirksame Serum auch das Eiweiß im Affenblut, so daß eine Verwechslung von Menschen- und Affenblut im Bereich der Möglichkeit lag. Wie gering aber wogen diese Ausnahmen gegenüber der Vielzahl von Nachweis-Möglichkeiten, die ihnen gegenüberstanden.

Im Dezember 1900 erfuhr auch Otto Beumer, Gerichtsarzt in Greifswald und außerordentlicher Professor für Gerichtsmedizin an der Greifswalder Universität, von Uhlenhuths Experimenten. Der Fünfzigjährige hatte oft genug hilflos Mördern gegenübergestanden, die unerschütterlich behaupteten, das Blut an ihren Kleidern stamme von einem geschlachteten Tier. Er beteiligte sich sofort an Uhlenhuths Arbeit und wies ihn darauf hin, daß er noch einen weiteren Beweis erbringen müsse, um seine Entdeckung zu einem wirklich entscheidenden Ereignis für die forensische Medizin werden zu lassen: Es galt zu beweisen, daß die verschiedenen Kaninchenseren in der Lage waren, auch in eingetrockneten, vielleicht wochen-, monate- oder jahrealten Blutflecken noch eine Unterscheidung zwischen den Blutarten zu treffen. Beumer selbst stellte Uhlenhuth einige Dutzend alter Blutproben zur Verfügung oder erzeugte Blutflecken von Menschen und Tieren, ließ sie eintrocknen, mit Hilfe von Kochsalzlösung wieder verflüssigen und nach Uhlenhuths Methode bestimmen. Auf einem großen Brett wurden viele Blutproben von Mensch und Tier aufgestrichen, in getrocknetem Zustand abgekratzt und von Uhlenhuth ›blind‹ untersucht. Loeffler selbst stellte Uhlenhuth Fallen und versuchte ihn irrezuführen – vergebens: Uhlenhuths Seren wirkten auch bei den ältesten Flecken und bei den winzigsten Spuren.

In seinem Lebensrückblick erinnerte sich Uhlenhuth an jene erregenden Tage im Januar 1901: »Wenn es auch danach keinen Zweifel mehr geben konnte, daß das Problem der forensischen Blutdifferenzierung im Prinzip gelöst war, so konnte ich mich doch im Bewußtsein der ungeheuren Verantwortung, die mit der Bekanntgabe eines für die Rechtsprechung oft entscheidenden Verfahrens verbunden war, zunächst noch nicht zu einer Veröffentlichung entschließen. Schon lange lag das Manuskript fertig vor. Und da war es meine junge Frau, die ahnungsvoll, wie die Frauen nun einmal sind, mir riet, nun nicht mehr länger zu warten.« »Ahnungsvoll« – das war ein Hinweis darauf, daß zur gleichen Zeit August von Wassermann in Berlin ebenfalls dem Prinzip der Blutunterscheidung auf der Spur war. Noch einmal suchte Uhlenhuth Friedrich Loeffler auf.

»Ich las ihm die Arbeit, der er in jeder Weise zustimmte, vor und brachte sie noch am selben Abend zur Post. Schon nach einer Woche etwa erhielt ich die Korrekturen, und kurz darauf, am 7. Februar 1901, erschien die Arbeit mit dem Titel ›Eine Methode zur Unterscheidung der verschiedenen Blutarten, insbesondere zum differentialdiagnostischen Nachweis des Menschenbluts‹.«

9

Den Gerichtsmedizinern und Kriminalisten, für die einige Jahrzehnte später die Uhlenhuthsche Reaktion zur selbstverständlichen Routinearbeit geworden war, fiel es schwer, die gespannte Erregung zu begreifen, mit der sich die forensische Medizin und die Gerichtsbehörden nach der ersten Phase vorsichtiger Zurückhaltung der Methode Paul Uhlenhuths zuwandten. Innerhalb weniger Wochen und Monate wurde Greifswald zum Ziel deutscher und ausländischer Gerichtsärzte, die sich persönlich informieren wollten. Zahlreiche Anfragen waren zu beantworten und Blutspuren zu bearbeiten, die von Staatsanwälten und Untersuchungsrichtern mit der dringenden Bitte eingesandt wurden, festzustellen, ob es sich um Menschen- oder Tierblut handele. Das allgemeine Interesse aber war gerade erst geweckt, als Uhlenhuth das gleiche Phänomen zu Hilfe kam, das schon in der Geschichte der Identifizierung eine bahnbrechende Rolle gespielt hatte: der große, die allgemeine Aufmerksamkeit erregende, für seine neue Methode wie geschaffene Fall.

In den ersten Julitagen des Jahres 1901 veröffentlichten die norddeutschen Zeitungen schockierende Meldungen über einen Kindermord, der sich auf der Ostseeinsel Rügen zugetragen hatte. Die beiden Söhne eines Fuhrmannes, der im Seebad Göhren, im südöstlichen Teil der Insel, sein Geschäft betrieb, wurden seit dem Abend des 1. Juli vermißt. Der ältere der beiden, Hermann Stubbe, war acht, der jüngere, Peter Stubbe, sechs Jahre alt. Beide erschienen nicht zum Abendessen. Als sie bei Einbruch der Dunkelheit immer noch nicht zu Hause waren, machten sich der Vater, einige Nachbarn und ein Gendarm auf die Suche. Der Ort Göhren grenzte an langgestreckte Waldungen, und so vermutete Stubbe, seine Söhne hätten sich bei irgendeinem kindlich-abenteuerlichen Spiel verirrt und den Heimweg nicht mehr gefunden. Laut ihre Namen rufend, drangen er und seine Begleiter so weit als möglich in die Waldungen ein. Aber als sie keinerlei Antwort erhielten, kehrten sie nach einigen Stunden nach Göhren zurück, um die Suche am folgenden Morgen wiederaufzunehmen.

Der 2. Juli brachte jedoch eine Entdeckung, die ganz Rügen entsetzte: Einer der suchenden Nachbarn fand, im Waldesdickicht verborgen, die Leichen der beiden Kinder. Die Köpfe der beiden Jungen waren zertrümmert und von den Körpern abgetrennt, Arme und Beine amputiert, die Leiber aufgeschnitten. Die inneren Organe hatte der Mörder weit im Walde verstreut. Das Herz des älteren

Jungen war verschwunden. Möglicherweise hatte der Täter es mitgenommen. In einem Gebüsch lag ein großer blutbefleckter Kieselstein. Mit ihm waren die Kinder erschlagen worden.
Die Umstände ließen keine Zweifel daran, daß ein Lustmord vorlag. Die Polizei stellte planmäßige Rundfragen an, ob irgend jemand die Kinder in Begleitung eines Fremden gesehen habe. Schon am Nachmittag des 2. Juli meldete sich eine Obsthändlerin, der die Söhne des Fuhrmanns bekannt waren. Sie hatte beobachtet, wie der Tischlergeselle Ludwig Tessnow aus Baabe auf Rügen am späten Nachmittag des 1. Juli die Kinder ansprach. Tessnow galt als Sonderling. Er war lange Zeit auf Wanderschaft durch Deutschland gezogen und erst vor kurzem nach Rügen zurückgekehrt. Am Abend des 2. Juli meldete sich außerdem ein Straßenarbeiter, der Tessnow am Abend des 1. Juli auf dem Heimweg beobachtet hatte. Tessnow trug einen Anzug, der voller bräunlicher Flecke gewesen war.
Tessnow wurde noch am 2. Juli verhaftet, und zwar in seinem Arbeitszeug, Hemd, Hose und blauer Schürze. In seinem Schrank jedoch fanden sich ein neuer Anzug, ein neuer Hut, ein Papierkragen und eine lange, ebenfalls neue Krawatte. Teile des Anzugs erweckten den Eindruck, als seien sie eben erst ausgewaschen worden. An anderen Stellen der Kleider waren kaum angetrocknete Flecke sichtbar, so auf dem Vorhemd, auf der Krempe des Hutes, auf dem Jackett, im Hosenfutter und im Futter der Weste. Tessnow behauptete, nichts mit dem Tod der Kinder zu tun zu haben. Die Flecke an seinem Hut seien Rinderblut und uralt. Alle anderen Flecke rührten von Tischlerbeize her, mit der er ja Tag für Tag zu tun habe.
Gerade dieser Hinweis auf die Tischlerbeize war es aber, der den Untersuchungsrichter in Greifswald an einen anderen Kindermord erinnerte, der sich am 9. September 1898 in dem Dorfe Lechtingen in der Nähe der Stadt Osnabrück zugetragen hatte. Dort waren zwei Mädchen, Hannelore Heidemann und Else Langemeier, zur Mittagszeit nicht aus der Schule heimgekehrt. Als die Eltern in der Schule nachfragten, erfuhren sie, daß die Kinder an jenem Tage überhaupt nicht in der Schule gesehen worden waren. Auch in Lechtingen hatte der Vater mit einigen Freunden die Waldungen ringsum abgesucht. In einem Gebüsch entdeckten sie den Leichnam Hannelore Heidemanns. Am späteren Abend gegen sechs Uhr fand sich auch das zweite Kind, tief unter einem Bündel trockenen Reisigs versteckt. Der Mörder hatte die Leiber der beiden Mädchen in zahllose kleine Stücke zerschnitten und über das Waldgebiet verstreut. Der Verdacht, der Täter zu sein, war auf einen Tischler-

gesellen gefallen, der in Lechtingen beobachtet worden war. Sein Anzug wies zahlreiche Flecke auf. Die Polizeibehörden in Osnabrück aber hatten offenbar so wenig gerichtsmedizinische Kenntnisse gehabt, daß sie sich mit der Erklärung des Verdächtigen zufriedengaben, die Flecke rührten von Tischlerbeize her, und hatten ihn aus der Haft entlassen.

Der Untersuchungsrichter in Greifswald richtete eine Anfrage nach Osnabrück und erfuhr, daß der Tischlergeselle, der im September 1898 vorübergehend festgehalten worden war, Ludwig Tessnow hieß – Ludwig Tessnow aus Baabe auf Rügen. Der Mord an den Kindern in Lechtingen war immer noch nicht geklärt. Als der Untersuchungsrichter in Greifswald diese Auskunft aus Osnabrück erhielt, war er überzeugt, mit Tessnow auch den Mörder von Lechtingen gefaßt zu haben. Ihm gab aber auch eine Meldung zu denken, die bei der Gendarmerie in Rügen vorlag: In der Nacht vom 11. auf den 12. Juli 1901 waren auf einem Felde bei Göhren sechs oder sieben Schafe bestialisch umgebracht worden, niedergestochen, aufgeschlitzt und in Stücke geschnitten. Die Leichenteile lagen weithin über den Acker verstreut. Der Besitzer der Tiere war zu spät gekommen, um den Täter zu stellen. Aber er hatte ihn noch davonlaufen sehen und behauptete, er werde ihn wiedererkennen, sofern er seinen Weg kreuze. Der Untersuchungsrichter ließ Tessnow vorführen und dem Schäfer gegenüberstellen. Dieser sagte sofort, Tessnow sei der Schafsmörder. Er erkenne ihn an seinen Schritten, an seinen Armbewegungen und an seinem Profil, das trotz der Dunkelheit erkennbar gewesen sei. Tessnow leugnete. Niemals, so schwor er, hatte er ein unschuldiges Tier angerührt, niemals ein Kind getötet. Er beharrte dabei, daß die Flecke an seinen Kleidern nichts mit Blut zu tun hätten. Es handle sich um Tischlerbeize.

Am 23. Juli traf der Untersuchungsrichter nach einem ebenso ermüdenden wie ergebnislosen Verhör den Ersten Staatsanwalt von Greifswald, Hübschmann, und besprach mit ihm den Fall und die Schwierigkeit, Tessnow zu überführen. Hübschmann hatte sich gerade mit Uhlenhuths Arbeiten vertraut gemacht. »Hören Sie«, sagte er, »nach der Uhlenhuthschen Methode ist es möglich, Menschenblut ebenso nachzuweisen wie Schafsblut. Wenn sie beide Blutarten an den Kleidern Tessnows nachweisen, haben sie eine entscheidende Barriere überwunden. Der Nachweis von Schafsblut und die Identifizierung durch den Schäfer dürfte wohl keinen Zweifel mehr daran lassen, daß Tessnow der Schafsmörder ist. Und der Nachweis von so viel Menschenblut, wie man angesichts der Zahl der Flecke vermuten sollte, überführt Tessnow endgültig der Lüge

und läßt überhaupt keine andere Erklärung zu, als daß er in irgendeine Art bestialischen Menschenmordes verwickelt war.«
Als Uhlenhuth am 29. Juli und 1. August 1901 vom Untersuchungsrichter in Greifswald zwei Pakete mit Tessnows Kleidungsstücken und einem blutigen Kieselstein erhielt, herrschte unter der Bevölkerung und in den Zeitungen bereits grollende Unzufriedenheit darüber, daß es nicht gelang, Tessnow zu einem Geständnis zu bewegen. Die allgemeine Unruhe hatte sich auf den Untersuchungsrichter übertragen. Er ersuchte um möglichste Eile bei der Prüfung und bat, die »für den Anblick der Geschworenen charakteristischen und überzeugenden Blutflecke ... möglichst in ihrer augenfälligen Farbe und Gestalt schonen zu wollen ...«
Der letzte Satz verriet, wie wenig er noch mit dem Problem des Blutnachweises vertraut war und wie sehr er sich an den trügerischen persönlichen Augenschein klammerte. Uhlenhuth war sich klar darüber, was eine erfolgreiche Erfüllung der gestellten Aufgabe in einem Fall, der Hunderttausende von Menschen beschäftigte, für ihn und seine ›Methode zum differentialdiagnostischen Nachweis des Menschenblutes‹ bedeutete. Allein, nur von seinem Gehilfen Schirmacher unterstützt, erledigte er die Untersuchung von nahezu hundert Flecken und Fleckchen. Er begann mit der grundsätzlichen Feststellung, ob es sich überhaupt um Blut handle. Dazu benutzte er die Teichmann- und Guajak-Probe. Dabei zeigte sich, daß die Arbeitskleidung Tessnows keinerlei Blut enthielt. Anders verhielt es sich mit Tessnows ›guten Sachen‹. Die klassischen Proben ergaben eindeutig: Blut! Wo es möglich war, kratzte Uhlenhuth nun kleine Teile jedes Blutfleckes von der Stoffunterlage ab. An anderen Stellen mußte er die Blutflecke aus dem Stoff ausschneiden, um sie mit physiologischer Kochsalzlösung aufzulösen. Manche Blutspritzer, vor allem an Tessnows Papierkragen, am Vorhemd und an der Krawatte, waren zu klein, als daß sie für eine Serumreaktion ausgereicht hätten. Trotzdem: Als Uhlenhuth am 5. August 1901 sein Gutachten zusammenstellte, durfte er mit dem Erfolg zufrieden sein. Er wies nach: Menschenblut an sechs Stellen von Tessnows Jackett, an sieben Stellen seiner Hose, vier Stellen seiner Weste, einer Stelle am Hemd und vier Stellen am Hut. Was aber nicht weniger bedeutungsvoll war: Schafblut befand sich an sechs Stellen von Tessnows Jacke und an drei Stellen seiner Hose.
Die Rolle, die Uhlenhuths Gutachten Ende des Jahres 1902 im Prozeß gegen Tessnow und bei dessen Verurteilung zum Tode spielte, machte seine Methode weit über die Grenzen der wissenschaftlichen Welt bekannt und rückte sie, wie ein Zeitgenosse sagte, »in den

1889 ermordeten der Pariser Betrüger Eyraud (unten links) und seine Geliebte Gabrielle Bompard (rechts) den wohlhabenden Gerichtsvollzieher Gouffé, packten seinen Leichnam in einen Koffer (unten rechts) und warfen ihn bei Lyon ans Rhône-Ufer. Wochen später wurde der völlig unkenntliche Tote gefunden. Es war eine Sternstunde in der Frühzeit der Gerichtsmedizin, als es dem Lyoner Professor Lacassagne gelang, aus Knochenbau, Knochenveränderungen, Zähnen und Haaren des Toten nachzuweisen, daß es sich um den verschwundenen Gouffé handelte.

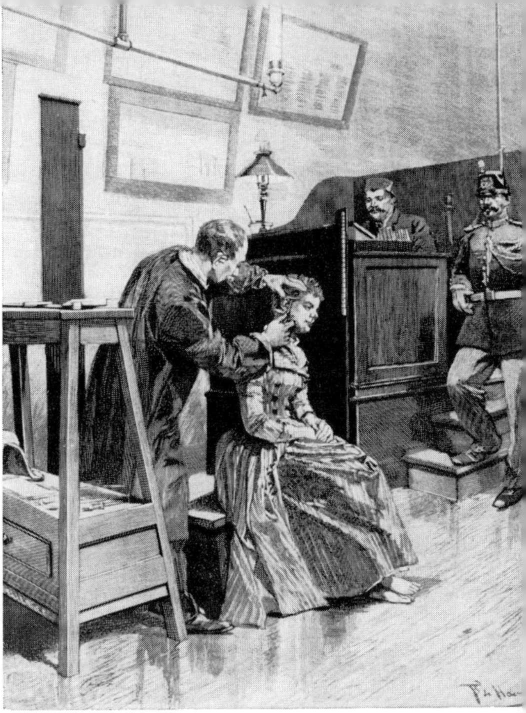

Eduard von Hofmann, der den Ruhm der Wiener Schule der Gerichtsmedizin begründete.

Albin Haberda, Hofmanns bedeutendster Schüler, der von 1916 an die Führung der Wiener Schule der Gerichtsmedizin übernahm und ihr ein weit über die Grenzen der Pathologie hinaus reichendes Arbeitsfeld wies.

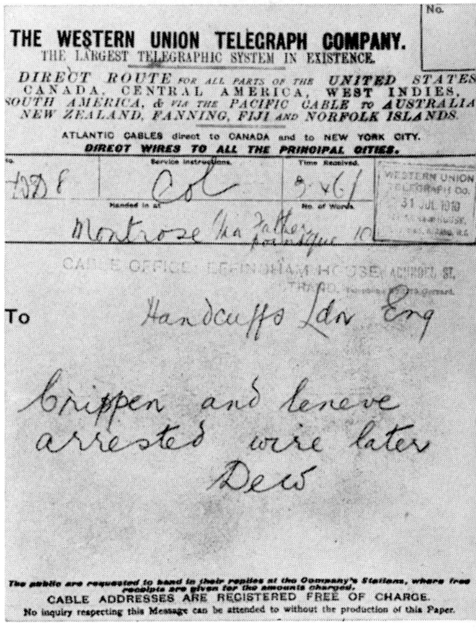

No.

THE WESTERN UNION TELEGRAPH COMPANY.
THE LARGEST TELEGRAPHIC SYSTEM IN EXISTENCE.

DIRECT ROUTE FOR ALL PARTS OF THE UNITED STATES CANADA, CENTRAL AMERICA, WEST INDIES, SOUTH AMERICA, & VIA THE PACIFIC CABLE TO AUSTRALIA NEW ZEALAND, FANNING, FIJI AND NORFOLK ISLANDS.

ATLANTIC CABLES direct to CANADA and to NEW YORK CITY.
DIRECT WIRES TO ALL THE PRINCIPAL CITIES.

Service Instructions.	Time Received.
Col	

WESTERN UNION TELEGRAPH Co. 31 JUL 1910

Handed in at: Montrose

CABLE OFFICE: EFFINGHAM HOUSE

To Handcuffs Ldn Eng

Crippen and Leneve arrested wire later Dew

The public are requested to hand in their replies at the Company's Stations, where free receipts are given for the amounts charged.
CABLE ADDRESSES ARE REGISTERED FREE OF CHARGE.
No inquiry respecting this Message can be attended to without the production of this Paper.

Der Fall des Dr. Crippen (oben links), der 1910 in London seine Frau Cora (oben rechts) ermordete, ihren unkenntlich gemachten Leichnam in seinem Keller vergrub, mit seiner Geliebten Ethel in Männerkleidung (unten links) floh und auf dem Dampfer »Montrose« verhaftet wurde, wurde eine der großen Affären in der Geschichte der Gerichtsmedizin, in der sich erstmals die Bedeutung feinster mikroskopischer Gewebsuntersuchungen zeigte.

William Willcox (oben) und Bernard Spilsbury (rechts), Pathologen am St. Mary's Hospital in London, trugen entscheidend zur Klärung des Falles Crippen bei. Willcox wies das tödliche Gift Hyoscin in den Leichenresten aus Crippens Keller nach. Der kaum dreißigjährige Spilsbury aber bewies durch die mikroskopische Feinuntersuchung einer Operationsnarbe an einem Stück Haut, daß es sich um die Reste der Leiche Cora Crippens handelte. Damit wurde Bernard Spilsbury zum Star der englischen Gerichtsmedizin.

Mittelpunkt der gerichtsmedizinischen Fortschritte der Jahrhundertwende«. Es erhoben sich nur wenige Zweifel an der Zuverlässigkeit von Uhlenhuths Reaktion. Am schärfsten formulierte sie Julius Kratter aus Graz in einem Vortrag am 22. September 1902 auf der 74. Versammlung deutscher Naturforscher und Ärzte in Karlsbad. Er hatte den Präzipitin-Test durch seinen japanischen Assistenten Okamoto erproben lassen. Der Japaner glaubte viele Täuschungsmöglichkeiten entdeckt zu haben. Aber es war für Uhlenhuth nicht schwer, nachzuweisen, daß Okamoto die Technik der Serumherstellung noch nicht beherrschte. Bei wirklich sorgfältiger Arbeit gab es keine Fehlschläge. Uhlenhuth forderte, daß die Seren nur in einigen wenigen staatlichen Instituten unter sorgfältiger Überprüfung hergestellt werden sollten, und machte darauf aufmerksam, daß Stoffe wie Baumrinde und Leder mit Kaninchenseren Niederschläge bildeten, auch wenn kein Blut vorhanden war. Er verlieh seiner Überzeugung Ausdruck, daß man noch mehr derartige Materialien finden werde. Tatsächlich wies noch Jahrzehnte später Erich Fritz, der Direktor des gerichtsmedizinischen Instituts der Universität Hamburg, nach, daß die Imprägnierungsmittel mancher Regenmäntel, auf denen man verdächtige Flecke untersuchte, zu täuschenden Reaktionen führen konnten. Uhlenhuth baute in seine Methode, gleich in ihren Anfängen, eine Sicherung gegen derartige Störungen ein, indem er forderte, daß bei jedem Bluttest auch das Material, auf dem eine Blutspur gefunden wurde, auf seine Reaktion gegen die Kaninchenseren zu überprüfen sei.
Zu dem Zeitpunkt, an dem Ludwig Tessnow im Jahre 1904 auf dem Richtblock des Greifswalder Gefängnisses starb, gab es bereits kein Hindernis mehr auf dem Wege, der die Präzipitin-Reaktion in die gerichtsmedizinischen Institute der ganzen bewohnten Erde führte.

10

Als Uhlenhuths Entdeckung den Blick der Gerichtsmedizin – zunächst Europas – auf Deutschland lenkte, befand sich die deutsche forensische Medizin – nach einer längst vergangenen Blütezeit in den Tagen Caspers – in einem Wellental ihrer Entwicklung. Zwar war die Organisation der Amts- und Gerichtsärzte in den verschiedenen deutschen Ländern während der letzten Jahrzehnte des 19. Jahrhunderts besser als in vielen anderen Staaten. Beamtete Kreis- oder Bezirksärzte standen den Staatsanwaltschaften und Untersuchungsrichtern in den Bezirken, Kreisen oder größeren Städten zur Verfügung und arbeiteten im Rahmen ihres Wissens und Könnens an der Beurteilung von Verbrechen und Vergehen mit. Aber der Grad ihres Wissens und Könnens hing von der wissenschaftlichen Entwicklung und von den Instituten ab, an denen sie in den Grundzügen der forensischen Medizin ausgebildet werden konnten. Hier aber schien Deutschland weit von dem Entwicklungsstand in Frankreich oder Österreich-Ungarn entfernt.

Der Grund für das große Wellental lag in dem mangelnden Weitblick der Justizverwaltungen, der Regierungen der einzelnen Bundesstaaten, der Polizeiverwaltungen und nicht zuletzt der medizinischen Fakultäten an den Universitäten, die immer noch nicht anerkennen wollten, daß mit der Gerichtsmedizin eine Spezialwissenschaft heranwuchs, ohne die es in naher Zukunft keinerlei polizeilich-kriminalistische und juristische Arbeit mehr geben würde.

Als 1888 der deutsche Professor Ungar auf der Naturforscherversammlung in Köln eine Rede über »Die Bedeutung der gerichtlichen Medizin und deren Stellung auf deutschen Hochschulen« hielt, war die bedrückende Situation nur allzu deutlich sichtbar geworden. Ungar selbst war kein ›gelernter‹ Gerichtsmediziner, sondern Professor für Kinderheilkunde in Bonn. Die Tatsache, daß er als Kinderarzt anläßlich verdächtiger Sterbefälle bei Kindern ständig um Gutachten ersucht wurde, hatte ihn mit der Bedeutung und der Notwendigkeit der Gerichtsmedizin vertraut gemacht und ihn zu ihrem leidenschaftlichen Vorkämpfer werden lassen. Aus eigener Initiative hatte er begonnen, Vorlesungen über gerichtsmedizinische Fragen zu halten. Er besaß kein Institut, kein Laboratorium, sondern mußte seine Untersuchungen und Experimente in Instituten durchführen, deren Benutzung ihm freundliche Kollegen gestatteten. Schon 1883 hatte er Aufsehen erregt, als er zeigte, daß die Lungenschwimmprobe, die seit so langer Zeit als Beweismittel dafür galt, ob ein Kind lebend oder tot zur Welt gekommen war, keineswegs jene absolute Zuverlässigkeit besaß, auf die Hunderte von Gerichtsärzten sich bei ihren Gutachten stützten. Vor allem Fäulnisgase konnten zu Fehlergebnissen führen, indem sie die Lungen eines Kindes, das in Wirklichkeit tot zur Welt gekommen war, schwimmfähig machten. Ungar hatte damit jene umfangreiche wissenschaftliche Überprüfung eingeleitet, die der Lungenschwimmprobe erst im Laufe der kommenden Jahrzehnte wirkliche Zuverlässigkeit und einen klassischen Platz in der Gerichtsmedizin sicherten.

Als Ungar im Jahre 1888 sein großes Referat hielt, stand hinter seinen Worten das Ansehen eines Mannes, dessen Name als Gerichtsmediziner über die deutschen Grenzen hinaus bekannt war. Er wies nach, daß nur an zwei von den zwanzig deutschen Universitäten, die es damals gab, ein ordentlicher Professor Vorlesungen über Gerichtsmedizin hielt. An zehn Hochschulen gab es überhaupt keinen gerichtsmedizinischen Unterricht, und an acht Universitäten hielten Gerichtsärzte im Nebenberuf gelegentlich Vorlesungen. Nirgendwo war die Gerichtsmedizin Prüfungsfach, so daß sie den Medizinstudenten ebenso wie den Juristen als unwichtiges Anhängsel erschien. Forschungsinstitute gab es so gut wie keine. Sofern die Gerichtsärzte lehrten, besaßen sie zwar die Möglichkeit, den Studenten praktischen Unterricht an den Toten zu erteilen, die ihnen bei ›Morden, Selbstmorden, ungeklärten Todesfällen zufielen‹. Aber immer noch hatten viele mit den Pathologen ›um jede Leiche zu kämpfen‹.

Die Umstände, unter denen Professor Liman, der Neffe und Nachfolger Caspers in Berlin, arbeitete, schilderte Liman in den achtziger Jahren selbst: »In einem schmutzigen, finsteren und nicht ventilierten Keller waren bekannte und unbekannte Leichen gemeinsam ausgestellt, die Kleidungsstücke derselben hingen auf Leinen umher ... Von hier aus wurden gleichzeitig die Beerdigungen vorgenommen, und wie oft habe ich es erlebt, daß eine Trauerversammlung dastand, ein Prediger an dieselbe eine Ansprache hielt unter Ausströmung bestialischen Gestankes aus dem Keller, vor welcher Versammlung Richter, Ärzte, Rekognoszenten und Zuhörer vorübergehen mußten. Die Unterrichtsanstalt, welche für die Physikats-(Amtsarzt-)›Kandidaten‹ so überaus notwendig war, bestand aus einem einzigen Zimmer, in welchem die Sektionen verrichtet wurden, und einem schmalen, daneben gelegenen Zimmer, welches als Arbeitsraum für den Direktor des Instituts, für seine Assistenten, für die Richter und die Zeugen ausreichen mußte ...« Erst im Jahre 1886 wurde in Berlin ein neues Leichenschauhaus erbaut; im Ostflügel befanden sich Sektionsräume, in denen die insgesamt sieben Berliner Gerichtsärzte arbeiten konnten. Im gleichen Flügel erhielt Professor Liman einige Zimmer für seinen gerichtsmedizinischen Unterricht.

Erst im letzten Jahrzehnt des 19. Jahrhunderts hatte sich langsam eine gewisse Aufgeschlossenheit für die forensische Medizin angebahnt. Junge Pathologen hatten wie in anderen Ländern erkannt, daß hier nicht nur wissenschaftliches Neuland lag, sondern sich auch Möglichkeiten persönlicher Entfaltung boten. In Berlin war der dreiunddreißigjährige Fritz Strassmann, ursprünglich Internist und Pathologe, an die Stelle des alten Professors Liman getreten. Er war entschlossen, der Gerichtsmedizin in Deutschland eine führende Rolle in allen kriminalistisch-gerichtlichen Untersuchungen zu erkämpfen. Fast noch mehr galt dies für Richard Kockel, der sich in Leipzig als erster zunächst ›außerplanmäßiger Lehrer für Gerichtsmedizin‹ niederließ. Da er kein Gerichtsarzt war, bedurfte er der Zustimmung des sächsischen Justizministeriums, um den oft genug dilettantischen Leichenöffnungen Leipziger Gerichtsärzte ›beiwohnen zu dürfen‹. Die Reisekosten für diese ›Beiwohnung‹ außerhalb Leipzigs trug er selbst.

Adolf Lesser, der als Pathologe aus der Schule Rudolf Virchows in Berlin begonnen hatte und 1886 als Amtsarzt nach Breslau gekommen war, begann schon ein Jahr später, an der Breslauer Universität über Gerichtsmedizin zu lesen. Bis dahin hatte man in Breslau nur gelegentliche Vorlesungen des Kreisarztes Jakobi gekannt. In Königsberg regte sich der junge Privatdozent Georg Puppe, ein Schüler Strassmanns, auch er eine vorwärtsdrängende Natur. Er betrieb die Gründung einer Deutschen Gesellschaft für gerichtliche Medizin und die Einbeziehung der ›sozialen Medizin‹, eines neuen Sonderfachs, in den Bereich der Gerichtsmedizin. Das Ziel der sozialen Medizin sollte die Beschäftigung mit all jenen ärztlichen Problemen sein, vor die das Industriezeitalter die Medizin stellte: die Beurteilung von Betriebsunfällen, der Arbeitsfähigkeit, der Versicherungs- und Rentenfragen.

In Halle meldete sich zum erstenmal die Stimme Ernst Ziemkes, der zu einem der ideenreichsten deutschen Gerichtsmediziner werden sollte. Als Kreis-Assistenzarzt und Hafenarzt in Danzig sammelte der dreißigjährige Karl Berg seine ersten Erfahrungen auf dem Gebiet des Ertrinkungstodes. Als Sohn einer siebzehnköpfigen Pfarrersfamilie war er zu arm, als daß er unmittelbar die akademische Laufbahn als Gerichtsmediziner hatte einschlagen können. Aber er war entschlossen, dieses Ziel nicht aus den Augen zu lassen, auch wenn er es erst nach jahrzehntelanger Arbeit in Düsseldorf erreichen sollte. Alle diese Männer, von Kockel bis zu Berg, von Strassmann bis zu Ziemke, waren dazu bestimmt, das Gesicht der deutschen Gerichtsmedizin in den zwanziger und dreißiger Jahren des neuen Jahrhunderts zu formen. Im Jahre 1901 aber rangen sie noch mühsam um Anerkennung und Wirkungsmöglichkeit.

Es war nicht von ungefähr, daß im gleichen Jahr ein weiterer Pionier, Ernst Giese, seine Tätigkeit als Privatdozent in Jena mit einer Antrittsvorlesung über den ›Gegenwärtigen Stand des Blutnachweises‹ begann. Die Entdeckung Uhlenhuths (mochte sie auch von einem Außenseiter gekommen sein) gab der deutschen Gerichtsmedizin jenen entscheidenden Impuls, dessen sie so dringend bedurfte. Außerhalb Deutschlands aber, besonders in Frankreich, wo die Ge-

richtsmedizin um die Jahrhundertwende noch weit mehr als in den Tagen Lacassagnes und Gouffés zum Gegenstand öffentlichen Interesses und öffentlicher Emotionen geworden war, führte die sensationelle Möglichkeit, das Blut des Menschen von dem der Tiere zu unterscheiden, zu einer weiteren Steigerung des weitverbreiteten Glaubens an die oft genug für unbegrenzt gehaltenen Fähigkeiten der forensischen Wissenschaft.
So war es vielleicht kein Zufall, daß die forensische Medizin wenige Jahre später gerade in Paris eine der spektakulärsten Krisen ihrer frühen Geschichte erlebte. Lacassagne jedenfalls, der selbst so gerne glänzte (und auch in das Randgebiet dieser Krise mit hineingeriet), prägte angesichts des Debakels den Satz: »Die Geschichte erinnert uns an die Grenzen unseres Könnens und Wissens immer dann, wenn wir in Gefahr sind, sie zu vergessen.«

11

Am Nachmittag des 5. April 1905, gegen 3 Uhr, erschien vor dem Eingang des Hospitals Bretonneau in Paris eine junge Arbeiterfrau. Voller Verzweiflung hielt sie dem Pförtner ein mühsam atmendes Kind mit violett verfärbtem Gesicht entgegen. Erschreckt über den Anblick des Kindes, verwies der Pförtner die Fremde, die ihren Namen mit Madame Charles Weber und den Namen des Kindes mit Maurice angab, in die Kinderabteilung und alarmierte den Assistenzarzt Dr. Saillant.
Saillant fand bei der ersten flüchtigen Untersuchung, daß das Kind an den Folgen eines akuten Erstickungsanfalles litt. Von der Mutter erfuhr er eine sonderbare Geschichte. Madame Charles Weber kam aus dem düster-schmutzigen Viertel der Goutte d'or. Eine ganze Schar miteinander versippter Webers wohnte dort: Arbeiter, Kutscher, kleine Handwerker – in rußgeschwärzten Häusern und lichtlosen Straßen. Zu Mittag war Madame Charles Weber mit ihrem sechs Monate alten Kind Maurice und einer Schwägerin, Madame Pierre Weber, bei einer zweiten Schwägerin, Jeanne Weber, zu Gast gewesen. Nach dem Essen hatte Jeanne ihre beiden Gäste gebeten, einige Einkäufe für sie zu erledigen, weil sie sich nicht wohl fühle. Beide waren dem Wunsch nachgekommen. Das Kind Maurice blieb bei Jeanne zurück. Als Madame Pierre Weber nach wenig mehr als fünf Minuten als erste zurückkehrte, fand sie Maurice auf dem Bett liegend, mit blau angelaufenem Gesicht, Schaum vor den Lippen und röchelnd. Jeanne Weber aber saß neben dem Bett und hatte ihre Hände unter das Hemd des Kindes auf dessen Brust geschoben. Als

die Mutter wenige Augenblicke später eintraf, mußte sie Maurice ihrer Schwägerin mit Gewalt entreißen. Von panischer Angst erfaßt, war sie zu dem nächsten erreichbaren Arzt, Dr. Moock, gestürzt und von dort ins Bretonneau.

Saillant untersuchte Maurice zum zweitenmal. Diesmal fand er am Hals des Kindes eine fingerlange rötliche Spur, die an den Seiten stärker ausgeprägt war als vorn. Unwillkürlich verfiel er auf den Gedanken, das Kind könne gewürgt worden sein. Maurice wurde in einen Kindersaal getragen, die Mutter blieb bei ihm. Als Saillant gegen neun Uhr eine zweite Visite durchführte, fand er Maurice erholt und die Mutter so weit beruhigt, daß er sich nach weiteren Einzelheiten erkundigen konnte. Dabei erfuhr er Dinge, die ihm alarmierend schienen. Seit dem 2. März, also innerhalb von wenig mehr als vier Wochen, waren im Familienkreis der Webers vier Kinder unter Anzeichen der Erstickung gestorben. In jeden Todesfall schien Jeanne Weber auf irgendeine Weise verwickelt. Jeanne war dreißig Jahre alt, stammte aus einem Fischerdorf, Keritry, im Norden, war mit vierzehn Jahren nach Paris verschlagen worden und lebte seit 1893 als Ehefrau des Weber-Bruders Jean in der Passage de la Goutte d'or.

Am Vormittag des 2. März hatte das Kindersterben begonnen, und zwar im Hause Pierre Webers, der zwei kleine Töchter besaß, Georgette und Suzanne. Georgette starb, während die Mutter im öffentlichen Waschhaus arbeitete und Jeanne Weber die Kinder hütete. Sie starb an einem Erstickungsanfall, während Jeanne über sie gebeugt war und ihre Hände unter dem Hemd des sterbenden Kindes verborgen hielt. Am 11. März folgte – noch nicht drei Jahre alt – Suzanne Weber ihrer Schwester in den Tod. Während die Eltern des Kindes arbeiteten, hatte Jeanne sich erboten, Suzanne zu bewachen. Das Gesicht der kleinen Toten war beinahe schwarz verfärbt, und als eine Nachbarin den Hemdkragen des Kindes öffnete, entdeckte sie eine dunkle furchenartige Stelle in der Haut. Der Armenarzt des Viertels schenkte der Angelegenheit keine besondere Beachtung, sondern verzeichnete als Todesursache ›Krämpfe‹. Vierzehn Tage darauf, am 25. März, war Jeanne zu Gast bei Léon Weber und dessen Frau. Auch hier hütete sie das Kind, die sieben Monate alte Germaine, während die Eltern arbeiteten oder Einkäufe besorgten. Am Vormittag erlitt Germaine ihren ersten Erstickungsanfall. Die Großmutter, die im gleichen Hause wohnte, hörte Germaines Schreie und fand das Kind mit verschwollenem Gesicht auf Jeannes Schoß. Während der Nacht erholte sich Germaine. Am 26. März aber, während sie abermals Jeanne anvertraut war starb sie in einem neuen Erstickungsanfall. Wiederum hatte man die Hände Jeannes unter dem Hemd des Kindes, in der Nähe seines Halses, verkrampft gefunden. Am 27. März, also vor acht Tagen, wurde Germaine begraben, und noch am gleichen Abend erkrankte auf geheimnisvolle Weise Jeanne Webers eigener siebenjähriger Sohn Marcel. Wenige Stunden später war er auf genauso geheimnisvolle Weise erstickt – angeblich an den Folgen einer Diphtherie.

Dr. Saillant kannte die Goutte d'or. Das Leben der Kinder zählte dort nicht viel. Es zählte nicht viel bei den Ärzten. Sie nahmen das Kindersterben hin wie ein tückisches Gebot der Natur, demgegenüber jeder Versuch der Abwehr vergeudete Mühe war. Das Leben der Kinder zählte auch nicht viel bei trunksüchtigen oder stupiden Eltern. Aber wenn all das zutraf, was Madame Charles Weber in primitiver Dumpfheit berichtete – welches Maß von Stupidität gehörte dann dazu, bei dieser Serie von Todesfällen nicht spätestens beim dritten Male Gewaltanwendung zu vermuten! Welcher Beschränktheit bedurfte es, seine Kinder immer wieder einer Schwägerin anzuvertrauen, unter deren Hände sie starben!

Saillant erkundigte sich: Hatte Madame Charles Weber, hatte keiner der anderen Webers daran gedacht, daß alle ihre Kinder nicht an geheimnisvollen Krankheiten gestorben sein könnten, sondern infolge von Würgegriffen, denen Maurice als einziger entronnen war? Hatte keiner von ihnen Verdacht gegen Jeanne Weber geschöpft? Madame Weber blickte ihn an – jung, animalisch, stumpf. Ja, bei Germaines Tod hatten sie Verdacht geschöpft. Aber seitdem war schließlich Jeannes eigenes Kind gestorben – Marcel.

Am Vormittag des 6. April schien Maurice weiter erholt. Die violette Verfärbung des Gesichts war verschwunden. Dafür aber traten die verdächtigen Druckstellen am Hals um so deutlicher hervor. Sie hatten bläuliche Farbe angenommen. Saillant war kein Gerichtsmediziner. Aber er war überzeugt, daß das Mal am Hals von einer Strangulierung herrühren müsse. Als der Abteilungsarzt, Dr. Sevestre, Maurice untersuchte, fand er ebenfalls die Würgemale. Durch ihn erfuhr der Polizeikommissar des Bezirks der Goutte d'or, Monentheuil, von den merkwürdigen Vorgängen beim Tod der Weber-Kinder. Eine Stunde später war Jeanne Weber, eine kleine, rundliche Frau mit ausdruckslosen Zügen, verhaftet, und zwei Inspektoren begannen mit der Vernehmung aller Zeugen der Todesfälle. Das Bild der Geschehnisse, das sie zusammentrugen, schien in mehr als einer Beziehung unbegreiflich.

Jeanne Weber hatte ihrem Mann außer dem siebenjährigen Marcel, der am 28. März gestorben war, noch zwei Mädchen geboren, die beide vor einigen Jahren frühzeitig ›dahingegangen‹ waren. Wegen des Todes der beiden Kinder wurde sie von den Webers und vielen Nachbarn bemitleidet, soweit man sich in der Goutte d'or solche Gefühle überhaupt leistete. Ihre als aufdringlich beschriebenen Angebote, die Kinder von Verwandten und Bekannten zu hüten, wurden als Zeichen ›aufbegehrender Mütterlichkeit‹ einer Frau betrachtet, der zwei Kinder durch den Tod entrissen worden waren.

Am 7. April stellte Inspektor Coiret fest, daß schon im Jahre 1902 zwei Kinder, Lucie Alexandre und Marcel Poyatos, innerhalb kürzester Zeit in den Armen Jeanne Webers verstorben waren, ohne daß die herbeigerufenen Ärzte eine mehr als vage Angabe über die Todesursache machen konnten. Die Vorgänge, die sich am 2. März 1905 im Hause Pierre Webers in der Rue Pré-Maudit abgespielt hatten, ließen sich nur mit Mühe durch das mitleidige Vertrauen erklären, das man in eine ›schwer geprüfte Mutter‹ setzte. An diesem Tage nämlich, an dem die anderthalbjährige Georgette Weber gestorben war, hatte die Mutter rechtzeitig ein Warnungszeichen erhalten. Eine Stunde, nachdem sie Georgette in der Obhut Jeanne Webers zurückgelassen und ihre Arbeit im Waschhaus aufgenommen hatte, war eine Nachbarin aus der Rue Pré-Maudit, Mademoiselle Pouche, an den Waschtrog gestürzt. Sie hatte Georgette laut schreien hören, war in das Schlafzimmer der Webers eingedrungen und hatte das Kind weinend auf Jeannes Schoß angetroffen und war daraufhin zu der Mutter geeilt. Als Mademoiselle Pouche zusammen mit der erschrockenen Mutter in die Rue Pré-Maudit zurückkehrte, lag Georgette auf dem Bett. Die Zunge hing aus dem Munde des Kindes, Schaum stand vor seinen Lippen. Jeanne Weber war mit gelbem, fremdartig anmutendem Gesicht über das Bett gebeugt. Als die Muter das Kind an sich ziehen wollte, schreckte sie auf, wollte aber auch jetzt ihre Hände nicht von der Brust Georgettes lösen, ›weil diese Hände das Herz anregen sollten‹. Mit Mühe befreite Madame Pierre Weber das Kind und trug es ans geöffnete Fenster, bis es wieder ruhiger atmete. Dann legte sie es in dem Glauben, einen Hustenkrampf überwunden zu haben, erneut in die Arme ihrer Schwägerin, wies das Angebot der Nachbarin, bei dem Kinde zu bleiben, zurück und ging wieder an ihre Arbeit. Eine knappe Dreiviertelstunde später wurde sie durch die Nachbarin zum zweitenmal alarmiert. Diesmal lag Georgette tot auf dem Bett. Der Vater hatte das Kind sterbend, mit dunkel verfärbtem Gesicht angetroffen, halb von Jeanne Webers Körper verdeckt. Er hatte jedoch geglaubt, die Schwägerin bemühe sich verzweifelt darum, ›das Leben des Kindes festzuhalten‹. Bei der Aufbahrung wiesen Mademoiselle Pouche und eine andere Nachbarin, Madame Navet, auf eine bläuliche Verfärbung am Hals der Toten hin. Aber der Arzt, Dr. Ascher, der wegen des Totenscheines gerufen wurde, beachtete die Verfärbungen nicht. An das plötzliche Kindersterben gewöhnt, benötigte er kaum eine Minute, um zu der Diagnose ›Krämpfe‹ zu gelangen.

Inspektor Bovet, der die Umstände des Todes von Suzanne Weber am 11. März – im gleichen Hause, ja im gleichen Zimmer – zu ermitteln suchte, erfuhr, daß diesmal der Vater, Pierre Weber, rechtzeitig gewarnt worden war. Nach dem Mittagsbrot hatten sich Pierre Weber und seine Frau an mehr oder weniger weit entfernte Arbeitsplätze begeben, Pierre ganz in der Nähe seines Hauses. Suzanne wurde wie Georgette von Jeanne Weber gewartet. Gegen zwei Uhr holte eine Nachbarin, Madame Miquel, den Vater voller Hast nach Hause zurück. So wie Georgette lag nun Suzanne, von Jeanne festgehalten, auf dem Bett, das Gesicht schwarzviolett, die Kiefer zusammengepreßt, die Glieder hilflos gekrümmt. Der Vater glaubte sich zu erinnern, daß Suzanne am Morgen zur Linderung eines Hustens etwas Äthersirup erhalten hatte, nahm an, daß die Dosis zu groß gewesen sei, hielt das Kind ein wenig ans offene Fenster und vertraute es dann wieder seiner Schwägerin an. Zehn Minuten später rief ihn Mademoiselle Pouche nach Hause zurück. Suzanne war tot. Jeanne hatte ein Tuch um den Hals des Kindes gelegt und wehrte Mademoiselle Pouche ab, als diese das Tuch entfernen wollte. Die Nachbarin berichtete dem Inspektor, es sei ihr trotzdem in einem unbewachten Augenblick gelungen, das Tuch aufzuheben. Dabei habe sie eine deutliche Furche am Hals der Toten gesehen. Dr. Ascher, der auch dieses Mal die Leichenschau erledigte, hatte nur einen flüchtigen Blick auf das Kind geworfen, keinerlei Untersuchung des Halses vorgenommen und abermals ›Krämpfe‹ als Todesursache vermerkt.

Bovet war selbst ein Kind der Goutte d'or. Er kannte diese Welt, kannte Schmutz und Not, er wußte, wie oft der Tod Ernte hielt, wußte, wie wenig Gefühle man sich hier leistete und wie groß die Unwissenheit war. Aber als er schließlich erfuhr, auf welche Weise die kleine Germaine Weber, Tochter des Ehepaares Léon Weber in der Impasse Langlois, am 26. März verstorben war, schienen ihm die ›Grenzen des Faßbaren‹ erreicht. Das Kind hatte sich gerade von einer Lungenentzündung erholt, und wieder war es Jeanne Weber gewesen, die sich am Vormittag des 25. März als Hüterin angeboten hatte. Die Mutter befand sich auf dem Weg zum Markt, als Germaines Großmutter gegen 11.30 Uhr im oberen Teil des Hauses einen ersten Schrei des Kindes hörte, hinuntereilte und das hilflose Wesen nach Atem ringend und mit hervorquellenden Augen auf Jeanne Webers Schoß vorfand.

Noch ohne Mißtrauen, nur überzeugt, daß Jeanne nicht achtsam genug gewesen sei, nahm sie das Kind an sich, bis sie nach dem Mittagessen ihrer eigenen Halbtagsarbeit in einer Näherei nachgehen mußte. Um die gleiche Zeit kehrte Germaines Mutter zurück. Jeanne bat sie, einige Einkäufe für sie zu erledigen, da sie ›an schweren Füßen litte‹. Kaum war sie mit Germaine allein, als Nachbarn Schreie des Kindes hörten. Sie eilten in die Wohnung und sahen Germaine keuchend und wie leblos auf den Knien Jeannes, deren beide Hände unter dem Kleid des Kindes lagen. Die Nachbarn benachrichtigten Dr. Labelle, der sich gerade in der Impasse Langlois befand. Er entdeckte keine Anzeichen für Krämpfe oder Diphtherie, dafür aber einige gequetschte Stellen an Germaines Hals. Da das Kind nach einiger Zeit wieder frei atmete, verabschiedete er sich und versprach, am folgenden Tage noch einmal nach dem Kind sehen zu wollen. Jeanne Weber ging ebenfalls, fand sich am nächsten Morgen jedoch wieder ein. Germaine hatte sich vollständig erholt. Dr. Labelle, der ebenfalls erschien, war überzeugt, daß nicht die geringste Gefahr mehr bestehe. Am Nachmittag des 26. März bat Jeanne – wie am Vortage – Germaines Mutter, eine Besorgung für sie zu erledigen. Ihre Beine seien so schwer, daß sie kaum stehen könne. Tatsächlich verließ die Mutter das Haus. Nur Minuten vergingen, bis Nachbarn abermals merkwürdig gequälte Laute hörten. Sie fanden Jeanne über Germaines Kinderwagen gebeugt. Das Kind schien zugleich mit den Händen seiner Wärterin unter Kissen begraben. Das kleine Gesicht war verfärbt. Die Augen traten aus den Höhlen. In einem Anfall von Panik machten sich die Nachbarn auf die Suche nach Dr. Labelle und Germaines Mutter. Als sie zurückkehrten, lag das Kind tot in seinen Kissen. Da Dr. Labelle nicht zu erreichen war, erschien abermals Dr. Ascher und bescheinigte, was er schon bei Georgette bescheinigt hatte: ›Tod durch Krämpfe‹.

Am 8., 9. und 10. April berichtete Bovet dem Untersuchungsrichter Leydet über seine Ermittlungen. Wie Dr. Saillant hatte auch Bovet sich erkundigt, ob denn niemand Verdacht geschöpft habe. Aber nur die Nachbarinnen Pouche, Navel und Miquel hatten seit dem Tode Suzanne Webers Mißtrauen gegen Jeanne Weber empfunden. Bei Germaines Tod war auch in deren Großmutter schließlich ein leiser Argwohn erwacht. Aber bei allen war Mißtrauen und Argwohn durch den Tod von Jeanne Webers eigenem Sohn Marcel wieder erloschen.

Für diesen Tod gab es keine Zeugen, außer Jeanne Weber selbst und ihren trunksüchtigen Mann. Ein Arzt, Dr. Moock, hatte das Kind nur zweimal flüchtig gesehen, eine Impfung vorgenommen und als Todesursache ›Hirnhautentzündung‹ vermerkt. Der Vater gab lediglich an, der Kleine habe sich mit Fieber und Erstickungsanfällen geplagt. Jeanne Weber selbst schwieg auf alle Fragen, die ihr der Untersuchungsrichter Leydet stellte. Aber Leydet argwöhnte, daß hier etwas ›wahrhaft Satanisches‹ geschehen sei, ein Mord am eigenen Kind – mit dem Ziel, den Verdacht der Verwandten und Nachbarn abzulenken und den Weg für weitere Morde frei zu machen.

Am 9. April war Leydet am Ende seiner Ermittlungen angelangt. Wie seine Inspektoren war er davon überzeugt, daß keines der Kinder eines natürlichen Todes, sondern durch die Hand Jeanne Webers gestorben und daß Maurice Weber nur durch Zufall dem Tode durch die gleiche Hand entronnen war. Er glaubte etwas von dem zu ahnen, was hinter der Stirn der schweigenden Verhafteten vorging. Aber er konnte nur ahnen, nicht wissen. War es Rachsucht, die in ihr aufgekeimt war, als ihre beiden ersten Kinder starben? Mißgunst und Haß gegen scheinbar glücklichere Mütter? Oder war es jene wollüstige Gier, die bei so vielen Mördern und Mörderinnen nur im Akt des Tötens ihre orgastische Befriedigung fand?

Was immer es sein mochte – Leydet war sich über eines im klaren: Zunächst mußte er beweisen, daß Jeanne Weber gemordet hatte, daß weder Georgette noch Suzanne, noch Germaine, noch Marcel eines natürlichen Todes gestorben waren.

Am 9. April beauftragte Leydet Dr. Léon Henri Thoinot mit der Untersuchung des am Leben gebliebenen Maurice Weber, zwei Tage später mit der Exhumierung und Autopsie der Kinder Georgette, Suzanne, Germaine und Marcel. Leydet zweifelte angesichts der Sachlage keinen Augenblick daran, daß Thoinot ihm die wissenschaftlichen Beweise für den gewaltsamen Erstickungstod der Kinder liefern werde.

12

Thoinot war der engste Mitarbeiter des Mannes, der seit dem Jahre 1877 die gefeierte Schule der Pariser Gerichtsmedizin repräsentierte: Paul Camille Hippolyte Brouardel. Thoinot hatte auch noch Ambroise Tardieu gekannt, der von 1861 bis 1877 Brouardels Vorgänger auf dem Lehrstuhl für Gerichtsmedizin gewesen war und die Pariser Schule zu nationalem und internationalem Ruhm geführt hatte. Jetzt galt der siebenundvierzigjährige Thoinot als sicherer Nachfolger Brouardels; häufig war er vor Gericht als Sachverständiger aufgetreten und hatte dabei durch jugendliche Bestimmtheit, Selbstsicherheit und stolze Berufung auf die Unfehlbarkeit der Wissenschaft Aufsehen erregt.

Als Thoinot seinen Auftrag übernahm, hatte sich die Gerichtsmedizin schon seit wenigstens achtzig Jahren eingehend mit den Vorgängen beschäftigt, die sich beim Erhängen, Erdrosseln, Erwürgen und der damit verbundenen Erstickung abspielten. Ihr Interesse hatte vor allem den pathologischen Folgeerscheinungen dieser gewaltsamen Todesarten gegolten. Vor etwa dreißig Jahren hatte sich Tardieu in seinem Buche ›La pendaison, la strangulation et la suffocation‹ ausschließlich mit diesem Problem befaßt und war zum Entdecker der Tardieuschen Flecke geworden. Hierbei handelte es sich um punktförmige Blutergüsse, die er bei schnell Erstickten unter dem Brustfell und am Herzen fand. Zum erstenmal hatte Tardieu sich auch eingehend mit noch wenig erforschten Erstickungsarten befaßt. Da war das Ersticken mit Hilfe von Kissen, die auf das Gesicht von Kindern oder hilflosen Erwachsenen gedrückt wurden, oder die Erstickung durch Zusammenpressen des Brustkorbs, wie sie bei Verschütteten oder in großem Menschengedränge vorkam.

Noch war das Aufsehen nicht abgeklungen, das der Gerichtsarzt Langreuter um das Jahr 1888 hervorrief, als er in seinem verdunkelten Laboratorium mit Hilfe eines grellen Lichtkegels die Hals- und Kehlkopfgegend von Toten beobachtete, deren Kopf er von oben geöffnet hatte. Sein Gehilfe würgte die Toten oder strangulierte sie mit Stricken und Schnüren, während Langreuter genau registrierte, was sich dabei im Bereich des Kehlkopfes, der Luftröhre, der Zunge, der Halsschlagadern und der Halsvenen ereignete. Noch frischer war die Erinnerung an die gefährlichen Selbstversuche, die der Rumäne Minovici im Jahre 1904 unternommen hatte, um den menschlichen Empfindungen während des Erhängungsvorganges auf die Spur zu kommen. Er hatte bei Erhängungsversuchen (unter Überwachung durch einen Diener) an sich selbst festgestellt, unter welchen Umständen Ohrensausen, Verlust der Sehkraft, Verfärbung des Gesichts und Bewußtlosigkeit eintraten, und die Experimente erst aufgegeben, als er unerträgliche Schmerzen im Zungenbein bekam, die nahezu zwölf Tage anhielten.

Brouardel hatte 1897 ein eigenes Werk ›La pendaison, la strangulation, la suffocation, la submersion‹ veröffentlicht, darin den Erfahrungsschatz von Jahrzehnten zusammengetragen und sich auch mit dem blitzartigen Tod befaßt, der eintreten konnte, wenn man bestimmte Nervenknoten der Halsregion berührte. Es galt als sicher, daß der Strick beim Erhängungstod eine Strangmarke erzeugte, deren Lage sich danach richtete, ob der Knoten der Schlinge im Nacken oder an der Seite des Halses saß. Dieses Strangulierungsmal zeigte sich als eine Einschnürung der Haut, die eintrocknete und schließlich eine dunkelbraune Färbung annahm. Gelegentlich gab es weiche Strangmarken, wenn anstelle eines Strickes ein Schal oder ein Strumpf benutzt worden war. Diese Marken waren weniger gut ausgebildet und konnten nach einiger Zeit verschwinden. Es galt als Regel, daß man Hautfalten, die sich am Hals von Toten bildeten und zeitweise eine blaue Farbe annahmen, nicht mit Strangmarken verwechseln durfte. Dies betraf auch die Furchen, die bei älteren Leichen durch einen geschlossenen Kragen entstehen konnten. Oftmals rutschte die Schlinge während des Erhängens nach oben. Es entstanden doppelte Strangmarken, und zwischen den Marken bildeten sich Blutungen im Gewebe. Seit man Mordfälle beobachtet hatte, in denen die Täter ihre Opfer nachträglich erhängten, um Selbstmorde vorzutäuschen, wurden Versuche unternommen, aus diesen Blutungen Schlüsse zu ziehen, ob Erhängte lebend oder erst als Tote in die würgende Schlinge hineingeraten waren. Noch waren heftige Auseinandersetzungen über die Frage im Gange, ob nicht auch nach dem Tode noch Blut in die Gewebe austrat. Am Horizont tauchte ein Problem auf, das (wie wir sehen werden) auch ein halbes Jahrhundert später noch nicht endgültig gelöst war, das Problem der Gerinnung des Blutes vor und nach dem Tode. Im übrigen bestand der Lehrsatz, daß das Gesicht des Erhängten meist blaß war, weil die Blutzufuhr zum Kopf schlagartig unterbrochen wurde. Oft zerbrachen unter der Pression der Schlinge die Knorpel des Kehlkopfs und das Zungenbein.

Beim Erdrosseln mit einem Strick oder strickartigen ›Werkzeugen‹, das man bei Selbstmördern selten und meist bei ausgesprochenen Mordanschlägen antraf, zeigte sich im Halsgebiet eine Drosselmarke. Sie verlief meist ringförmig um den Hals. Das Gesicht war bei dieser Todesart in der Regel blauviolett verfärbt, weil ein Teil der Arterien, die das Blut zum Kopf führten, nicht blockiert wurde, wohl aber die Venen, durch die das Blut aus dem Kopf zum Körper zurückströmte.

Aus dem gleichen Grunde gab es auch blutunterlaufene Quetschungen im Halsgebiet und punktartige Blutungen im Gesicht und an der Schilddrüse. Öfter als beim Erhängen stieß man auf Brüche der Kehlkopfknorpel. Das Erwürgen mit der Hand hinterließ ebenfalls charakteristische Spuren. Sie reichten von Brüchen der Kehlkopfknorpel und des Zungenbeins bis zu kaum sichtbaren Kratzspuren von Fingernägeln. Es gab Blutungen unter der Haut, vertrocknete Stellen und Blutungen in den Muskeln, vorwiegend links vom Kehlkopf, wo der Daumen der meisten Mörder zudrückte. Man fand – noch stärker als beim Erdrosseln – Blutstauungen am Kopf und am Gesicht, das sich schwarz verfärben konnte. Die Augen traten hervor, oftmals auch die Zunge. Bei der Autopsie stieß man im Gehirn oft auf eine große Blutfülle, ebenso in den Lungen und in der rechten Seite des Herzens, sowie schließlich auf Tardieus berühmte Flecken.

Als Thoinot am 10. April 1905 um 10 Uhr vormittags Madame Charles Weber mit ihrem Sohn Maurice im Hospital Saint-Antoine zur Untersuchung empfing, lebte er in der festgefügten Vorstellungswelt eines Mannes, der selbst nicht dazu bestimmt war, Neuland zu betreten. Er vertrat die Thesen seiner Vorgänger mit dem Selbstbewußtsein dessen, der nicht im Übermaß mit Phantasie und Zweifeln gesegnet war. Er ließ sich von Madame Weber kurz berichten, was am 5. April in der Passage de la Goutte d'or geschehen war. Dabei erfuhr er, daß die Zeichen an Maurices Hals langsam undeutlicher geworden und am vorangegangenen Tage, dem 9. April, endgültig verschwunden waren. Dann untersuchte ein Assistent das Kind, während Thoinot die Berichte der Ärzte Dr. Saillant und Dr. Sevestre über das Aussehen von Maurice am 5. und 6. April überflog. Anschließend untersuchte er selbst. Dann diktierte er sein Gutachten für den Untersuchungsrichter: Maurice Weber sei dick und kräftig. An seinem Halse seien keinerlei Spuren von Gewaltanwendung festzustellen. Dieses völlig negative Ergebnis seiner Untersuchung könne unter Umständen damit erklärt werden, daß die Merkmale des ›angeblichen Attentats‹ mittlerweile verschwunden seien. Genausogut aber dürfe man annehmen, daß Maurices Mutter völlig irreführende Angaben gemacht habe und daß das Kind von einem Stimmritzenkrampf befallen worden sei, wie er bei Kindern häufig auftrete. Die Ärzte im Hospital Bretonneau hätten, wie er sehe, geglaubt, Anzeichen eines Strangulationsversuches festzustellen, aber – und damit schloß Thoinot: »Wir – das müssen wir nochmals wiederholen – sehen uns außerstande, andere als negative Feststellungen zu treffen.«

Am 14. April wurden die Särge von Georgette, Suzanne und Germaine Weber ausgegraben. Thoinot fand Georgettes Leiche gut er-

halten, so daß sie ›brauchbare pathologische Hinweise lieferte‹. Mit gewohnter Routine machte er sich an die Autopsie. Das Ergebnis: Der Hals zeigte keine Spur von pathologischer Veränderung, keine Quetschung – nichts. Die Halsmuskulatur war frei von Blutaustritten. Die Halsschlagadern waren ebenso intakt wie das Zungenbein. Im linken Lungenflügel befand sich ein kleiner tuberkulöser Herd. Alle anderen Organe waren gesund.
Auch der Hals Suzanne Webers, ›von Schimmelbildung frei und gewaschen‹, verriet Thoinot keinerlei sichtbare Verletzungen. Erst einige Einschnitte ließen ihn im ›linken Brustbein-Schlüsselbein-Muskel‹ einen kleinen, aber deutlichen Bluterguß erkennen. Thoinot konstatierte: »Da sich diese Spuren lediglich an der linken Seite und an keinem anderen Muskel des Halses oder der verschiedenen Glieder befinden, die zur Kontrolle inspiziert wurden, besteht Grund zu der Annahme, daß es sich nicht um eine Fäulniserscheinung, sondern um eine zu Lebzeiten entstandene Verletzung handelt.« Abgesehen davon aber war sein Befund genauso negativ wie im Falle von Georgette. Keine Verletzung des Zungenbeins, des Kehlkopfs, der Luftröhre. Keine Blutstauung in der Lunge, keine Tardieuschen Flecken. Alle Organe waren gesund.
Germaines Körper war am besten erhalten. Das Ergebnis der Untersuchung lautete: »Auf der Oberfläche des Halses keine Spur von Gewaltanwendung. Keine Blutergüsse in der Muskulatur. Keine Schäden an Zunge oder Kehlkopf. In der Lunge nur eine unbedeutende Blutstauung. Alle anderen Organe gesund.«
Am Abend des gleichen Tages übersandte Thoinot seinen Bericht an Leydet. Er schilderte die pathologischen Veränderungen, welche die Gerichtsmedizin im Falle von Erdrosseln oder Erwürgen anzutreffen pflegte. »Um aber die gerichtsmedizinische Diagnose einer Strangulierung zu erheben«, fuhr er fort, »müssen wenigstens einige der vorgenannten Anzeichen vorhanden sein.« Die Fäulnis könne diese Zeichen in so kurzer Zeit nicht verschwinden lassen. Da er bei Georgette und Germaine Weber kein einziges der wohlbekannten Symptome vorgefunden habe, könne man unmöglich die Hypothese aufstellen, die beiden Kinder seien einem gewaltsamen Tod durch Strangulierung zum Opfer gefallen. Was Suzanne Weber anbelange, so habe er zwar in der Halsmuskelpartie einen kleinen Bluterguß gefunden. Es sei jedoch völlig abenteuerlich, daraus auf eine Strangulierung durch Jeanne Weber schließen zu wollen. Thoinot fuhr fort, seine Autopsien hätten – mit Ausnahme eines unbedeutenden tuberkulösen Lungenherdes bei Georgette Weber – in keinem Fall Anhaltspunkte für die Diagnose einer natürlichen Er-

krankung ergeben. Aber es seien genügend Fälle natürlichen Todes bekannt, die in den Organen keinerlei Veränderungen hinterließen. Dies gelte besonders für den bei Kindern so häufigen Stimmritzenkrampf und für die Pseudodiphtherie, ›deren Anzeichen nach kurzer Zeit im Leichnam verschwunden sind‹. Thoinot resümierte: »Das will heißen, daß Suzanne, Georgette und Germaine Weber einer natürlichen Erstickung zum Opfer gefallen sein können, ohne daß pathologische Anzeichen dafür vorhanden sein müssen.«

Am nächsten Vormittag erledigte Thoinot den letzten Teil seines Auftrags, die Autopsie Marcel Webers. Das einzig bemerkenswerte Ergebnis war die Feststellung, daß die Diagnose ›Hirnhautentzündung‹, die Dr. Moock als Todesursache angegeben hatte, nicht zutraf. Thoinot fand auch keine anderen Anzeichen krankhafter organischer Veränderungen. Genausowenig allerdings konstatierte er Strangulations- oder Würgemale. Er berichtete: Das Ergebnis der Leichenöffnung schließe die Hypothese eines Todes durch ein Kapitalverbrechen wie Erstickung und Strangulation mit der Hand oder mit einer Schnur aus.

Die Enttäuschung, die Leydet bereits nach Thoinots erstem Gutachten über Maurice Weber empfunden hatte, verwandelte sich nach den folgenden Gutachten in eine Art fassungsloser Unsicherheit. Die Diskrepanz zwischen der klaren Linie seiner Ermittlungsergebnisse und Thoinots Feststellungen schien ihm unbegreiflich. Obwohl Leydet zu den vielen gehörte, die von den Fortschritten der Medizin um die Jahrhundertwende tief beeindruckt waren und ihre Fortschrittsgläubigkeit automatisch auch auf die Gerichtsmedizin übertrugen, vernahm er von Mitte April bis Mitte Juni 1905 nochmals alle erreichbaren Zeugen. Aber seine Ermittlungen führten ihn am Ende nur wieder zu der Überzeugung, daß Jeanne Weber unlösbar in den Todesreigen der Kinder verstrickt war. Leydet studierte in seiner Ausweglosigkeit selbst die Bücher Tardieus und Brouardels über die gewaltsame Erstickung. Am 21. Juli übergab er Thoinot sämtliche Ermittlungsakten. Er bat um ein neues Gutachten, das sich diesmal nicht nur auf die Autopsien, sondern auf die fachmännische Prüfung auch der Zeugenaussagen stützen sollte. Leydet verwies besonders auf die Zeugnisse der Ärzte Saillant, Sevestre und Labelle. Und schließlich fragte er, wie es um den wiederholten Hinweis der Zeugen stehe, daß Jeanne Weber ihre Hände unter den Kleidern der Kinder auf deren Brust gepreßt hatte? Berichtete nicht Tardieu über die Möglichkeit der Erstickung durch Zusammendrükken der Brust?

Voller Spannung erwartete Leydet das Ergebnis der neuerlichen

Untersuchung. Als Thoinot seinen Bericht im August übersandte, umfaßte er viele eng beschriebene Seiten. Er hatte sich der Mühe unterzogen, die Akten zu studieren. Sein Gutachten war in mehrere Kapitel eingeteilt: Georgette, Suzanne, Germaine und Marcel. Doch schon nach der Lektüre des ersten Kapitels begriff Leydet, daß er wieder dort stand, wo er im April, nach Thoinots erstem Gutachten, begonnen hatte. Thoinot weigerte sich, auch nur um einen Deut von seinen pathologischen Befunden abzuweichen. Er blieb dabei. Die Todesursache von Georgette war: Stimmritzenkrampf, von Germaine: Stimmritzenkrampf, von Suzanne: Eklampsieartige Krämpfe, von Marcel: Pseudodiphtheritis. Die Aussagen der Zeugen und Zeuginnen über furchenartige Male am Hals, über die violett bis schwarz verfärbten Kindergesichter, über die hervortretenden Augen lehnte er grundsätzlich als ›unwissenschaftlich‹ ab. Er schrieb: »Eine derartige Feststellung durch eine Person, die außerhalb der medizinischen Welt steht, ist völlig wertlos.« Auf den Gedanken einer Erstickung durch den Druck der Hände Jeanne Webers auf die Brust der Kinder ging Thoinot zwar ein. Aber er tat es, ohne sich persönlich ernsthaft mit der Möglichkeit auseinandergesetzt zu haben. Er berief sich auf die Erfahrungen Tardieus aus dem Jahre 1870, die sich vorwiegend auf die Erstickung bei Unfällen durch Verschüttung und während der Zusammenballung großer Menschenmengen bezogen. Verständlicherweise hatte Tardieu bei dieser Todesart sichtbare Verletzungen konstatiert. »Die Autopsie«, so schloß Thoinot, »hat uns keinerlei Verletzungen gezeigt, wie sie bei einer Erstickung mittels Zusammendrücken der Brustwände vorhanden sind.« Er erklärte es für abenteuerlich, anzunehmen, man könne die Brust eines Kindes mit den Händen so zusammendrücken, daß es ersticke. Die Quintessenz seines Gutachtens war: »Zusammenfassend muß gesagt werden, daß die Annahme eines gewaltsamen Todes der Georgette Weber wissenschaftlich nicht aufrechtzuerhalten ist.« Das gleiche gelte für Germaine, Suzanne, Marcel. Erst in den letzten vier Zeilen schrieb Thoinot: »Nur im Falle Maurice Weber gibt es eine medizinische Beobachtung im Hospital Bretonneau, welche die Möglichkeit einer Strangulierung bei diesem Kinde offenläßt.« Aber es war deutlich fühlbar, daß er die Zeugnisse Saillants und Sevestres nicht ernsthaft in Erwägung zog, weil sie nicht von gerichtsmedizinischer Seite kamen.

Leydet nahm das Gutachten zur Kenntnis. Mochte Thoinot auf seinem Standpunkt beharren, er, Leydet, blieb bei seiner Überzeugung, daß Jeanne Weber schuldig sei. Er übergab die Akten der Staatsanwaltschaft. Der Staatsanwalt Seeligman erhob vor den

Seine-Assisen gegen Jeanne Weber Anklage wegen Mordes und Mordversuchs. Aber noch bevor das Verfahren begann, zeigte sich, daß es unter dem Zeichen des gleichen Zwiespaltes – zwischen dem Ergebnis der polizeilichen Ermittlungen und Thoinots wissenschaftlichen Thesen – stand, der schon Leydet so lange beschäftigt hatte. Der Präsident des Gerichtshofes, Bertholus, ebenfalls von tiefer Gläubigkeit an die neue Welt der Wissenschaft und des Fortschritts erfüllt, zugleich aber von dem Gewicht der Zeugenaussagen beeindruckt, verschob die Verhandlung von Dezember 1905 auf den Januar 1906. Am 18. Januar beauftragte er Professor Brouardel selbst, gemeinsam mit Thoinot die Sachlage und die vorangegangenen Gutachten zu überprüfen.

Brouardel stand im achtundsechzigsten Lebensjahr. Nur sechs Monate trennten ihn noch von seinem Tode. Es ist später bezweifelt worden, ob er sich persönlich überhaupt der ihm gestellten Aufgabe unterzog. Andere Kritiker beschuldigten ihn, den Boden der Selbstkritik längst verlassen und durch seinen Ruhm zur Überheblichkeit verführt worden zu sein. Gleichviel – das Gericht erhielt wenige Tage später ein Gutachten, das von Brouardel und Thoinot unterzeichnet war. Er bestätigte in jeder Einzelheit die Ansichten Thoinots. Er schloß: »Unsere Kenntnisse in der gerichtlichen Medizin gestatten uns festzustellen, daß keine mit der Hand durchgeführte Aktion im Bereich des Halses, des Mundes oder der Nase erfolgte. Sie gestatten es uns nicht, die Hypothese der Erstickung durch Zusammenpressen der Brust und des Leibes wissenschaftlich zu unterstützen ...«

Als am 29. Januar 1906 der Prozeß gegen Jeanne Weber begann, waren Seeligman und Bertholus zwischen ihrem persönlichen Glauben an die Schuld der Angeklagten und dem tiefen Glauben an die Wissenschaft hin und her gerissen. Der Schatten Thoinots und Brouardels lastete drückend auf ihnen. Was bedeuteten die Namen der Doktoren Saillant, Sevestre oder Labelle gegen den Namen Brouardel, die Namen von Hospital- und Armenärzten gegen den einen, mit dem der große Ruf der französischen Gerichtsmedizin verbunden war. Was bedeuteten ihre anderen Zeugen, die simplen Gestalten aus der Goutte d'or? Was würde von ihren Aussagen übrigbleiben, wenn man sie mit Thoinot und einer Verteidigung konfrontierte, die es verstand, sie zu verwirren und ihre geistige Unterlegenheit so zu mißbrauchen, daß sie schließlich ableugneten, was sie mit eigenen Augen gesehen hatten?

Am Morgen des 29. Januar sammelten sich vor den Toren des Gerichts Massen von Müttern und Vätern, in deren Vorstellung die

Angeklagte als ›Ogresse de la Goutte d'or‹ zur satanischen Kinderfresserin geworden war. Sie forderten Rache an der Mörderin, die mit ihrem runden, stumpfen Gesicht lauernd auf der Anklagebank saß. Aber man konnte sicher sein, daß die Instinkte der Menschen da draußen und hier im Gerichtssaal sich genauso schnell und heftig gegen Staatsanwalt und Gericht kehren würden, wenn es der Verteidigung mit Hilfe Brouardels oder Thoinots gelang, aus der Verdammten eine unschuldig verfolgte, ihrer eigenen Kinder beraubte Mutter zu machen. Daß die Verteidigung dieses Ziel anstrebte, dessen konnte man sicher sein. Durch die wartenden Massen hindurch betrat Maître Henri Robert den Gerichtssaal – Henri Robert, der seit den Tagen Gouffés und Gabrielle Bompards zu einem Begriff für Paris geworden war. Robert hatte sich als Verteidiger der Ogresse angeboten. Er war nicht der Mann, der sich eine solche Sensation entgehen ließ.
Schon einen Tag später hatten sich Seeligmans düsterste Erwartungen erfüllt. Robert hatte die Zeugen der Anklage, auch die Ärzte (Dr. Labelle war infolge eines Versehens nicht geladen), eingeschüchtert, in Widersprüche verwickelt, ihre Aussagen über Erwürgungszeichen der Lächerlichkeit preisgegeben. Auf diesem Trümmerfeld erschien Thoinot, um seine Thesen zu vertreten, selbstbewußt, herablassend, von keinem Zweifel berührt. Bereits am Nachmittag des 30. Januar sah Seeligman sich selbst gezwungen, Jeanne Webers Freispruch zu beantragen. Zum erstenmal kam Leben in die schwammige Gestalt auf der Anklagebank. Sie küßte Roberts Hände und rief ihrem Mann zu, er solle zu ihr kommen: »Erkläre, daß du meine Unschuld erkennst!« In den Massen der Zuschauer vollzog sich der Umschwung, den Seeligman vorausgeahnt hatte. Männer und Frauen brachen in Beifallsrufe aus und versuchten, Jeanne Weber aus dem Saal zu tragen.
Am folgenden Tage schrieb Michel Darland: »Niemand darf in Zukunft vergessen, daß das Schicksal Jeanne Webers, daß das Schicksal einer Unschuldigen besiegelt gewesen wäre, hätte sie nicht in unserer Epoche und in einem Paris gelebt, in dem die exakte Wissenschaft der Gerichtsmedizin eine ihrer größten, wenn nicht die größte Wiege besitzt. Die Wissenschaft allein hat der Unschuld zum Siege und sich selbst zu einem Triumph verholfen, der die Überlegenheit wissenschaftlicher Erkenntnisse über Zeugenaussagen und polizeiliche Ermittlungen beweist ...« Noch in der Januarausgabe der von Brouardel geleiteten, in der Fachwelt berühmten ›Annales d'hygiene publique et de médecine légale‹ erschien unter den Namen Brouardels und Thoinots ein langer Bericht: ›Die Affäre

Jeanne Weber‹. Er enthielt im Wortlaut sämtliche Untersuchungsprotokolle und Gutachten sowie eine Einleitung der Verfasser, die mit den Worten endete: »Die öffentliche Verhandlung führte zur Aufklärung. Die Widersprüche oder Irrtümer der Zeugen hatten die Geschworenen und den Gerichtshof bereits so tief beeindruckt, daß es unserem Gutachten nicht schwerfiel, die verbleibenden Belastungsmomente gegen die Angeklagte hinwegzufegen ...«
Weder Brouardel noch Thoinot ahnten in diesem Augenblick, daß die Affäre Jeanne Weber erst begonnen hatte und daß auf sie und die Pariser Gerichtsmedizin Prüfungen warteten, denen Brouardel nur durch seinen Tod am 23. Juli 1906 entging.

13

Am Abend des 16. April 1907 läutete in der Gemeinde Villedieu im Departement Indre ein Kind stürmisch die Hausglocke des Arztes Dr. Papazoglou. Auf Papazoglous Frage nach dem Grund des heftigen Lärms antwortete das Kind: »Ich komme aus Chambon. Mein Name ist Louise Bavouzet. Mein Bruder Auguste ist sehr krank. Sie sollen sofort kommen.« Bavouzet besaß eine bejammernswert kleine Landwirtschaft. In seiner Hütte lebte er mit drei Kindern und seiner Haushälterin und Geliebten namens Moulinet, die vor einigen Wochen als Landstreicherin in der Gegend aufgetaucht und bei Bavouzet untergeschlüpft war. Der Arzt erkundigte sich nach den Symptomen von Augustes Krankheit. Als er hörte, daß das Kind schon seit einiger Zeit ein wenig kränkelte und jetzt während einer Hochzeitseinladung bei Nachbarn sehr viel gegessen hatte, überreichte er Louise Bavouzet eine Magenmedizin und schickte sie nach Hause.
Am frühen Morgen des 17. April jedoch erschien Bavouzet selbst, schmutzig und schüchtern. Aus seinem aufgeregten Gebaren schloß Papazoglou, daß der Zustand des Kindes wirklich ernst sein mußte. Er fuhr also nach Chambon. Als er dort eintraf, war der neunjährige Auguste jedoch bereits tot. Neben dem mit Stroh gefüllten Bett des Kindes fand der Arzt Bavouzets Haushälterin und Zufallsgeliebte, eine dickliche, rundgesichtige Person mit schwarzen, ausdruckslosen Augen. Papazoglou bemerkte, daß das Kind bereits gewaschen und mit einem neuen Hemd bekleidet war, dessen Kragen sich eng um den Hals schloß. »Wozu das?« erkundigte er sich. Die mit träger Stimme gegebene Antwort war: »Er hat gebrochen, er war schmutzig.« Der Arzt bestand jedoch darauf, daß das Hemd wieder ausgezogen werde. Dabei fiel ihm eine rötliche Veränderung auf, die sich mehr oder weniger deutlich rings um den Hals zog.

Diese Erscheinung war so merkwürdig, daß er sich weigerte, einen Totenschein auszustellen, und die Polizei in Chateauroux verständigte. Der zuständige Untersuchungsrichter Belleau beauftragte Dr. Charles Audiat, als Gerichtsarzt nach Villedieu zu fahren und die Todesursache zu klären. Audiat traf am Nachmittag des 18. April in Villedieu ein, fand das tote Kind in der Friedhofskapelle, ließ einige Bretter über Holzböcke legen und nahm auf diesem provisorischen Tisch eine Autopsie vor. Auch Audiat entdeckte sofort die sonderbare Markierung um den Hals und argwöhnte, es könne sich um einen Tod durch Strangulierung handeln. Aber das Mal verlief so dicht oberhalb des geschlossenen Hemdkragens, daß er unsicher wurde. Aus der Fachliteratur war ihm bekannt, daß der Druck eines Kragens nach dem Tode eine Furche erzeugen konnte, die einem Würgemal sehr ähnlich sah. Als er darüber hinaus hörte, daß Auguste Bavouzet bereits seit einigen Tagen über Kopfschmerzen geklagt hatte, zog er es vor, einen natürlichen Tod anzunehmen. Audiat berichtete also: »Der Tod des Kindes ist natürlicher Art. Er scheint hervorgerufen ... durch krampfhafte Erscheinungen infolge einer Hirnhautreizung, die seit vierzehn Tagen bestand.«
Am 19. April verschwand Auguste Bavouzets kleiner magerer Leichnam in der Erde von Villedieu. Madame Moulinet stand mit stumpfem Gesicht neben dem Grab.
Niemand beachtete, daß Augustes ältere Schwester Germaine, ein durch eine Hasenscharte entstelltes Mädchen, während der Beerdigung abseits geblieben war. Was immer der Grund dazu war – sie mißtraute der Fremden, die in das Haus ihres Vaters eingedrungen war und auf dem Bett ihrer toten Mutter lag. In den folgenden Tagen durchsuchte sie den Sack, in dem Madame Moulinet ihre Habseligkeiten untergebracht hatte. Dabei stieß sie auf ein Bündel Zeitungsausschnitte: Sie entstammten dem ›Petit Parisien‹ aus dem Jahre 1906 und berichteten über den Prozeß der Jeanne Weber. Unter anderem enthielten sie Bilder Jeanne Webers. Da begriff Germaine Bavouzet: Madame Moulinet war niemand anders als Jeanne Weber. Die Zeitungsausschnitte unter ihrer Schürze verbergend, wanderte sie nach Villedieu, legte die Ausschnitte auf den Tisch des Gendarmerie-Inspektors Auphand und brachte mühsam lispelnd hervor: »Sie war es. Sie hat Auguste erwürgt.«
Am 23. April griff der Untersuchungsrichter Belleau den Fall wieder auf. Er wies Dr. Audiat an, seinen Bericht vom 18. April zu überprüfen. Gleichzeitig beauftragte er einen zweiten Arzt, den Anatomen und Pathologen Dr. Frédéric Bruneau, die neue Autopsie vorzunehmen. Zum zweiten Male innerhalb weniger Tage, am 23.

April, verwandelte sich die armselige Friedhofskapelle von Villedieu in einen Sektionsraum. Als Belleau am folgenden Tage das Sektionsprotokoll in Händen hielt, hatte sich die Situation völlig verändert. Dr. Bruneau konstatierte (und Audiat pflichtete ihm jetzt bei) eine eindeutige, zweieinhalb Zentimeter breite Erdrosselungsfurche. Am schwächsten war sie im Nacken. Unterhalb des Ringknorpels erkannte man einige Verletzungen, die von Fingernägeln herrühren konnten. Die Haut der Furche war pergamentartig vertrocknet. Blutunterlaufungen im Kehlkopf und in der Halsmuskulatur schlossen Audiats Annahme eines Kragenabdrucks aus. Die Erscheinungen am Halse des Kindes bewiesen eine gewaltsame Erstickung; das Erdrosseln war möglicherweise mit einem Taschentuch erfolgt, das die mutmaßliche Täterin um den Hals Augustes gelegt und vorn zusammengedreht hatte. Dies erklärte auch die Fingerspitzenmarke in der Kehlkopfgegend und die verhältnismäßig geringe Ausprägung, welche die Strangulierungsfurche im Nacken zeigte. Es erklärte außerdem die anfängliche Verwechslung mit dem Eindruck eines Kragens. Die beiden Ärzte fanden nicht die geringsten Anzeichen für einen natürlichen Tod. Eine leichte tuberkulöse Hirnhautreizung befand sich in einem so frühen Stadium, daß sie auf gar keinen Fall zum Tod hatte führen können.
Am 4. Mai erschienen die Gendarmen in Chambon, verhafteten Jeanne Weber-Moulinet und überführten sie nach Bourges. Am folgenden Tage verbreiteten die Pariser Zeitungen die Nachricht über die neuerliche Verhaftung der ›Ogresse de la Goutte d'or‹. Gleichzeitig stellten sie fest, daß Jeanne Weber ihren Mann und die Goutte d'or im Juni 1906 über Nacht verlassen hatte, weil ihr keiner der Nachbarn trotz des Freispruchs traute. Jedermann hatte seine Kinder ängstlich vor ihr zurückgehalten. Abermals vierundzwanzig Stunden später erschienen die ersten Pressekommentare. Sie fragten: Was bedeuten die Ereignisse in Chambon? Bedeuteten sie, daß das Assisen-Gericht in Paris am 30. Januar 1906 eine Mörderin freigesprochen hatte? Bedeuteten sie, daß die Professoren Brouardel und Thoinot einer Mörderin den Weg zu weiteren Verbrechen geebnet hatten? Bedeuteten sie schließlich, daß Henri Robert, der Vielgewandte und Gefeierte, im Januar 1906 einen Sieg nicht für die Gerechtigkeit, sondern für das Verbrechen errungen hatte?
Es bedurfte keiner besonderen Weitsicht, um voraussagen zu können, daß ein Mann von der Geltungssucht Roberts alles in Bewegung setzen würde, um zu beweisen, daß er sehr wohl für das Recht, dieses ›Heiligtum der Menschheit‹, wie er sagte, gefochten

hatte. Schon am 8. Mai bot er sich als Jeanne Webers Verteidiger an. Am 11. Mai forderte er den Untersuchungsrichter Belleau öffentlich auf, sich nicht auf Gutachten untergeordneter Provinzärzte zu verlassen. Er verlangte, daß der ›Nachfolger Brouardels, Léon Antoine Thoinot, die Krone der Gerichtsmedizin Frankreichs‹, mit einer neuerlichen Untersuchung des Todes von Auguste Bavouzet beauftragt werde. Thoinot sei, wie er nach einer Anfrage versichern könne, zu jeder Stunde bereit. Am 17. Mai wiederholte er seine Forderung und verlieh ihr durch Veröffentlichungen in Pariser Zeitungen Nachdruck.

Belleau wehrte sich bis zum Äußersten, dem Druck der Hauptstadt zu weichen. Aber er erfuhr bald, daß er ihm würde weichen müssen, wenn er sich nicht der öffentlichen Anschuldigung aussetzen wollte, Jeanne Weber vor Gericht gebracht zu haben, ohne das freiwillig angebotene Urteil der höchsten Instanz der französischen Gerichtsmedizin zu hören. Anfang Juni gab er nach. Er weigerte sich zwar, einer Exhumierung zuzustimmen, und übersandte Thoinot lediglich die Gutachten Audiats und Bruneaus. Aber er wußte nur zu gut, daß dies nur der Anfang der vollständigen Kapitulation war.

Damit betrat Thoinot zum zweitenmal die Bühne. Er stand vor der Wahl, mit aller Unvoreingenommenheit zu prüfen, ob die beiden Ärzte aus Chateauroux richtig geurteilt hatten und (falls dies der Fall war) zu bekennen, daß auch die vielgerühmte Pariser Schule der Gerichtsmedizin sich irren konnte – oder aber den eigenen Ruf und den Anspruch der Unfehlbarkeit über die Forderung nach Wahrheit zu stellen und Audiat und Bruneau mit dem Gewicht seines Ansehens der Lächerlichkeit preiszugeben.

Am 1. Juli übersandte Thoinot der Anklagekammer von Bourges einen Bericht, in dem er die Gutachten Audiats und Bruneaus als so dilettantisch bezeichnete, daß er nicht in der Lage sei, eine Meinung über den Fall zu äußern. Eine Stellungnahme sei von ihm nur zu erwarten, wenn ihm eine Exhumierung und eine völlig neue Untersuchung des Toten ermöglicht werde. Das war, was Belleau vorausgesehen hatte.

Am 27. Juli, rund dreieinhalb Monate nach Auguste Bavouzets Tod, erschienen Thoinot und sein Assistent Soquet in Villedieu. Audiat und Bruneau lehnten es ab, sich als Zeugen an der Autopsie zu beteiligen, weil es ›sinnlos sei, nach dreieinhalb Monaten an einem verwesenden Toten über Dinge zu urteilen, die sie unmittelbar nach dem Tode gesehen hatten‹. Sollte sich, so fragten sie, das Schauspiel von Paris wiederholen, wo das, was Dr. Saillant und Sevestre mit eigenen Augen gesehen hatten, nichts gegolten hatte?

Am 5. August übergab Thoinot dem Gericht sein Gutachten. Thoinot mußte, was die Halsorgane anlangte, bekennen: »Der Fäulnisprozeß hat die Gewebe verändert, das Blut hat die Blutgefäße verlassen und es unmöglich gemacht, genaue Feststellungen zu treffen ...« Das bedeutete nicht mehr und nicht weniger, als daß ein Urteil über die Frage der Strangulierung gar nicht mehr möglich war. Aber, so fuhr Thoinot fort, die Einschnitte, welche die Ärzte von Chateauroux vorgenommen hätten, zeigten deren absolute Unfähigkeit als Gerichtsmediziner. Sie hätten die Gewebe unter der sogenannten Strangfurche nicht tief genug untersucht, um wirkliche Schlüsse über Blutunterlaufungen treffen zu können. Das beweise, daß ihre Feststellung einer Strangulierung ohne wissenschaftlichen Wert sei. Dann folgte der entscheidende Abschnitt: Die hierdurch bewiesene Unfähigkeit der Ärzte von Chateauroux, fuhr er fort, habe sie außerstande gesetzt, die offenkundige natürliche Todesursache des Kindes zu erkennen. Sie behaupteten, auch in den Eingeweiden des Kindes nichts gefunden zu haben, was einen natürlichen Tod erklären könne. In Wahrheit aber hätten sie den Darm nicht geöffnet und infolgedessen die natürliche Todesursache übersehen, die zum Ende Auguste Bavouzets geführt habe. Thoinot schloß: »Uns hat die vollständige Leichenöffnung erlaubt, im Darm sogenannte Peyersche Flecke ... festzustellen, die es uns gestatten, den Tod auf ein Typhusfieber zurückzuführen.« Von einem gewaltsamen Tod könne deshalb überhaupt keine Rede sein.

Als Belleau den Bericht Thoinots in Händen hielt, argwöhnte er sofort, daß hier der Versuch unternommen worden war, seine Ärzte mit Hilfe einer geschickten Dialektik zu diskreditieren und um jeden Preis eine natürliche Todesursache zu entdecken. Aus Villedieu drangen Gerüchte zu ihm, die besagten, daß Dr. Soquet bei der Autopsie nur durch einen Zufallsschnitt den Dünndarm verletzt hatte und dabei auf eine winzige Veränderung in der Darmwand gestoßen war, die mit bloßem Auge als geschwürig veränderter Peyerscher Fleck gedeutet und ›willkommen geheißen worden war‹. Belleau bestellte Audiat und Bruneau zu sich und bat sie, sich zu äußern. Erbittert erklärten sie, daß es angesichts des eindeutigen Strangulationsbefundes nicht notwendig gewesen sei, auch noch jeden Darmabschnitt zu öffnen. Das Abtasten der Därme habe genügt, um ihnen zu zeigen, daß keine Krankheit vorhanden war, die einen so plötzlichen Tod erklärte. Was aber die Peyerschen Flecke betreffe, so möge Thoinot in einem Lehrbuch nachschlagen, das aus Paris stamme, nämlich in Viberts Lehrbuch. Dort könne er den Satz lesen: »Es ist wichtig zu wissen, daß man bei Kindern sehr häufig und in beinahe ständiger Form umfangreiche, weiße, auffallende und sehr augenscheinliche Peyersche Flecke vorfindet. Eine solche Feststellung darf nicht dazu verführen, einen Typhus anzunehmen.«

Audiat und Bruneau ahnten nicht, daß sie mit diesem Zitat den Absichten Thoinots, ihnen wissenschaftliche Unfähigkeit zu beweisen, Vorschub leisteten, indem sie sich auf das Feld der Dialektik begaben, auf dem sie keine Erfahrung besaßen. Thoinot fand einen anderen Satz Viberts, in dem es hieß, man könne auf Typhus schließen, sofern die Peyerschen Flecke geschwürig verändert seien. Dies aber, so erklärte er, seien sie bei Auguste Bavouzet gewesen.

Der Untersuchungsrichter blieb nach wie vor überzeugt, daß Jeanne Weber schuldig war und daß es Thoinot lediglich um seinen persönlichen Ruf ging. Aber vor der Öffentlichkeit war er nur noch ein Gefangener des wissenschaftlichen Streits. Ende August sah er keinen anderen Ausweg, als noch einmal drei angesehene Gerichtsmediziner und Pathologen um eine Stellungnahme zu ersuchen. Es handelte sich um Professor Lande in Bordeaux, Professor Brissaud in Paris und Professor Mairet in Montpellier.

Lande, Brissaud und Mairet aber urteilten ohne persönlichen Augenschein. Sie stützten sich lediglich auf die Gutachten Thoinots auf der einen und das der wissenschaftlich unbekannten Ärzte von Chateauroux auf der anderen Seite. Sie entschieden sich für Thoinot. Resigniert gab der Untersuchungsrichter Belleau im Dezember 1907 den Kampf verloren.

Jeanne Weber wurde auf freien Fuß gesetzt. Zwar schrieben die Zeitungen des Departements Indre voller Sarkasmus: »Jeanne Weber ist frei, und die Herren Thoinot und Soquet auch.« Aber wieviel wogen ihre Worte?

Am 13. Januar 1908 trat die gerichtsmedizinische Gesellschaft von Paris zur ersten Sitzung des Jahres zusammen, um eine Rede Henri Roberts über den Fall Jeanne Weber anzuhören. Robert fühlte sich als Sieger, und dieses Gefühl sprach aus jedem seiner Worte. Seine Rede war ein glühendes Verdammungsurteil über die Ignoranz von Männern wie Audiat und Bruneau, und ein Loblied auf die Leistungen Thoinots, Landes, Brissauds und Mairets. »Der Bericht der letzteren«, schloß Robert, »war ... in allen Punkten eine ekstatische Bestätigung für die Gutachten der Herren Thoinot und Soquet. Jeanne Weber wurde nach acht Monaten Untersuchungshaft entlassen. Sie wissen jetzt, wer die Verantwortung für diese Haft trägt.«

Der Präsident der Gesellschaft erhob sich, um Robert die Hand zu schütteln. Thoinot forderte, die Vorschriften über die gerichtsmedizinischen Gutachten müßten geändert werden, um in Zukunft Vorkommnisse wie die von Chateauroux zu verhindern. Strafmaßnahmen gegen Dr. Audiat und Dr. Bruneau wurden gefordert. Der Präsident verkündete: »Wir werden unsere Folgerungen aus dem sensationellen Fall Jeanne Weber ziehen.« Niemand der Anwesenden ahnte, daß dies die letzte Stunde des Triumphes im Fall Weber war. Nur noch vier Monate trennten sie alle von dem Tage, an dem sie wünschen würden, niemals triumphiert zu haben.

14

Es war wie ein Paukenschlag. Am 9. Mai 1908 verkündeten die Schlagzeilen der Pariser Zeitungen: »Kindesmord in Commercy! Marcel Poirot, Sohn des Gastwirtes Poirot, erwürgt! Jeanne Weber auf frischer Tat gefaßt!«

Es schien zunächst unfaßbar. Alle kaum verblaßten Erinnerungen wurden wach, aller Haß gegen die Mörderin, alle anfänglichen Zweifel an der Richtigkeit der wissenschaftlichen Gutachten, alles Mitleid mit der zweimal zu Unrecht Angeklagten. Wenn das, was die Schlagzeilen meldeten, zutraf – wenn es diesmal Wahrheit war, wo blieb dann der Triumph der Wissenschaft? Wo blieb der Glaube an ihre Erkenntnisse und ihre Unfehlbarkeit?

Zur gleichen Stunde beugten sich Professor Parisot, der Inhaber des Lehrstuhls für Gerichtsmedizin in Nancy, sein Sohn Jacques und Dr. Thierry im Krankenhaus von Commercy über den Leichnam des siebenjährigen Marcel Poirot. Hinter ihnen stand der Untersuchungsrichter von Saint-Mihiel, Rollin. Er war entschlossen, nicht das Schicksal Belleaus zu erleiden und keine Lücke offenzulassen, in die mit dialektischem Geschick Thoinot würde einbrechen können.

Genau sechzehn Stunden vorher, am Nachmittag des 8. Mai um sechs Uhr, war ein Kalkbrenner, Emile Bouchery, mit einer rundlichen, unansehnlichen, aber anscheinend kinderliebenden weiblichen Person, die er als seine Frau vorstellte, in Commercy eingetroffen. Er mietete sich in der Herberge Poirot, Rue de la Paroisse, ein. Bouchery hatte Arbeit in den Steinbrüchen von Euville gefunden. Am Abend begab er sich noch einmal an seinen Arbeitsplatz und beabsichtigte, erst spät in der Nacht zurückzukehren.

Seine Frau spielte mit Poirots Sohn Marcel. Als die Schlafenszeit kam, erklärte sie den Poirots, sie sei sehr ängstlich. Ob Marcel nicht neben ihr, im Bett ihres Mannes, schlafen dürfe?
Sorglos stimmten die Poirots zu. Gegen 10 Uhr hörte ein anderer Gast, der im ersten Stockwerk wohnte, Kinderschreie. Die Poirots wurden alarmiert. Als sie kurz danach in das Zimmer Madame Boucherys eindrangen, bot sich ihnen ein schrecklicher Anblick. Marcel lag mit verfärbtem Gesicht leblos auf dem Bett. Blut strömte aus seinem Mund. Neben ihm ausgestreckt lag die Fremde. Ihre Hände und ihr Unterrock waren blutbefleckt. Unter dem Bett ragten die Enden einiger Taschentücher hervor, die ebenfalls mit Blut besudelt waren.
Wenige Minuten später traf der Arzt Dr. Guichard ein, der sich gerade in der Nähe des Hauses befunden hatte. Er kam zu spät. Marcel war tot. Deutlich zeigten sich Quetschungen am Hals und im Nacken. Das Kind hatte seine Zunge zerbissen und so die Blutung hervorgerufen. Ungerührt, das Blut ihres Opfers an den Händen, erklärte Madame Bouchery, unschuldig zu sein und von nichts zu wissen. Als die Gendarmen aus Saint-Mihiel eintrafen, fanden sie, in einem schmutzigen Unterrock versteckt, einen Brief Maître Henri Roberts. Es war an Jeanne Weber im Gefängnis zu Bourges gerichtet: Robert gratulierte ihr zu ihrer bevorstehenden Freilassung im Dezember 1907. Ebenso stumpf, wie sie ihre Unschuld beteuerte, gestand Madame Bouchery, in Wirklichkeit Jeanne Weber zu sein. Der Leichnam des Kindes wurde unter Bewachung ins Krankenhaus überführt. Der Untersuchungsrichter Rollin ordnete an, daß das Kind, grausam zugerichtet, wie es war, sofort fotografiert wurde. »Mir«, erklärte er, »wird kein Thoinot mit weisen Argumenten die Tatsachen zertrümmern.« Dann bat er telegrafisch Professor Parisot aus Nancy um Hilfe.
Parisot begann am 9. Mai um 10 Uhr die Autopsie. Jeder Schnitt wurde fotografisch festgehalten. Das Ergebnis war eindeutig. Die Strangfurche verlief um den ganzen Hals herum. Am stärksten ausgeprägt war sie an der Seite, weniger deutlich unter dem Kinn. Hier und im Gesicht fanden sich leichte Fingernagelspuren und winzige Quetschungen. In der Zunge waren die Eindrücke von Marcels Zähnen zu erkennen. Rollin bat auch Professor Michel, den Pathologen der Universität Nancy, nach Commercy zu kommen. Michel konnte erst am Nachmittag des 11. Mai eintreffen. Unterdessen verfolgte Rollin durch telefonische und telegrafische Anfragen die Spuren des Weges, den Jeanne Weber seit dem Dezember 1907 zurückgelegt hatte.

Zuerst war sie in einem Asyl in Faucombault untergetaucht. Dann hatte George Bonjeau, Präsident der ›Gesellschaft zum Schutze der Kinder‹, im Glauben an ihre Unschuld und ›um dem Unrecht der Justiz an einer schuldlosen Frau besonders deutlich entgegenzutreten‹, Jeanne als Pflegerin in sein Kinderheim Orgeville aufgenommen. Er gestand jetzt, daß die angeblich zu Unrecht Verfolgte nach wenigen Tagen überrascht worden war, als sie versuchte, ein krankes Kind zu würgen. Sie war sofort entlassen worden. Bonjeau aber hatte aus Furcht, sich lächerlich zu machen, die Behörden nicht verständigt. Im März 1908 war Jeanne Weber wegen Landstreicherei verhaftet worden. Bei der Verhaftung erklärte sie, sie sei jene Jeanne Weber, welche die Kinder in der Goutte d'or ermordet habe. Als man sie zum Polizeipräfekten Lépine brachte, widerrief sie und behauptete, sie habe sich nur selbst beschuldigt, um ein warmes Quartier zu bekommen. Lépine ließ sie im Asyl von Nanterre durch den Neurologen Dr. Toulouse auf ihren Geisteszustand untersuchen. Toulouse fand sie vollkommen gesund. So war sie im April 1908 in Bar-le-Duc aufgetaucht und hatte sich schließlich mit Emile Bouchery zusammengetan.

Als Professor Michel am 12. Mai in Commercy eintraf, warteten Hunderte von Menschen vor dem Hospital. Parisot und Michel stellten in ihrem gemeinsamen Gutachten fest: Tod durch Erdrosseln mit Hilfe eines um den Hals gelegten, unter dem Kinn zusammengezogenen Taschentuchs.

In ganz Frankreich erhob sich ein Sturm der Entrüstung, entbrannten wilde Diskussionen. Wie war es möglich, daß die bedeutendsten Vertreter der Pariser Gerichtsmedizin die Anzeichen von wenigstens fünf Morden verkannt und der Mörderin den Weg zu mindestens einem Mord (wahrscheinlich aber noch anderen, unbekannt gebliebenen Morden) frei gemacht hatten? Wie war es möglich? Wie erklärbar?

Von Thoinot und der Pariser Schule kam keine Antwort, kein Eingeständnis der Unvollkommenheit und der begangenen Fehler. Nur noch wenige Jahre trennten Thoinot von seinem frühen Tod. Mit der Starrheit, die das Zeichen der nicht wahrhaft Großen ist, versuchten er und einige seiner Freunde, bis zuletzt den Standpunkt zu verfechten, daß sie trotz allem recht gehabt hätten. Sie bedienten sich der Psychiatrie, dieses noch von Irrtum zu Irrtum taumelnden Kindes der Medizin und Lieblingskindes auch vieler forensischer Mediziner. Es war nicht zuletzt Thoinots Einfluß, der dazu führte, daß Jeanne Weber nicht mehr vor Gericht gestellt, sondern am 25. Oktober 1908 durch den Pariser Psychiater Lataue für unzurechnungsfähig erklärt wurde. Sie verschwand im Irrenhaus von Marevale und setzte zwei Jahre später ihrem Leben durch eigene Hand ein Ende, indem sie sich selbst erwürgte und vielleicht noch im Tod den Sinnenrausch empfand, der vermutlich die Triebkraft bei ihren Taten gewesen war. Thoinot und Robert aber schreckten nicht davor zurück, zu behaupten, Jeanne Weber habe tatsächlich nur den letzten Mord in Commercy begangen. Das ungeheure Aufsehen um die Todesfälle in Paris und Chambon habe sie in einen selbsthypnotischen Rausch versetzt, in dem sie schließlich verübte, was man ihr so lange zu Unrecht vorgeworfen hatte.

Mitten in der hohen Zeit des Glaubens an das, was man in der wissenschaftlichen Gerichtsmedizin erreicht hatte, in der Zeit der Begeisterung für die Größe und Unfehlbarkeit der Pariser Schule, bedeutete der Fall Jeanne Weber eine vielleicht vom Schicksal gewollte Mahnung, die jeden, der sehen und hören wollte, lehrte, wo die Grenzen allen gerichtsmedizinischen Wissens lagen. Er zeigte, wie viele Möglichkeiten und Spuren des Verbrechens sich bei der Autopsie dem Blick der scheinbar erfahrensten Augen entziehen konnten. Er lehrte, zu welch verhängnisvollen Täuschungen Exhumierungen und Autopsien längere Zeit nach dem Tode führten. Er war eine Mahnung zur Bescheidenheit, zur Vorsicht und zu der Erkenntnis, daß die Gerichtsmedizin nicht dazu berufen war, allein über Kriminalfälle zu entscheiden, daß bei ihr oft nicht einmal das Schwergewicht der Entscheidung lag, sondern daß sie nur ein helfendes Glied im Gesamtrahmen aller Ermittlungsarbeit sein konnte.

Was einem Brouardel und vor allem einem Thoinot als sichere Basis für ihr Urteil erschienen war, bildete in Wahrheit erst die Grundlage für die Weiterarbeit mehrerer Generationen von Gerichtsmedizinern an der Klärung der Probleme um die Anzeichen der gewaltsamen Erstickung. Das Wissen dieser neuen Generationen von den geheimnisvollen Vorgängen beim Ersticken, ihr Wissen von den Veränderungen im Blut und im Kreislauf, von der Entstehung chemischer Erstickungsstoffe, von den Schädigungen an Gehirn, Leber und Herz – all das würde in fünfzig Jahren Brouardels und Thoinots Vorstellungen weit hinter sich lassen. Die Arbeit dieser Generationen von Forschern führte zu der Erfahrung, daß insbesondere die Erstickung von Kindern mit ihren elastischen Halsorganen wenig Spuren hinterließ und daß diese Spuren noch dazu schnell verschwanden. Sie lehrte, wie häufig überhaupt die Spuren des Erdrosselns, Erwürgens oder Erstickens durch Zusammenpressen der Brust dem normalen menschlichen Auge in

einem Maße verschlossen blieben, das Brouardel oder Thoinot sich noch gar nicht auszumalen vermochten.
Aber gestützt auf die Entwicklung der Histologie spürten jüngere Gerichtsmediziner mit immer vollkommeneren Mikroskopen den Anzeichen des Erwürgens, Erdrosselns oder Erstickens bis in die Zellen der Halsgewebe hinein nach oder verfolgten die biochemischen Veränderungen, die ein Würgegriff erzeugte. Ihre Arbeiten reichten von den Untersuchungen des Ungarn Orsos über die Auflösung des Fetts in den winzigen Fettzellen im Bereich von Strang- und Würgemalen bis zu den Versuchen der Japaner Kuboiwa und Ogata, durch Färbemethoden solche Gewebe, die durch ›weiche Strangulierung‹ sozusagen unsichtbar gequetscht waren, von den umgebenden normalen Geweben zu unterscheiden. Sie umfaßten die unsagbar feine, schichtweise Abtragung der Halsgewebe durch den Deutschen Walcher oder den Südafrikaner Mackintosh ebenso wie histologische Untersuchungen der Lymphknoten, der feinen Innenhäute der Blutadern oder der Nervenzellen im Halsbereich.
Alles in allem entstand auf diese Weise ein ganzes Arsenal von Nachweismöglichkeiten, von dem Brouardel oder Thoinot nicht einmal hätten träumen können, und das dennoch nicht ausreichte, jeden Fall eindeutig zu klären. Die Mahnung zur äußersten Vorsicht, die der Fall Weber in das Buch der Geschichte eingetragen hatte, verlor niemals ihre Bedeutung.

15

Im Oktober des Jahres 1910 dokumentierten sich die neuen mikroskopischen Nachweismethoden, die Aufdeckung der feinsten, dem Auge unzugänglichen Gewebsveränderungen, von denen soeben die Rede war, in einem Kriminalfall besonderer Art.
Die Geschichte Hawley Harvey Crippens, der in der Nacht auf den 1. Februar des Jahres 1910 seine Frau Cora in London ermordete, besaß alle Voraussetzungen, um zu einem klassischen Stück der Kriminalgeschichte zu werden. Die romantisch-abenteuerliche Flucht des Mörders mit seiner als Knabe verkleideten Geliebten sprach die Massen ebenso an wie die Tatsache, daß Crippens Verhaftung an Bord des Dampfers ›Montrose‹ einer neuen Entdeckung, der drahtlosen Funktelegrafie, zu verdanken war. Angesichts dieser abenteuerlichen Fassade blieb weithin unbekannt, wie stark der Fall Crippen auf englischem Boden die Entwicklung der forensischen Medizin beeinflußte.
Der Fall Crippen begann am 30. Juni 1910, als ein Mann namens

Nash Scotland Yard darum bat, dem Schicksal einer befreundeten Künstlerin nachzugehen, die seit dem 1. Februar spurlos verschwunden war. Ihre Künstlernamen lauteten: Cora Turner oder Belle Elmore. Ihr wirklicher Name: Cora Crippen. Sie war die Gattin des amerikanischen Arztes Dr. Crippen, der seit dem Jahre 1900 als Vertreter der amerikanischen Patentmedizin-Firma ›Munyon's Remedies‹ und der Zahnersatz-Firma ›Tooth Specialists‹ in London lebte.

Die Geschichte, die Nash dem Chefinspektor Walter Dew berichtete, war folgende: Crippen bewohnte ein kleines Haus in Nord-London, Hilldrop Crescent 39. Hier hatten er und Cora am Abend des 31. Januar einige Künstlerfreunde mit Namen Martinelli bewirtet. Die Martinellis verabschiedeten sich nachts gegen 1.30 Uhr. Seither fehlte jede Spur von Cora Crippen. Nash beschrieb sie als lebenslustige, gesunde, bestenfalls fünfunddreißig Jahre alte Frau. Am 3. Februar erhielt die ›Music Hall Ladies Guild‹, deren Mitglied Cora Crippen war, zwei mit ihrem Namen unterzeichnete Briefe. Darin teilte Cora Crippen mit, sie müsse wegen der Erkrankung eines nahen Verwandten nach Kalifornien reisen. Der Brief war nicht in Coras Handschrift geschrieben. Die Martinellis und andere Freunde Coras baten Crippen um genauere Informationen. Aber statt ihnen diese Informationen zu geben, zeigte er sich auf einem Ball mit seiner Sekretärin Ethel Le Neve. Auffallend war, daß die junge Dame Schmuckstücke und Pelze Cora Crippens trug und am 12. März in Crippens Haus einzog. Crippen aber teilte den Freunden seiner Frau am 24. März mit, seine Frau sei in Los Angeles an einer Lungenentzündung verstorben.

Chefinspektor Dew machte sich am 8. Juli auf den Weg nach Hilldrop Crescent. Er fand nur Ethel Le Neve vor, eine unauffällige, sympathische Erscheinung, etwa zwanzig Jahre alt. Crippen selbst arbeitete in der Oxford Street. Dort traf Dew ihn an, damit beschäftigt, Zähne zu ziehen.

Crippen war ein kleiner, etwa fünfzigjähriger Mann mit vorstehenden Augen hinter einer goldgeränderten Brille und einem großen Schnurrbart. Er zeigte keine Spur von Überraschung, sondern erklärte dem Inspektor: »Ich denke, es ist besser, Ihnen die Wahrheit zu sagen ... Die Geschichten, die ich über den Tod meiner Frau erzählt habe, sind nicht wahr. Soweit ich informiert bin, ist sie noch am Leben.« Die Wahrheit sei, so fuhr er fort, daß seine Frau ihn mit einem wohlhabenderen Mann verlassen habe. Die Geschichte ihres Todes habe er lediglich erfunden, um nicht als der Betrogene dazustehen.

Crippen berichtete bereitwillig über seine Lebensumstände. Andere Einzelheiten erfuhr Dew aus Crippens Bekanntenkreis: Crippen stammte aus Michigan, hatte am Ophthalmic Hospital in New York sein Arztdiplom erworben, in Detroit, Santiago, Philadelphia praktiziert und 1892 in New York die üppige siebzehnjährige Schönheit geheiratet, die sich Cora Turner oder Belle Elmore nannte, in Wahrheit aber Kunigunde Mackamotzki hieß. Cora besaß eine ›kleine Stimme‹, aber eine um so größere Leidenschaft für das Theater. Crippen finanzierte – blind vor Liebe – zahlreiche Gesangsstunden und zog nach London, weil Cora glaubte, in der britischen Hauptstadt eher Karriere machen zu können als in New York. Aber Cora kam auch in London über einige Auftritte in billigen Music Halls nicht hinaus. Von Natur ausfallend, machte sie Crippen zum Blitzableiter ihrer Enttäuschungen, hielt sich einen Hof mehr oder weniger zweifelhafter Verehrer und zwang Crippen, den Haushalt zu führen und ihre Gäste zu bedienen. Crippen hatte niemals seine Geduld verloren und sich niemals aufgelehnt. Zuletzt hatte Cora ihre Gunst anscheinend einem Amerikaner namens Miller zugewandt.
Soweit die Vorgeschichte. Crippen begleitete Dew in sein Haus Hilldrop Crescent 39, öffnete sämtliche Räume und bot sich an, der Polizei bei der Suche nach seiner Frau behilflich zu sein. Dew war durch Crippens Bericht ›befriedigt‹. Er setzte ein Protokoll auf, mit dem er den Fall abzuschließen gedachte. Während der Arbeit an dem Protokoll fehlten ihm einige Daten. Als er jedoch am 11. Juli in der Oxford Street vorsprach, um diese Daten zu erfragen, erfuhr er, daß Crippen am 9. Juli London in großer Eile und mit unbekanntem Ziel verlassen hatte. Dew fuhr sofort nach Hilldrop Crescent und fand Crippens Haus verlassen. Mit Crippen war Ethel Le Neve verschwunden. Jetzt erst erwachte Dews Argwohn. Er unterwarf das ganze Haus einer gründlichen Untersuchung. Am 13. Juli entdeckte er im Fußboden des Kellers eine Stelle, an der das Ziegelsteinpflaster locker zu sein schien. Als er die Steine heraushob und eine Schicht Lehm entfernte, stieß er auf Teile eines Körpers – eine blutige Masse von Fleisch, in der weder Kopf noch Gliedmaßen zu entdecken waren, wohl aber Reste von Kleidungsstücken, darunter eine Damen-Unterziehjacke.
Der Inspektor fuhr nach Scotland Yard und benachrichtigte Melville Macnaghten. Am folgenden Tage gegen 11 Uhr erschien Dr. Augustus Joseph Pepper, Chirurg und Pathologe am St. Mary's Hospital in Hilldrop Crescent, um den alarmierenden Fund zu inspizieren.

An jenem schicksalhaften Morgen befand sich die britische Gerichtsmedizin in einer Situation, die sich in vielerlei Beziehung von der auf dem europäischen Kontinent unterschied. Wenn es eine Wiege der britischen Gerichtsmedizin gab, dann stand sie in Schottland. Dort hatte Ende des 18. Jahrhunderts Andrew Duncan der Ältere, Professor der Medizin an der Universität Edinburgh, durch österreichische Vorbilder angeregt, mit Vorlesungen über medizinische Polizei begonnen. Im Jahre 1807 war Duncans Sohn durch königliches Dekret mit dem Amt eines Professors für Gerichtsmedizin betraut worden. Das Fach war für Schottland so neu, daß Parlamentsabgeordnete und Stadträte von Edinburgh in der Schaffung des Lehrstuhls eine Rankϋne der Regierung sahen, die ihrer Meinung nach ›zeigen wollte, was sie sich alles erlauben könne‹. Duncan war der Wegbereiter für Männer wie Christison, Traill, Henry Littlejohn und dessen Sohn Harvey Littlejohn geworden. Die englischen Medical Schools hatten erst später der Gerichtsmedizin einen kleinen Spielraum gegeben. Nach einem Vorspiel, das sich mit Namen wie Ryan und John Gordon Smith verband, war die Medizinschule am Guy's Hospital in London vorangegangen, indem sie 1844 den fünfundzwanzigjährigen Chirurgen Alfred Swaine Taylor zum Lehrer für Gerichtsmedizin ernannte. Taylor brachte das neue Fach aus Paris mit in seine Heimat. Sein zweibändiges Werk ›Principle and Practice of Medical Jurisprudence‹ wurde zum ersten umfassenden Standardwerk. Für England prägte es überhaupt erst den Begriff der forensischen Medizin im europäischen Sinne. Auf der anderen Seite war es Taylor, der im Jahre 1859 durch einen krassen Irrtum in dem Giftmordprozeß gegen den Arzt Dr. Smethurst (der uns im Kapitel über die Geschichte der Toxikologie noch beschäftigen wird) das stets wache Mißtrauen der englischen Öffentlichkeit gegenüber Justiz und Polizei nun auch gegen die neue Wissenschaft der forensischen Medizin wachrief. Noch in den Tagen Crippens war dieses Mißtrauen spürbar. Es war einer der Hauptgründe dafür, daß es kaum Pathologen gab, die sich mit gerichtsmedizinischen Problemen befaßten. Die entscheidende Ursache lag allerdings in dem viele Jahrhunderte alten System, das Großbritannien (mit Ausnahme Schottlands) für die Überwachung überraschender oder verdächtiger Todesfälle entwickelt hatte.

Anders als in Europa – mit seiner Untersuchung derartiger Sterbefälle durch Polizeiorgane, Amtsärzte, Gerichtsmediziner – stand im Mittelpunkt der englischen Entwicklung die aus uralter Tradition stammende Gestalt des Coroners. Der Coroner war ein frei gewählter Mann, der zusammen mit einer Jury von nicht weniger als sieben und nicht mehr als elf Geschworenen eine öffentliche (Inquest genannte) Untersuchung über gewaltsame oder verdächtige Todesfälle abhielt, die ihm in seinem Amtsbereich gemeldet wurden. Ursprünglich war der Coroner einmal ein Beauftragter der englischen Krone gewesen. Seine Pflicht war es, Straftaten aller Art nachzuspüren und dafür Sorge zu tragen, daß das Vermögen von Verurteilten oder Selbstmördern für die Krone sichergestellt und eingezogen wurde. Im Laufe der Jahrhunderte hatte der Coroner seine ursprüngliche Aufgabe verloren und war zum Überprüfungsorgan für zweifelhafte und gewaltsame Todesfälle geworden. Das Gesetz forderte keinerlei Vorkenntnisse für das Amt, sondern einzig und allein ›Ehrenhaftigkeit‹. Coroners und Coroner-Jurys hatten seit undenklichen Zeiten Todesfälle ohne alle medizinischen Kenntnisse, nur auf Grund der Besichtigung der Leiche und einer Befragung von Zeugen beurteilt. Dort, wo ein Coroner einmal ärztlichen Rat einholte, befragte er praktische Ärzte, die gerade zur Hand waren. Die europäische Entwicklung zur forensischen Medizin war am System der Coroners spurlos vorübergegangen. Dieses System war um so unvollkommener, als es bis zum Jahre 1873 in England überhaupt keine genaue Registrierung der Todesfälle gegeben hatte; erst 1874 war ein Gesetz über die Meldung von Geburten und Todesfällen entstanden. Aber noch 1893 konstatierte ein Prüfungskomitee: »Das bestehende Verfahren scheint ungeeignet, die Angabe falscher Todesursachen in Fällen von Verbrechen zu verhindern ... Um es kurz zu sagen: Das bestehende Verfahren begünstigt das Verbrechertum.« Noch um die Jahrhundertwende gab es Zehntausende von Todesfällen, die infolge des oberflächlichen Registrierungsverfahrens und der medizinischen Unkenntnis der Coroners überhaupt nicht erfaßt oder falsch beurteilt wurden. Eine Nachprüfung im Jahre 1899 ergab, daß unter den nichtregistrierten Todesfällen 127 nachweislich auf Verbrechen zurückgingen, und 1910 erklärte eine Kommission zur Überprüfung des Coroner-Systems: »Das gegenwärtige Gesetz über die Todesbescheinigungen bietet jede Möglichkeit für das Vertuschen von Verbrechen.« Das Unbehagen am Coroner-System war nicht neu; schon seit Beginn der zweiten Hälfte des 19. Jahrhunderts war es vielfacher Kritik ausgesetzt gewesen. Gewiß – man gab zu, daß es gegenüber dem europäischen System einen ganz bestimmten Vorteil hatte: Die Meldung und Untersuchung plötzlicher und unklarer Todesfälle geriet nicht in den unmittelbaren Bereich der Polizei und wurde infolgedessen nicht gleich mit dem Odium des Kriminellen belastet. Je mehr sich aber in Europa die Gerichtsmedizin entwickelte, um so dringlicher wurde auch in England die Forderung erhoben, der Coroner müsse über medizinische und pathologische Kenntnisse verfügen. Zumindest sollte er gesetzlich ›angehalten‹ werden, unklare Fälle durch Pathologen untersuchen zu lassen. Die Kritiker waren sich dabei klar darüber, daß auch dadurch noch kein Höchstmaß an Sicherheit für die Entdeckung von Gewaltverbrechen gegeben war. Die einzigen Pathologen, die zur Verfügung standen, die Pathologen größerer Krankenhäuser, waren zwar daran gewöhnt, natürliche Todesursachen festzustellen. Das Spezialgebiet der forensischen Medizin aber, die Kenntnis der Anzeichen gewaltsamer Todesarten, war ihnen nicht geläufig. Darüber hinaus bedeutete die weitverbreitete Vorstellung, jede Autopsie sei eine ›unkontrollierbare Orgie des Schlachtens‹, ein schweres Hindernis für jede Reform, und der entsetzliche Zustand zahlreicher britischer Leichenhallen (selbst in den großen Städten) mußte ohnehin die bestehenden Vorbehalte nur noch fördern. Als das 20. Jahrhundert anbrach, war es nur für wenige Coroners in London und einigen großen Industriestädten zur Regel geworden, Pathologen zu Rate zu ziehen. Sie hatten erkannt, daß dies nicht nur in Mordfällen von Bedeutung war, sondern auch in jenen immer zahlreicher werdenden Fällen, in denen Versicherungs- und Versorgungsprobleme durch eine sichere Feststellung der Todesursache gelöst werden mußten. 1903 forderte der Stadtrat von London die großen Krankenhäuser der Hauptstadt auf, jeweils einen Pathologen bereitzuhalten, der den Coroners zur Durchführung von Autopsien zur Verfügung stand. Die meisten dieser Pathologen waren allerdings von forensisch-medizinischen Kenntnissen noch weit entfernt.

Nur eine kleine Gruppe von drei Männern bildete eine Ausnahme. Sie gehörte zum Ärztestab des bedeutenden St. Mary's Hospital im Londoner Stadtteil Paddington. Es waren Chirurgen und Internisten, die sich aus persönlichem Interesse zunächst der Pathologie, der forensischen Pathologie und der Giftanalyse zugewandt hatten. Ihre Namen: Dr. A. P. Luff, Dr. William Willcox und Dr. Dr. Augustus Joseph Pepper.

Sie aber verdankten die Möglichkeit, wirken zu können, schwerlich dem Coronertum, sondern der Entwicklung von Scotland Yard. Lange Zeit hatten die Coroners, die bei ihrer Arbeit auf ein Verbrechen stießen, die Ermittlung gegen die Täter und deren Überantwortung an die Gerichte eingeleitet. Zur gleichen Zeit aber hatten Friedensrichter die Ermittlung gegen Verdächtige geführt, die durch Thief-takers, Bow-Street-Runners und später Polizeibeamte beschuldigt wurden, ein Verbrechen begangen zu haben. Nicht gerade selten hatten Coroners und Friedensrichter neben- oder gegeneinander gearbeitet. Im letzten Viertel des 19. Jahrhunderts waren Scotland Yard und seine vorgesetzte Behörde, das britische Home Office – das Staatssekretariat des Innern, das dem Innenministerium anderer Staaten entsprach –, weiter als die Kriminalpolizei des Kontinents von der Erkenntnis entfernt, daß die Gerichtsmedizin einmal für ihre alltägliche Arbeit unentbehrlich werden würde. Aber die Juristen im Innenministerium sahen sich mehr und mehr schweren durch Scotland Yard ermittelten Fällen gegenüber, bei denen es sich als unmöglich erwies, die Beweise zu beschaffen, wenn man nicht gerichtsmedizinische Untersuchungen vornahm.

Das Innenministerium hatte daher Ausschau nach Pathologen und Chemikern gehalten, die in der Lage waren, die entsprechenden Untersuchungen durchzuführen. Niemand dachte daran, gerichtsmedizinische Institute an den Universitäten einzurichten wie in Europa. Man suchte lediglich nach einigen Pathologen oder Chemikern, die weiter wie bisher in ihren Krankenhäusern arbeiteten und nur dann zur Verfügung stehen sollten, wenn ein besonderer Kriminalfall dies erforderte. Sie erhielten die Bezeichnung ›Home Office Pathologists‹ oder ›Home Office Analysts‹. Unter diesen Pathologen und Chemikern hatten Luff, Willcox und vor allem der 1849 geborene Pepper kurz nach der Jahrhundertwende durch die Aufklärung einiger Morde großes Aufsehen erregt.

Pepper war es 1901 gelungen, beim Fall des ›Moat-Farm-Mordes‹ in Essex nicht nur das Opfer, Camille Holland, das drei Jahre in einem Wassergraben gelegen hatte, zu identifizieren. Anhand der Verletzungen konnte er auch feststellen, daß Camille Holland nicht, wie der Täter behauptete, Selbstmord begangen hatte, sondern getötet worden war. Zwei andere große Affären (Druce und Devereux) waren ebenfalls zu Sensationen für die Öffentlichkeit geworden. Peppers saubere, sorgfältige Arbeit hatte auf diese Weise zum erstenmal eine Bresche in die traditionelle Mauer des Mißtrauens gegen die Pathologie (die ›beastly science‹) und gegen die forensische Pathologie insbesondere geschlagen. Im Jahre 1908 trat Pepper von seinem Amt als Senior-Pathologe des Saint Mary's Hospitals zurück. Er übergab seine Arbeit einem seiner Schüler, dem dreiunddreißigjährigen Bernard Spilsbury, behielt aber seine Position als Home Office Pathologist noch bei.

So etwa stand es um die Entwicklung der Gerichtsmedizin in England an jenem Vormittag des 14. Juli 1910, an dem Pepper im Keller des Crippen-Hauses in Hilldrop Crescent erschien, um die vergrabenen menschlichen Überreste in Augenschein zu nehmen. Er erkannte sehr schnell, daß hier ein Mann am Werk gewesen war, der über gute anatomische Kenntnisse verfügte. Der Mörder hatte nicht nur den Kopf und die Gliedmaßen abgetrennt, er hatte auch sämtliche Knochen aus seinem Opfer herausgelöst und vernichtet oder an anderer Stelle verborgen, um eine Identifizierung anhand des Skeletts unmöglich zu machen. Alle Körperteile, aus denen man Schlüsse auf das Geschlecht des Opfers hätte ziehen können, waren entfernt, ganze Muskelpartien und Hautbereiche verschwunden. Pepper ließ die Überreste sorgfältig aus der Erde heben und in die Leichenhalle von Islington überführen. Am 15. Juli unternahm er eine mehrere Stunden dauernde Inspektion. Zwischen den Körperteilen entdeckte er Reste eines Pyjamas, an dessen Kragen sich ein Firmenetikett befand: »Hemdenmacher Jones Brothers Holloway«. Dieser unter Umständen verräterische Fund ließ Pepper hoffen, der Mörder könne trotz all seiner Sorgfalt auch noch andere Versäumnisse begangen haben. Aus dem Zustand der Körperteile war mit großer Sicherheit darauf zu schließen, daß sie nicht länger als acht Wochen unter dem Kellerboden gelegen hatten. Die erkennbaren inneren Organe (Herz, Lunge, Speiseröhre, Magen, Leber, Niere und Bauchspeicheldrüse) verrieten keine Anzeichen einer organischen Erkrankung. Pepper übergab Willcox Teile dieser Organe zur Untersuchung auf Gift. Weiter kam er zunächst nicht. Was vor ihm lag, blieb eine unidentifizierbare Menge von Fleisch, Fett, Haut und einigen Haarresten. Aus der Länge der vorgefundenen Haare und der Unterziehjacke mochte man schließen, daß es sich bei der Leiche um eine Frau handelte. Aber derartige Schlüsse waren alles andere als Beweise.

Unterdessen hatte am Vormittag des 15. Juli Richard Muir, uns bereits aus der Geschichte der Daktyloskopie bekannt, die Leitung der weiteren Ermittlungen übernommen.

Hart und unerbittlich, wie er war, erwartete er ›Ergebnisse‹. Muir war sich völlig klar darüber, daß aus der ›Affäre Crippen‹ niemals ein ›Fall Crippen‹ werden konnte, wenn es ihm nicht gelang, zu beweisen, daß die Leiche im Keller tatsächlich die Leiche Cora Crippens war.

Coras Freundinnen identifizierten die Unterziehjacke: Sie habe Cora Crippen gehört. Aber auch das genügte kaum als Beweis. Am frühen Nachmittag des 15. Juli war Pepper immer noch nicht in der Lage, Muir irgendwelche Hoffnungen zu machen. Erst nach weiterer mühseliger Arbeit fand er ein etwa 14 mal 18 Zentimeter großes Stück Haut, an dessen Rand noch einige Haare hafteten, die das

Aussehen von Schamhaaren hatten. Es konnte sich um ein Stück Unterleibshaut handeln. Peppers besonderes Interesse erregte eine sonderbare Veränderung auf der Hautoberfläche. Sie konnte dadurch entstanden sein, daß die Haut nach dem Tode eine Falte gebildet hatte. Aber ein Teil der Veränderung erinnerte Pepper, der jahrzehntelang chirurgisch gearbeitet hatte, an das Aussehen einer Operationsnarbe. Muir stellte sofort Nachforschungen in Cora Crippens Freundeskreis an. Sie ergaben, daß sich die Verschwundene in New York einer Operation unterzogen hatte, bei der große Teile ihrer Unterleibsorgane entfernt worden waren. Etwa um die gleiche Zeit gab Scotland Yard ein Fahndungsrundschreiben mit genauer Personalbeschreibung von Crippen und Ethel Le Neve heraus. Dieses Schreiben gelangte auch an sämtliche auslaufenden Schiffe. So kam es in die Hände des Kapitäns des britischen Passagierdampfers ›Montrose‹, der am 20. Juli Antwerpen anlief und dort unter anderem einen Mister John Philo Robinson und dessen Sohn John an Bord nahm. Am zweiten Tage der Überfahrt fiel es Kapitän Kendall auf, daß John Robinson bei Tisch ausgesprochen weibliche Manieren zeigte. Mehr noch: Nach und nach kam er zu dem Schluß, daß das Benehmen der Robinsons eher dem eines Liebespaares als demjenigen zwischen Vater und Sohn entsprach. Den Verdacht teilte er seinen Reedern in England in einem Funkspruch mit. Am 23. Juli gingen Chefinspektor Dew und Sergeant Mitchell an Bord des Schnelldampfers ›Laurentic‹, holten die ›Montrose‹ am 31. Juli vor Quebec ein und verhafteten die Robinsons – Crippen und Ethel Le Neve. Als sie am 10. August mit den beiden Häftlingen eintrafen, ahnten sie nicht, daß Pepper zwei Tage vorher die ›pathologische Spur‹ aufgenommen hatte, die schließlich zur Identifizierung der Leiche führen sollte.
Fast drei Wochen lang hatte sich Pepper mit dem Hautstück beschäftigt, das am 15. Juli seine Aufmerksamkeit erregte. War es ein Stück Haut von der Vorderseite des Unterleibs? Entsprach die Narbe jenen Narben, wie sie bei Unterleibsoperationen ähnlich der an Cora Crippen vorgenommenen entstehen? Die Beantwortung dieser Fragen erwies sich als so schwierig, daß er seinen einstigen Schüler Spilsbury zu Rate zog. Seit 1889 hatte sich Spilsbury auf Peppers Anregung hin der Mikroskopie von Geweben und vor allem dem Problem der Narbenbildung gewidmet. Die Narbenbildung als Identifizierungsmittel und als Beweis für länger zurückliegende Verletzungen hatte schon Devergie beschäftigt. Von dem Franzosen stammte beispielsweise der Vorschlag, alte Hautpartien, an denen man nicht mehr erkennbare Narben vermutete, zu reiben

oder zu schlagen, bis die Narben als blasse Stellen in der geröteten Haut sichtbar wurden. Er hatte sich auch mit der Frage der Unterscheidung zwischen Krankheitsnarben und Narben durch Verletzungen befaßt. Doch erst seit der Einführung verbesserter histologischer Methoden zeichnete sich die Möglichkeit zu gründlicheren Studien ab. Dieses Forschungsgebiet steckte noch ganz in den Kinderschuhen, als Pepper und Spilsbury den Hautlappen aus dem Keller des Crippen-Hauses untersuchten. Die etwas unsichere Identifizierung der anhaftenden Haare als Schamhaare besagte nichts Entscheidendes über die Stelle, an der dieses Hautstück sich befunden hatte. Ein Beweis ließ sich nur so führen, daß man an der Haut Muskel- oder Sehnengewebe fand, das bezeichnend für die Bauchdecke des Unterleibs zwischen Scham und Nabel war. Es handelte sich vor allem um den Rectus-Muskel der Bauchdecke, um einige breitflächige Sehnen oder Aponeurosen sowie kleinere Muskeln, die mit dem Rectus-Muskel in Verbindung standen. In tagelangem Präparieren, Mikroskopieren und Vergleichen mit Schnitten durch normale Bauchdecken konnte Spilsbury tatsächlich den Beweis führen, daß das Hautstück den mittleren Teil des Unterleibs bedeckt hatte. Damit aber rückte das Problem der Narbe in den Vordergrund. Es handelte sich auf den ersten Blick um eine hufeisenförmige Veränderung. Aber die mikroskopische Untersuchung von Gewebsschnitten aus dem Narbenbereich lehrte, daß die beiden ›Schenkel‹ dieser hufeisenförmigen Hautveränderung sehr verschiedener Natur waren. Bei dem einen handelte es sich offenbar um eine Erscheinung, die durch Faltung der Haut während der Lagerzeit im Keller entstanden war. Die Haut zeigte innerhalb dieser Faltung die gleiche normale Struktur wie ringsum. Es waren Haarwurzeln und vor allen Dingen Talgdrüsen zu sehen, wie man sie niemals in Operationsnarben fand, in denen sich ein festes bis hartes, haar- und drüsenloses Gewebe bildete. Ein durch Druck entstandenes Muster auf der Haut rings um den untersuchten Teil entsprach vollkommen dem Stoffmuster von Cora Crippens Unterziehjacke. Diese war offenbar in die Hautfalte eingeklemmt worden und hatte dabei ihre Musterung auf die Haut übertragen. Ganz und gar verschieden davon war der andere, zehn Zentimeter lange ›Schenkel‹ der hufeisenförmigen Hautveränderung. Er bestand aus einer festen, hellfarbenen schmalen Fläche, die sich nach unten zu etwas verbreiterte. Diese Verbreiterung war eine häufige Erscheinung bei Operationsnarben, die vom Nabel abwärts verliefen; der nach unten gerichtete Druck der Eingeweide führte oft zu einer Erweiterung des unteren Narbenteiles. Beweisend für das Vorhandensein einer Operationsnarbe war jedoch folgendes: Jeder mikroskopische Querschnitt durch die Haut zeigte links und rechts, nicht aber in der Narbenfläche selbst, normale Haarbälge und Talgdrüsen. Das war ein typisches Zeichen für die chirurgische Durchtrennung der Haut und die nachfolgende Bildung von Narbengewebe, in dem keine Haarbälge und Drüsen mehr entstanden. Nur an einer Stelle entdeckte Spilsbury unter dem Mikroskop Reste von Drüsen und kleinen Fettpartien im Narbenbereich. Pepper als erfahrener Chirurg aber wußte, daß beim Vernähen der Operationswunden die oberste Schicht der Haut oftmals mit eingeschlagen wurde und daß dann Teile dieser obersten Schicht mit Drüsenresten in die Narbe hineinwuchsen. Er wußte auch, daß in zahlreichen Fällen von Narbenbildung die Einstichstellen der Nadel beim Nähen der Operationswunde im Laufe der Zeit völlig verschwanden oder nur ganz schwache Spuren hinterließen. Tatsächlich fand Spilsbury unter dem Mikroskop nur winzige Anzeichen. Am 15. September, nach fast achtwöchiger Arbeit, waren Pepper und Spilsbury überzeugt, daß das Hautstück, das sie untersucht hatten, aus der Unterbauchdecke stammte und daß die Narbe nach Lage und Art von einem Schnitt herrührte, wie er bei der chirurgischen Entfernung erkrankter weiblicher Unterleibsorgane üblich war.

Während Pepper und Spilsbury sich in mühevoller Kleinarbeit den Weg zu dieser Erkenntnis bahnten, waren auch Willcox und Luff nicht müßig gewesen. Am 20. August hatte Willcox mit Methoden, die uns bei der Darstellung der Toxikologie beschäftigen werden, nachgewiesen, daß die gefundenen Leichenteile eine tödliche Dosis des Pflanzengiftes Hyoscin enthielten. Gleichzeitig ermittelten Beamte von Scotland Yard, die Richard Muir auf seine gewohnte Weise rastlos umherjagte, daß Crippen am 17. oder 18. Januar bei der Firma Lewis & Burrows fünf Gran Hyoscin erworben hatte, eine Menge, für die es in seiner Praxis keinerlei Verwendung gab. Schließlich hatte sich herausgestellt, daß Crippen zwei Pyjamas von der Art des bei der Leiche gefundenen besaß. Die Firma Jones Brothers hatte im Januar 1909 drei solcher Schlafanzüge an Crippen geliefert. Am 15. September schien die Beweiskette durch das Zusammenwirken von gerichtsmedizinischer Arbeit und kriminalistischer Ermittlung abgeschlossen. Die Marschroute, die die Anklage durch Richard Muir und Travers Humphreys einzuschlagen hatte, lag fest, und Millionen sahen in hektischer Erwartung dem Beginn des Mordprozesses Crippen am 18. Oktober 1910 entgegen.

Crippens Rechtsberater Arthur Newton gehörte zu den skrupellosesten Londoner Soliciters jener Tage. Die Beweisführung, die er von der Anklage erwartete, ließ ihm nur eine Möglichkeit der Verteidigung offen: die Behauptung, die Leichenteile aus Crippens Keller stammten nicht von Cora Crippen, sondern seien bereits im Keller vergraben gewesen, als Crippen das Haus in Hilldrop Crescent am 21. Dezember 1905 mietete. Newton vertraute auf diese Taktik für die Verteidigung Crippens um so zuversichtlicher, als er die weitverbreitete Unterschätzung der Gerichtsmedizin ebenso teilte wie Alfred A. Tobin, der die Vertretung Crippens vor Gericht übernahm.

Tobin war überzeugt, es werde ihm gelingen, durch Gegensachverständige so viele Zweifel an den Aussagen Peppers und Spilsburys zu wecken, daß die Geschworenen dem Identifizierungsbeweis auf Grund der Untersuchungen an der Narbe keinen Wert beimessen würden. Dadurch, so hoffte er, war der wichtigste Teil der Schlacht bereits gewonnen.

Newton war mit dem Direktor des pathologischen Instituts des London Hospitals, Hubert Maitland Turnbull, und dessen früherem Assistenten Wall bekannt. Er fragte beide, ob sie daran interessiert seien, einmal die angebliche Haut mit der angeblichen Narbe Cora Crippens zu besichtigen. Die Möglichkeit dazu könne er ihnen verschaffen. Er wußte, daß unter den Pathologen des London Hospitals eine gewisse Animosität gegen die berühmt gewordenen Kollegen des St. Mary's herrschte. Infolgedessen rechnete er damit, daß Turnbull und Wall, in der Ansicht, sich unverbindlich zu äußern, gegen Peppers und Spilsburys Meinung opponieren würden. Dann aber wollte er sie auf ihre Äußerung festnageln, so daß sie nicht mehr ausweichen konnten, und sie dem Gericht als Sachverständige gegen Pepper und Spilsbury präsentieren.

Am 9. September inspizierten die beiden Ärzte die Haut und die Narbe. Nach einer flüchtigen Untersuchung teilten sie Newton mit, daß das Stück Haut nicht von der Bauchdecke, sondern von einem Oberschenkel stamme und daß die angebliche Narbe unter keinen Umständen eine Narbe sei, sondern eine Hautfalte. Unter dem Vorwand, ihr Zeugnis gelte lediglich als vertrauliche Direktive für den Verteidiger, gelang es Newton, sie zu überreden, ihre Ansichten schriftlich niederzulegen. Erst als Turnbull erfuhr, was Newton in Wirklichkeit beabsichtigte, wurde ihm die Oberflächlichkeit seiner Arbeit bewußt. Am 17. Oktober (einen Tag vor Beginn des Prozesses) bat er um weitere mikroskopische Schnitte. Er erkannte mit Schrecken, daß seine Behauptung, die Haut stamme aus einem Oberschenkel, auf keinen Fall zu halten war und daß auch seine Argumente, es handele sich nicht um eine Narbe, sehr schwach waren. Aber jetzt war es zu spät. Er hatte sich festgelegt und glaubte (wie einst Thoinot), sein Ruf stehe auf dem Spiel, wenn er einen Irrtum eingestand.

Als das Verfahren gegen Crippen am 18. Oktober begann, wußte noch niemand, daß aus ihm als der eigentliche Sieger ein junger Mann hervorgehen würde, dessen Karriere seinen Namen schließlich jedem Engländer, der über Gerichtsmedizin las oder sprach, vertraut werden ließ: Bernard Spilsbury. Am 19. Oktober betraten Pepper und nach ihm Spilsbury als Sachverständige der Anklage den Zeugenstand. Sie führten dabei das durch Formalin konservierte Hautstück vor.

Am 21. Oktober erschienen Turnbull und Wall an der gleichen Stelle, um Pepper und Spilsbury zu widerlegen. Die eilig zusammengetragenen Argumente, die sie vorbrachten, lauteten: 1. Die Haut stammt nicht von der Unterbauchdecke. An ihr fehlen die sogenannten ›Inscriptiones tendineae‹, d. h. Sehnen, die in dem fraglichen Unterleibsbereich die großen, von der Brust zum Becken jedes Menschen senkrecht hindurchführenden Muskeln verbinden. Ferner war nichts von der ›Linea alba‹ zu sehen, die von der Brust hinunter zum Schambein durch das fragliche Hautgebiet hindurch verlaufen mußte. Schließlich vermißten sie einige Sehnen, Aponeurosen, die ebenfalls für den Unterleibsbereich typisch waren. 2. Bei der angeblichen Narbe konnte es sich nicht um eine Narbe handeln. Keinerlei Einstichstellen der Wundnaht waren zu erkennen. Teile von Talgdrüsen und Fettkörperchen, die es in keiner Narbe gab, waren vorhanden. Es handelte sich daher um eine Hautfalte, die durch Zusammenpressen mit der Unterziehjacke entstanden waren. Der Verteidiger Tobin setzte hinzu, Pepper habe zu der Zeit seiner Untersuchungen bereits von der Unterleibsoperation Coras gewußt. Die Narbe, die er gefunden haben wollte, sei nichts weiter als das Ergebnis einer vorgefaßten Meinung.

In dem Augenblick, in dem Tobin diese Anschuldigungen erhob, war er noch voller Zuversicht. Er war überzeugt, daß es nun zu einem Streit der Meinungen kommen werde, der bei den Geschworenen nichts als Verwirrung anrichten mußte. Seine Zuversicht wuchs, als Pepper – selbst in den Hintergrund tretend – erklärte, sein Schüler Spilsbury habe die entscheidenden mikroskopischen Untersuchungen durchgeführt und werde selbst Rede und Antwort stehen. Wer war schon Spilsbury? Was bedeutete für die Geschworenen ein junger, ganz und gar unbekannter Mann?

Am 20. Oktober stand Bernard Spilsbury zum ersten, am 21. Oktober zum zweiten Male im Zeugenstand des Old Bailey. Gerade dreiunddreißig Jahre alt, groß, schlank, mit gutgeschnittenem, Sympathie und Vertrauen erweckendem, frischem Gesicht, erinnerte er durch nichts an einen Mann, der den größten Teil seiner Zeit in Leichenhallen und zwischen Toten verbrachte. Sorgfältig gekleidet, eine Nelke im Knopfloch, mit klarer, wohlklingender Stimme – so erlebten ihn Richter, Verteidiger und Geschworene zum erstenmal.

Als Sohn eines rastlos von Ort zu Ort wandernden Chemikers hatte Spilsbury in seinen Jugendjahren keine besonderen Talente entwickelt. Er war mehr durch Zufall als durch Neigung Medizinstudent geworden und hatte praktischer Arzt werden wollen. Verschlossen, ohne freundschaftliche Bindung an Mitstudenten, ohne Leidenschaften, ja scheinbar ohne besondere Interessen und Begabungen – das war das Bild, das er während seiner Studentenjahre bot. Aber dann hatte er in Peppers Vorlesungen und Demonstrationen und über dem Mikroskop entdeckt, daß er nicht für den Beruf des praktischen Arztes geschaffen war. Pathologie und Histologie hatten ihn in ihren Bann geschlagen. Von 1902 an hatte er sich mit so großer Leidenschaft in pathologische und histologische Studien gestürzt, daß er die für das Arztdiplom notwendigen Examina vergaß. Erst als Achtundzwanzigjähriger legte er seine Prüfungen ab. Während seine Altersgenossen längst als Ärzte ihr Geld verdienten, wirkte er als einsamer zäher Arbeiter in den Leichenhallen und Laboratorien, um die Veränderungen an Geweben aufzuspüren, die selbst Pepper verborgen geblieben waren.

Er war, wie die Zukunft zeigte, kein Stürmer und Dränger, der der Gerichtsmedizin neue Impulse gab, sondern ein Praktiker, ein Mann des ungewöhnlichen Scharfblicks und der Erfahrung, ein Mann, der mit außerordentlicher Schnelligkeit geschickt beide Hände bei seinen Autopsien benutzte und schon im Jahre 1910 auf Grund seiner Erfahrung pathologische Veränderungen erkennen konnte, die andere selbst mit Hilfe des Mikroskops nicht fanden. Er war keineswegs ein ungewöhnlicher, breit angelegter, beweglicher Geist. Aber er war genau das, was die englische Gerichtsmedizin in jenen Jahren um 1910 benötigte – ein Mann, der überragende Fähigkeiten als Pathologe mit beispielhafter Klarheit im Ausdruck und mit der Erscheinung und der unerschütterlichen Selbstsicherheit eines Gentleman verband. Ein solcher Mann mußte auf Richter und Geschworene Eindruck machen. Tobin erfuhr als erster, welche Sicherheit und Überzeugungskraft Bernard Spilsbury im Zeugenstand ausstrahlte. Als Tobin ihn als Schüler Peppers bezeichnete, der sich selbstverständlich der Meinung seines

Meisters anschließe, erhielt er zur Antwort: »Die Tatsache, daß ich mit Dr. Pepper zusammengearbeitet habe, hat absolut nichts mit der Überzeugung zu tun, die ich hier vertrete. Die Tatsache, daß ich in Zeitungen über eine Operation an Belle Elmore« (Cora Crippen) »gelesen habe, ist ohne Einfluß auf meine Ergebnisse ... Ich habe eine unabhängige Position, und ich bin ausschließlich meiner eigenen Erkenntnis gegenüber verantwortlich, die ich auf Grund meiner eigenen Arbeit gewonnen habe.«

Dann folgte Schlag auf Schlag gegen Turnbull und Wall. Was die ›Inscriptiones tendineae‹ anbelangte – nun, sollte den Sachverständigen der Verteidigung unbekannt sein, daß diese die Haut nicht durchdrangen, sondern gerade in jenen Muskelpartien lagen, die der Mörder weggeschnitten hatte? Und die ›Linea alba‹? Turnbull mußte wissen, daß sie nur anzeigte, wo unter der Haut bestimmte Sehnenverbindungen zwischen einzelnen Teilen der Bauchmuskulatur zusammentreffen. Im vorliegenden Fall waren die betreffenden Muskelstücke mit den Sehnenansätzen entfernt worden. Was aber die besonders typischen Sehnen, die Aponeurosen, anbetreffe, die Turnbull und Wall vermißten, so sei er gerne bereit, ihnen diese Aponeurosen in dem Hautstück vorzuweisen. Spilsbury hob mit einer Zange die Sehne in die Höhe und zeigte sie den Geschworenen.

Der Richter, Lord Alverstone, beugte sich mit überraschtem Gesicht weit nach vorn. Er erkundigte sich bei Turnbull, was er dazu zu sagen habe. Turnbull suchte Ausflüchte. Aber Alverstone drängte grollend: »Bitte beantworten Sie eindeutig meine Frage – finden Sie die Sehne dort oder finden Sie sie nicht?«

Ausweglos erwiderte Turnbull: »Ja.«

Ebenso ausweglos gestand Wall, daß er seine Ansicht über die Herkunft des Hautstücks geändert habe. »Meine Meinung ist jetzt«, erklärte er leise, »daß es aus der Bauchhaut stammen könnte.«

Allerdings weigerten sich Turnbull und Wall auch nach dieser ersten Erfahrung mit Spilsbury noch, anzuerkennen, daß sich auf dem Hautstück tatsächlich eine Narbe befinde. Spilsbury erwiderte kühl und unbewegt: »Ich habe alle mikroskopischen Schnitte bei mir und werde sofort ein Mikroskop herbeiholen lassen.«

Das Mikroskop wurde gebracht, und Spilsbury erklärte den Geschworenen, die sich um ihn versammelten, jeden Schnitt durch das Narbengewebe, zeigte ihnen die Verteilung der Haarbälge und Talgdrüsen, machte ihnen die Einwanderung vereinzelter Reste von Drüsen im Verlauf der chirurgischen Naht verständlich. Turnbull hatte keine Argumente mehr. Er suchte Zuflucht in persönlichen

Angriffen der Art, daß man sich nicht auf junge Leute verlassen solle, die noch nicht genügend Übung mit dem Mikroskop besäßen. Aber Muir brachte ihn unter Beifallsäußerungen durch den Satz zum Schweigen: »Wir sprechen nicht von Leuten, die nichts von Mikroskopie verstehen. Wir sprechen von Leuten wie Mr. Spilsbury.«

Am 22. Oktober, nach einer Beratung von nur 27 Minuten Dauer, sprachen die Geschworenen ihr ›Schuldig‹. Vier Wochen darauf, am 23. November, wurde Crippen gehängt. Die Narben und Spilsburys Beweisführung aber machten nicht nur Schlagzeilen in der britischen Presse. In England führten sie einen Wendepunkt in der Haltung der öffentlichen Meinung gegenüber der forensischen Pathologie herbei. Spilsbury und der Crippen-Prozeß vollendeten in dieser Beziehung, was Pepper durch seine Erfolge in den Fällen Moat-Farm, Druce und Devereux eingeleitet hatte. Der Wandel in der Haltung der Öffentlichkeit aber bildete den Beginn eines neuen Entwicklungsabschnittes der forensischen Pathologie, der für nahezu drei Jahrzehnte – im Positiven wie im Negativen – von Bernard Spilsburys legendärer Gestalt überschattet blieb.

16

Wenig mehr als drei Jahre später, an einem Abend im Januar 1915, überflog der englische Detektiv-Inspektor Arthur Fowler Neil die Informationen, die allabendlich von der Zentrale in Scotland Yard den Polizeiwachen in den einzelnen Stadtteilen Londons zugingen. Neil war zu jener Zeit in Kentishtown stationiert.

Unter den Informationen befand sich ein Blatt mit der Aufschrift: »Verdächtige Todesfälle – Zu Ihrer Information.« Angeheftet waren die Kopien einiger Zeitungsausschnitte. Einer entstammte dem weitverbreiteten Wochenblatt ›The News of the World‹. Sein Inhalt lautete: »Bei einem Coroner-Inquest in Islington wurden heute die besonders traurigen Umstände untersucht, die zum Tode der achtunddreißigjährigen Margaret Elizabeth Lloyd aus Holloway führten. Der Ehemann erklärte, sie seien gerade in Bath getraut worden. Nach ihrer Ankunft in London habe seine Frau über Kopfschmerz geklagt ... Er führte sie zu einem Arzt. Am folgenden Tage, ihrem Todestag, fühlte sie sich wohler. Gegen 7.30 Uhr erschien sie recht vergnügt und erklärte, sie werde ein Bad nehmen. Ihr Mann begab sich auf einen Spaziergang ... Er war sicher, sie bei der Rückkehr im Wohnzimmer vorzufinden. Als er seine Frau nicht antraf, erkundigte er sich bei der Vermieterin, bei der er und seine Gattin abgestiegen waren. Beide begaben sich ins Badezimmer, das völlig dunkel war. Er entzündete das Gaslicht und fand seine Frau ertrunken in der zu dreiviertel gefüllten Wanne... Dr. Bates (der Arzt, der die Verstorbene behandelt hatte) erklärte, der Tod gehe auf Ertrinken zurück. Sie habe an Grippe gelitten. Die Grippe zusammen mit dem heißen Bad habe wahrscheinlich zu einer Ohnmacht geführt ...«

Der Zeitungsausschnitt war jüngeren Datums. Der Inquest, über den er berichtete, hatte am 22. Dezember 1914 stattgefunden; am 18. Dezember war Margaret Elizabeth Lloyd verstorben. Das Haus, in dem ihr Leben endete, Highgate Bismarck Road 14, befand sich in Neils Divisionsbezirk.

Der zweite Zeitungsausschnitt war erheblich älter. Er stammte vom 14. Dezember 1913 und enthielt den Bericht über einen Coroner-Inquest, der am 13. Dezember in Blackpool an der Irischen See durchgeführt worden war. Sein Inhalt: »Plötzlicher Tod einer jungen Frau. Nach einem Anfall im heißen Bad ertrunken. Mrs. Smith aus Portsmouth, Kimberley Road 80 ... verstarb plötzlich in einer Pension in Blackpool. Ihr Gatte ... lernte seine Frau ... vor drei Monaten kennen und heiratete sie vor sechs Wochen. Beide trafen am letzten Mittwoch in Blackpool ein und mieteten einige Zimmer in der Regent's Road 16. Während der Reise klagte seine Frau über Kopfschmerzen. Da sie sich nach der Ankunft immer noch nicht wohl fühlte, suchte sie mit ihrem Mann einen Arzt auf. In der Nacht von Freitag auf Samstag nahm sie ein heißes Bad. Als ihr Mann nach ihr rief, erhielt er keine Antwort. Er betrat den Baderaum und fand seine Frau tot im Wasser liegen. Dr. Billing (der Mrs. Smith behandelt hatte) vertrat die Ansicht, daß das heiße Bad eine Herzattacke oder einen Ohnmachtsanfall hervorgerufen habe. In ihrer Hilflosigkeit sei Mrs. Smith ertrunken.« Außer den Zeitungsausschnitten fand Inspektor Neil einen Brief aus Blackpool von einem gewissen Joseph Crossley, dem Inhaber der Pension, in der Mrs. Smith am 12. Dezember 1913 im Bad ertrunken war. Zufällig hatte er, rund ein Jahr später, die Notiz in ›The News of the World‹ über das Schicksal Margaret Elizabeth Lloyds gelesen. Er empfahl der Polizei, sich mit der Frage zu beschäftigen, ob zwischen dem Badezimmertod in Highgate und dem in Blackpool nicht ein Zusammenhang bestehe.

Die Übereinstimmung der beiden Ereignisse war in der Tat so frappierend, daß Neil beschloß, der Sache persönlich nachzugehen. Am folgenden Abend begab er sich in die Bismarck Road 14. Das Haus gehörte einer Mrs. Blatch. Im Obergeschoß befand sich ein

Schlafzimmer. Das Bad lag auf halber Höhe der Treppe. Am 17. Dezember 1914, so berichtete die Vermieterin, hatte Lloyd das Schlafzimmer mit Bad und Wohnzimmerbenutzung gemietet. Ihr war aufgefallen, daß er das Bad eingehend besichtigte, bevor er den Mietvertrag abschloß. Mrs. Blatch beschrieb Lloyd als mittelgroß, hager, muskulös, zwischen vierzig und fünfzig Jahre alt, mit gewöhnlichem Gesicht und scharfem Blick. Am Abend des 17. Dezember hatte Lloyd sich nach einem Arzt erkundigt – seiner Frau gehe es nicht gut. Mrs. Blatch schickte ihn mit seiner Frau zu Dr. Bates. Am folgenden Tag fühlte Mrs. Lloyd sich besser. Vor einem Spaziergang am Nachmittag bestellte sie ein Bad für den Abend. Als sie und ihr Mann um 7.30 Uhr zurückkehrten, war das Bad gerichtet. Mrs. Blatch ging in die Küche. Später hörte sie ein Plantschen im Bad. Kurz darauf erklang Harmoniumspiel aus dem Wohnzimmer. Es konnte nur von Lloyd herrühren, der wahrscheinlich im Wohnzimmer geblieben war, während seine Frau badete. Noch ein wenig später klingelte es an der Haustür. Draußen stand Lloyd. Er erklärte, er habe noch einige Tomaten für das Abendbrot besorgt und den Haustürschlüssel vergessen. Anschließend erkundigte er sich, ob seine Frau bereits im Wohnzimmer sei. Da er das Wohnzimmer leer vorfand, stieg er die Treppe hinauf. Gleich darauf rief er um Hilfe. Als Mrs. Blatch die Stufen hinaufeilte, hatte Lloyd gerade den Oberkörper seiner Frau aus der Badewanne gezogen. Er rief, man solle sofort Dr. Bates holen. Aber Bates konnte nicht mehr helfen. Mrs. Lloyd war ertrunken. Lloyd hatte noch die Beerdigungsformalitäten erledigt, dann war er verzogen. Wohin? Das wußte Mrs. Blatch nicht.

Neil besichtigte das Bad. Seine Einrichtung bestand aus einer Eisenwanne, die am Boden 1,25 Meter und am oberen Rande 1,65 Meter lang war. Es schien ihm einigermaßen rätselhaft, auf welche Weise ein ausgewachsener Mensch in dieser Wanne ertrinken konnte. Als nächstes besuchte Neil Dr. Bates. Der Arzt bestätigte, daß er Mrs. Lloyd behandelt hatte. Bei ihrem Besuch in seiner Praxis hatte sie teilnahmslos dagesessen. Ihr Mann erklärte ihm, woran sie litt. Bates hielt sie für ›fiebrig‹ und verordnete ein Fiebermittel. Als er am Abend des 18. Dezember gerufen wurde, war es schon zu spät. Kein Zweifel, Mrs. Lloyd war ertrunken. Als er eintraf, stand ein wenig weißer Schaum vor ihrem Mund. Sicherlich ein Fall von Ertrinken infolge Schwächezustandes. Vorsichtig erkundigte sich Neil, ob der Arzt irgendwelche Spuren von Gewaltanwendung an der Toten bemerkt habe. Bates verneinte. Keine Spur davon. Als er auf Anweisung des Coroners eine Autopsie durchführte, war ihm eine winzige Quetschung oberhalb des linken Ellenbogens aufgefallen. Aber niemand konnte behaupten, daß dies ein Zeichen für irgendeine Gewaltanwendung sei. Es konnte die Folge einer krampfhaften Bewegung bei einem Herzanfall sein. Der Inquest hatte mit der eindeutigen Feststellung »Tod durch Unglücksfall« geendet. Mehr konnte Bates nicht sagen. Doch – eines war ihm aufgefallen: Lloyd hatte keine Spur von Trauer gezeigt und den billigsten Sarg ausgesucht. Neil bat darum, ihn sofort zu verständigen, falls Dr. Bates noch einmal etwas von oder über Lloyd zu Ohren kommen sollte.

Als Neil die Praxis verließ, traf er den Detektiv-Sergeanten Dennison. Dennison hatte erfahren, daß Neil sich für den Fall Lloyd interessierte, und wollte eine Meldung machen. Er kannte eine gewisse Miss Lokker, die in Highgate eine Pension betrieb. Ursprünglich hatte sich Lloyd bei Miss Lokker einmieten wollen und ihre Räume besichtigt. Am meisten hatte ihn das Bad interessiert, jawohl, das Bad. Dieses Bad war ihm anfänglich zu klein erschienen, und er hatte sich zunächst davon überzeugt, ob ›jemand darin liegen‹ könne. Miss Lokker hatte Lloyds Benehmen so sonderbar gefunden, daß sie ihn aus dem Hause wies.

Neil fuhr in seine Dienststelle zurück und wies sämtliche Beamte seiner Division an, nach Lloyd zu fahnden. Kaum vierundzwanzig Stunden später, am 10. Januar, lagen die ersten Meldungen vor. Beim Nachlaßgericht befand sich ein Testament der Margaret Elizabeth Lloyd, geborene Lofty, das erst am Nachmittag des 18. Dezember, drei Stunden vor ihrem Tode, aufgesetzt worden war. Es bestimmte den Ehemann Georges Joseph Lloyd zum alleinigen Erben. Am gleichen Nachmittag noch war Mrs. Lloyd in Begleitung ihres Mannes in der Postsparkasse von Muswell Hill erschienen, um ihr gesamtes Sparkonto abzuheben.

Eine weitere Meldung besagte, daß Lloyd sich Anfang Januar bei dem Anwalt W. T. Davies in der Uxbridge Road gemeldet und ihm das Testament seiner verstorbenen Frau ›zur weiteren Erledigung‹ übergeben hatte.

Zwei Tage später, am 12. Januar, bat Dr. Bates Inspektor Neil um einen Besuch. Er legte Neil eine Anfrage der Yorkshire Insurance Company in Bristol vor. Die Gesellschaft erkundigte sich nach den Umständen des tödlichen Unfalles von Mrs. Lloyd. Am 4. Dezember 1914 nämlich war Mrs. Lloyd, damals noch Margaret Elizabeth Lofty (aber bereits Lloyds Verlobte), eine Lebensversicherung in Höhe von 700 Pfund eingegangen, die im Todesfall ihrem Alleinerben zufallen sollte. Neil bat den Arzt, die Beantwortung der An-

frage ein wenig hinauszuzögern. Er war jetzt sicher, einem ungewöhnlichen Fall auf der Spur zu sein.
Noch am gleichen Tage übersandte er der Kriminalpolizei von Blackpool einen Bericht über seine Ermittlungen. Er fügte den Zeitungsausschnitt aus Blackpool bei und bat, an Ort und Stelle Erkundigungen einzuziehen. Schon am 21. Januar traf die Antwort aus Blackpool ein. Sie enthielt mehr, als der Inspektor zu hoffen gewagt hatte. Am Nachmittag des 10. Dezember 1913 war in Blackpool Georges Joseph Smith aus Portsmouth mit seiner fünfundzwanzigjährigen korpulenten, aber hübschen Frau Alice, geborene Burnham, in der Pension von Mr. und Mrs. Crossley, Regent's Road, abgestiegen. Smith sprach zunächst in einer anderen Pension vor, bei einer Mrs. Marden. Als er jedoch erfuhr, daß Mrs. Marden über kein Bad verfügte, verzichtete er und zog zu den Crossleys. Er tat dies allerdings erst, nachdem er auch hier die Badewanne besichtigt hatte. Sie war im ersten Stockwerk direkt über der Küche installiert. Am Spätnachmittag des gleichen Tages erkundigte sich Smith bei Mrs. Crossley nach einem Arzt. Er behauptete, seine Frau fühle sich nach der Reise nicht wohl und litte unter Kopfschmerzen. Der Arzt, Dr. Georges Billing, hörte bei der Untersuchung leichte, aber völlig unbedeutende Herzgeräusche. Er verordnete etwas Heroin und Coffein. Am folgenden Morgen machte Mrs. Smith einen gesunden Eindruck und unternahm mit ihrem Mann lange Spaziergänge. Schließlich, um 6 Uhr, bestellte sie ein abendliches Bad. Um 8 Uhr begab sich Smith mit seiner Frau ins Schlafzimmer. Die Crossleys blieben in der Küche. Kurz darauf bemerkten sie in der Küchendecke einen nassen Fleck. Während sie noch über dieses ungewöhnliche Ereignis sprachen, läutete die Hausglocke. Draußen stand Smith. Er erklärte, er habe noch einmal das Haus verlassen, um Eier für das Frühstück zu beschaffen. Als die Crossleys ihn auf den Fleck in der Decke hinwiesen, eilte er die Treppe hinauf. Gleich darauf schrie er: »Holen Sie einen Arzt ... holen Sie Dr. Billing ... Er kennt sie.« Billing kam innerhalb weniger Minuten. Er traf Smith im Bad an, während er den Kopf seiner Frau über Wasser hielt. Das Wasser reichte ihr bis zur Brust. Da sie sehr schwer war, gelang es Smith und Billing nur mit Mühe, sie aus dem Bad zu heben und auf den Boden zu legen. Billing fand keine Spur von Gewaltanwendung, hielt sich allerdings auch nicht lange mit der Untersuchung auf. Er konnte sich später nicht mehr daran erinnern, ob sich der Kopf der Toten am Fuß- oder am Kopfende der Wanne befunden hatte. Der Coroner, der noch einen anderen Todesfall behandeln mußte, hatte es sehr eilig. Er konsta-

tierte »Herzversagen im Bad, Ertrinken infolge Unglücksfalls«. Smith stritt sich mit den Crossleys um die Höhe der Miete und verschwand.
Der Ermittlungsbericht der Polizei von Blackpool enthielt nichts über Smith' jetzigen Aufenthaltsort, wohl aber einige bemerkenswerte Tatsachen über seine Eheschließung mit Alice Burnham. Er hatte Alice in Southsea kennengelernt, wo sie als Krankenschwester einen alten Herrn betreute. Sie verfügte über ein Barvermögen von 27 Pfund, hatte aber ihrem Vater Charles Burnham in Aston Clinton 100 Pfund geliehen. Wenige Tage nach der ersten Begegnung im September 1913 verlobte Smith sich mit Alice Burnham. Am 30. Oktober heirateten sie in Southsea. Einen Tag vor der Hochzeit schloß die Braut eine Lebensversicherung über 500 Pfund ab. Unmittelbar nach der Hochzeit aber forderte Smith von Charles Burnham, seinem Schwiegervater, die geliehenen 100 Pfund nebst Zinsen zurück. Wie groß der Einfluß Smith' auf seine Frau gewesen sein mußte, ging daraus hervor, daß sie ihrem Vater mit dem Rechtsanwalt drohte, falls er den Betrag nicht zurückerstatte. Am 8. Dezember, zwei Tage vor der Hochzeitsreise nach Blackpool, hinterlegte Alice Smith in Portsmouth ein Testament zugunsten ihres Mannes. Vier Tage später lag sie tot in der Badewanne der Crossleys.
Inspektor Neil meldete sich am 23. Januar bei Sir Charles Mathews, dem Direktor des Amtes für öffentliche Anklagen. Er erklärte ihm, daß er überzeugt sei, bei Lloyd und Smith handle es sich um die gleiche Person – einen Mann, der nach einem bestimmten Schema Frauen ermorde, um deren Besitz an sich zu bringen. Mathews erwiderte: »Es kommt mir unglaublich vor, daß ein Mann zwei Frauen in einem Bad ermorden soll. Ich habe während meines ganzen Lebens noch nicht einmal von einem solchen Tod gehört.« Immerhin gab er Neil freie Hand für weitere Ermittlungen und zur Festnahme Lloyds, falls er seiner habhaft werden konnte.
Eine Stunde später bat Neil Dr. Bates, der Yorkshire Insurance Company eine günstige Auskunft über den Tod von Mrs. Lloyd zu übermitteln. Er rechnete damit, daß Smith oder Lloyd (oder wie immer er hieß) sich mit dem Anwalt Davies, bei dem das Testament seiner Frau lag, in Verbindung setzen würde, sobald er erfuhr, daß die Versicherungsgesellschaft zahlungsbereit war. Tag und Nacht wurde Davies' Büro überwacht. Am 1. Februar 1915 näherte sich der Eingangstür ein Mann, auf den die Beschreibung von Lloyd und Smith zutraf. Neil trat auf ihn zu. Es kam zu folgendem Dialog: »Ich bin Detektiv-Inspektor Neil. Sind Sie John Lloyd?« –

»Ja.« – »Der gleiche John Lloyd, dessen Frau in der Nacht zum 18. Dezember in einem Bad in der Bismarck Road in Highgate ertrank?« – »Ja.« – »Ich habe Grund anzunehmen, daß Sie mit Georges Smith identisch sind, dessen Frau 1913 in Blackpool, wenige Wochen nach der Hochzeit, in einem Bad ertrank.« – »Smith? Ich kenne keinen Smith – mein Name ist nicht Smith.« – »Ich muß Sie wegen falscher Angaben in den Personenstandsregistern verhaften.«

Der Verhaftete wandte Neil ruckartig sein eckiges, knochiges Gesicht zu. Dann sagte er: »Oh, wenn Sie nur deswegen ein so großes Theater machen, kann ich Ihnen gleich sagen, daß ich Smith bin.«

Neil glaubte zu wissen, was in seinem Gegenüber vorging. Er spürte, daß der Mörder befürchtet hatte, entdeckt zu sein, und deshalb erleichtert das kleinere Übel zugab. Gleichviel – Neil hatte sein erstes Ziel erreicht. Lloyd-Smith befand sich wegen falscher Angaben in Haft. Sir Charles Mathews war völlig überrascht. Bernard Spilsbury erhielt den Auftrag, die ›medizinische Seite des geheimnisvollen Falles zu übernehmen‹.

Spilsbury war jetzt siebenunddreißig Jahre alt und seit Peppers Rücktritt neben Henry Willcox der zweite Pathologe des Home Office. Da Willcox sich mehr und mehr auf Toxikologie spezialisierte, trug Spilsbury die Hauptlast der pathologischen Arbeit. Er hatte ein Haus in London bezogen, um Tag und Nacht zu Autopsien bereit zu sein. Bis in die Nächte brannte das Licht hinter einem Fenster des obersten Stockwerks. Dort unterhielt er ein kleines Privatlaboratorium. Seine Familie sah ihn kaum. Seine Frau erwartete ihr zweites Kind und litt an einer Blinddarmentzündung – es drohte die Gefahr einer Operation während der Schwangerschaft. Solche Dinge aber hielten Spilsbury niemals von seiner Arbeit ab. Mehr oder weniger bewußt hatte er begonnen, nicht nur als Pathologe des Home Office und für Londoner Coroners zu arbeiten, sondern eine direkte Brücke zur Kriminalpolizei zu schlagen. Ihn trieb es aus den kalten Wänden der Leichenhallen direkt an die Tatorte. Zu den größten Verdiensten seines Lebens würde einmal die Tatsache zählen, daß er die Beamten von Scotland Yard lehrte, wie bedeutungsvoll es war, einen Gerichtsmediziner unmittelbar am Tatort zu haben.

Am 4. Februar fuhr Spilsbury auf den Friedhof von Islington hinaus, um an der Exhumierung Margaret Elizabeth Lloyds, geborene Lofty, teilzunehmen. Er sollte zu klären versuchen, ob die junge Frau ertrunken war oder ob man sie ertränkt hatte. Das Problem des ›Ertrinkens‹ und ›Erträнkens‹ gehörte zu den ältesten Fragestellungen der forensischen Medizin. Den Begriff ›Ertrinken‹ hatte erstmals in Alt-Rom Galen zu definieren versucht, und zwar mit der Annahme, daß die Opfer des Ertrinkungstodes starben, weil sie zuviel Wasser schluckten und der Magen sich zu stark ausdehnte. Erst 1630 hatte der Anatom Sylvius erklärt, der Tod beim Ertrinken rühre vom Eindringen des Wassers in die Lunge her. Alle Koryphäen hatten ihn verlacht. Es dauerte bis zum 18. Jahrhundert, bevor der Pathologe Morgagni durch Ertränkungsversuche an Hunden und Katzen feststellte, daß die Lungen nach dem Tode tatsächlich eine wasserhaltige, schaumige Flüssigkeit enthielten. Aber noch 1892 hatte der Franzose Cuvillier versucht, diese Tatsache durch verwegene Versuche an sich selbst zu widerlegen. Die Erkenntnisse, die im Jahre 1915 über den Ertrinkungstod vorlagen, gingen auf den Franzosen Brouardel, die Österreicher Hofmann, Paltauf, Wachholz und Horoszkiewicz, den Italiener Carrara, den Finnen Fagerlund oder den Deutschen Revenstorf zurück. Besonders letzterer hatte in zahlreichen Experimenten zu klären versucht, durch welche Anzeichen sich der plötzliche, aber natürliche Badetod des Schwimmers vom Ertrinkungstod und dieser wiederum vom gewaltsamen Ertränken unterschied. Schließlich war auch in diesem Zusammenhang die schon von den alten Chinesen aufgeworfene Frage erneut gestellt worden, auf welche Weise sich herausfinden ließ, ob ein Mensch noch lebend oder (nach einer Herzattacke im Bad, nach einem Unfall oder einem Mord) bereits tot ins Wasser gelangt war.

Als äußerliche Symptome des Ertrinkens galten Schaumblasen vor Mund und Nase sowie Gänsehaut, als innere Symptome vor allem eine pralle Füllung der Lunge mit Luft, eine ballonartige Lungenblähung, über deren Ursache noch debattiert wurde. Der Österreicher Paltauf in Prag hatte außerdem Blutaustritte unter dem Lungenfell gefunden, die offenbar durch ein Platzen von Lungenbläschen entstanden. Der Kehlkopf und die großen Äste der Bronchien waren mit Schaum gefüllt.

Am wichtigsten aber schienen drei Erkenntnisse:

1. Wasser und andere ›Ertränkungsflüssigkeiten‹ fanden auf dem Wege über die Lungen Eingang in die Lungenvenen und von hier in die linke Herzkammer. Weiter gelangte die Ertränkungsflüssigkeit anscheinend nicht, weil der Kreislauf durch den Tod zusammenbrach. In dem betreffenden Bereich aber war das Blut durch das eingedrungene Wasser verdünnt. Wenn man in der Lage war, diese Verdünnung nachzuweisen, war nicht nur der Ertrinkungstod

sicher, sondern auch die Tatsache, daß das betreffende Opfer lebend, d. h. mit schlagendem Herzen, ins Wasser gelangt war. Brouardel hatte versucht, die roten Blutkörperchen im linken und rechten Herzen zu zählen und an ihrem Zahlenverhältnis festzustellen, ob das Blut im linken Herzen verdünnt war.

2. In Gewässern befanden sich meistens Kleinlebewesen tierischer und pflanzlicher Art, die nur unter dem Mikroskop sichtbar waren. In erster Linie handelte es sich um Algenarten. Bis 1904 hatte der Deutsche Revenstorf unter seinem Mikroskop in 95 Prozent aller Fälle von Ertränken und Ertrinken Kieselalgenskelette im Lungengewebe gefunden. Zwar stellte sich heraus, daß auch bei Toten, die nachträglich ins Wasser geworfen wurden, Wasser und Algen in die Lungen eindringen konnten. Aber beide schienen niemals bis in die tieferen Lungenbereiche zu gelangen. Wenn man also bei einem Toten in diesen tieferen Lungenbereichen Algen vorfand, durfte man mit Sicherheit annehmen, daß er lebend ins Wasser geraten und ertrunken war.

3. Auch im Magen Ertrunkener fand sich Wasser. Wenn es klares Wasser war, brauchte das nicht unbedingt einen Fall von Ertrinken zu beweisen. Es gab auch hier Unterschiede. Abgesehen vom möglichen Algengehalt bildete sich im Magen von Ertrunkenen ein Luft-Wasser-Schaum-Gemisch, das durch die krampfhafte Tätigkeit der Bauchmuskeln, durch Husten und Verschlucken entstand. Die Erfahrung hatte wie im Falle der Lunge gelehrt, daß auch bei bereits tot ins Wasser Geratenen Wasser Eingang in den Magen fand. Aber nur bei Lebenden, deren Magen- und Darmbewegungen im Todeskampf besonders heftig waren, drang es weiter bis in den Zwölffingerdarm vor. Seit im Jahre 1890 der Finne Fagerlund im damals russischen Helsingfors auf diesen Umstand hingewiesen hatte, war er in den verschiedensten Ländern überprüft worden; man hatte ihn immer wieder bestätigt gefunden.

Auch auf dem Gebiete des Todes im Wasser war es also gelungen, vielerlei diagnostische Möglichkeiten zu schaffen, soweit es sich um die Untersuchung von Todesfällen handelte, die kurz oder relativ kurz zuvor eingetreten waren. Viel schwieriger war es, festzustellen, ob ein Toter zwar noch lebend, aber gewaltsam ins Wasser gestürzt oder unter Wasser gedrückt worden war. Es gab Möglichkeiten, tödliche Verletzungen nachzuweisen, wenn dem Sturz ins Wasser ein Mord voraufgegangen war. Doch beim Tod durch gewaltsames Ertränken stellte die Untersuchung besondere Probleme. Hier gab es nur einen die Diagnose erleichternden Umstand: Die Opfer gewaltsamen Ertränkens setzten sich im Todeskampf unverhältnismäßig heftig zur Wehr. Sie zwangen ihre Mörder, fest zuzupacken, mit oft verzweifelter Kraft, so daß Quetschungen und Kratzwunden entstanden. Allerdings fügten sich auch Selbstmörder beim Sprung ins Wasser oder bei dem verspäteten Versuch, sich wieder zu retten und irgendwo Halt zu finden, Verletzungen zu. Manchmal war eine Unterscheidung unmöglich. Nur das Zusammenspiel mit der Ermittlung der äußeren Umstände konnte hier weiterhelfen. Immerhin aber war man bei der gewaltsamen Ertränkung darauf gefaßt, Spuren von Gewaltanwendung zu finden.

Als Spilsbury in einem kleinen leerstehenden Haus in Summers Lane, Friarn Barnet, den Leichnam von Lloyd-Smith' unglücklichem letztem Opfer untersuchte, forschte er Zoll um Zoll nach Anzeichen irgendwelcher Gewalttätigkeiten. Vergebens. Außer der völlig unbedeutenden Quetschung am Ellbogen, von der Dr. Bates bereits gesprochen hatte, entdeckte er lediglich zwei winzige blutunterlaufene Stellen an der Rückseite des linken Arms. Sie waren mit bloßem Auge nicht einmal sichtbar und konnten nicht als Beweis für irgendwelche Gewaltanwendung gelten. Spilsbury durchforschte den ganzen Körper selbst nach dem geringsten Symptom für eine Herz- oder Kreislauferkrankung, die einen plötzlichen Kreislaufzusammenbruch im Bad erklären konnte. Vergebens. Um sicherzugehen, entnahm er Organproben für eine Untersuchung auf Gift. Auf der anderen Seite waren die Anzeichen der Erstikkung durch Ertrinken nicht zu übersehen, auch wenn sie nicht sehr stark waren und eher an einen fast schlagartigen Tod denken ließen. Das Problem, wie eine gewaltsame Ertränkung in einer Badewanne und einem engen Baderaum ohne Spuren von Gewaltanwendung zustande kommen konnte, beschäftigte ihn, während der Leichnam zum Grabe zurückgefahren wurde. Es beschäftigte ihn auch auf seiner gemeinsamen Heimfahrt mit Neil. Bevor sie sich trennten, schlug er vor, die Badewanne, in der Margaret Elizabeth Lloyd gestorben war, für einige Experimente sicherzustellen. Noch am gleichen Abend wurde die Wanne aus der Bismarck Road in die Polizeistation Kentishtown überführt.

Neil und Spilsbury hatten versucht, die Exhumierung so unauffällig wie nur möglich vorzunehmen. Aber die Reporter hatten sich in den letzten Jahren daran gewöhnt, sich an Spilsburys Fersen zu heften. Am 5. Februar berichteten die ersten Zeitungen über die geheimnisvolle Autopsie von Islington, und am 7. Februar war bereits die Geschichte der beiden Badewannenmorde in London und Blackpool in allen Blättern zu finden. Trotz der Nachrichten, die alltäglich von den Fronten des ersten Weltkrieges kamen, drängten sich Schlagzeilen wie »The Brides in the Baths« in den Vordergrund. Am Abend des 8. Februar traf aus Herne Bay, einem kleinen Seebad in der Grafschaft Kent, ein Brief bei Neil ein. Der Polizeichef von Herne Bay hatte einige Berichte der Londoner Zeitungen gelesen. Er sandte Neil einen Rapport über einen Todesfall, der sich am 13. Juli des Jahres 1912 in Herne Bay zugetragen hatte. Dieser Todesfall zeigte eine so offenkundige Ähnlichkeit mit den bereits bekannten Badewannen-Fällen, daß der Polizeichef von Herne Bay Neil bat, nachzuprüfen, ob nicht auch hier eine Beziehung bestehe.

Dies aber war der Inhalt des Rapports aus Herne Bay: Am 20. Mai 1912 hatte ein Mann namens Henry Williams für sich und seine Frau ein Einfamilienhaus in der High Street gemietet. Williams – zwischen vierzig und fünfzig Jahre alt – und seine dreißigjährige Frau Bessie hielten wenige Tage darauf Einzug. Sieben Wochen später, am 9. Juli 1912, erstand Williams in einer Eisenhandlung eine Badewanne. Das gemietete Haus besaß kein Bad, und Williams erklärte dem Händler, seine Frau wolle nicht länger ohne Bad leben. Am folgenden Tag erschien Williams mit seiner Frau in der Praxis des Arztes Dr. French. Er behauptete, seine Frau habe einen epileptischen Anfall erlitten. Die Frau selbst klagte nur über Kopfschmerzen. French verordnete Brom. Am 12. Juli, mitten in der Nacht, wurde French alarmiert und in die High Street gebeten. Williams erklärte, seine Frau habe einen neuerlichen Anfall erlitten. Es war sehr heiß; French nahm an, daß die Hitze einen epileptischen Anfall ausgelöst hatte. Nachmittags um 3 Uhr unternahm er einen weiteren Besuch und fand Bessie Williams frisch und gesund. So war er völlig überrascht, als am 13. Juli frühmorgens um 8 Uhr ein neuer Alarmruf kam. Ihm wurde ein Zettel übergeben, auf dem Williams geschrieben hatte: »Können Sie sofort kommen? Ich fürchte, meine Frau ist tot.« French fand Bessie Williams in der Badewanne auf dem Rücken liegend, ihr Kopf lag unter Wasser. Die rechte Hand umklammerte ein Stück Seife. Die Beine waren geradeaus gestreckt, die Füße ragten am unteren Ende der Wanne aus dem Wasser. French legte den Körper auf den Fußboden und unternahm einen Versuch mit künstlicher Atmung. Umsonst. Bessie Williams war tot. French entdeckte keine Spur von Gewaltanwendung. Der Coroner, ein Rechtsanwalt aus Dover, hielt einen flüchtigen Inquest ab, begnügte sich mit Dr. Frenchs Aussage über die epileptischen Anfälle der Toten und konstatierte: »Tod durch Unglücksfall infolge Ertrinkens im Bade während eines epileptischen Anfalls.«

Als dieser Bericht aus Herne Bay eintraf, befand sich Neil auf dem Sprung zu einer Fahrt nach Blackpool, um dort eine Autopsie Spilsburys am Leichnam von Smith-Lloyds zweiter Gattin, Alice Smith, geborene Burnham, vorzubereiten. So veranlaßte er, daß zunächst einige Fotografien Smith-Lloyds nach Herne Bay geschickt wurden. Er bat, das Bild allen Personen vorzulegen, die mit dem angeblichen Williams in Berührung gekommen waren, und eine vorläufige Identifizierung zu versuchen. Am 10. Februar trafen Neil und Spilsbury in Blackpool zusammen. Spilsbury arbeitete bei Nacht, um die Reporter zu täuschen. Die erste Giftanalyse im Falle Margaret Elizabeth Lloyd war negativ verlaufen und damit ihr Tod durch Ertrinken gewiß. Der schwere Körper Alice Smith' hatte sich wesentlich stärker verändert als der ihrer Schicksalsgefährtin. Trotzdem war Spilsbury in der Lage, einige Schlüsse zu ziehen. Die wichtigsten waren: Es gab nicht den geringsten Hinweis auf Gewaltanwendung und nur ganz geringfügige Anzeichen des Ertrinkens. Der Tod mußte noch schneller eingetreten sein als bei Margaret Elizabeth Lloyd. An den Kreislauforganen fand er lediglich eine leichte Veränderung der Herzklappe, wie sie nicht selten nach gelenkrheumatischen Erkrankungen zurückblieb. Aber sie war so geringfügig wie bei zahllosen Menschen, die als gesund gelten durften, und reichte nicht aus, einen natürlichen Badetod zu erklären.
Noch stärker als beim erstenmal beschäftigte Spilsbury die Frage: Wie war gewaltsames Ertränken möglich, ohne Spuren der Gewalt und deutlichere Spuren der Erstickung zu hinterlassen? Er maß sehr sorgfältig den Körper der Toten und veranlaßte, daß Neil auch die Badewanne aus Blackpool in das Polizeihauptquartier in Kentishtown überführen ließ. Als sie die Polizeiwache in Blackpool erreichten, wartete dort ein Ferngespräch aus London auf Neil. Er erfuhr, daß aus Herne Bay soeben die Nachricht eingetroffen war, daß Williams wahrscheinlich mit Smith und Lloyd identisch sei. Alle Zeugen hätten sofort behauptet, ihn wiederzuerkennen.
Neil schickte zwei seiner Mitarbeiter voraus an die Küste von Kent. Als er am 18. Februar folgte, lag der dritte Badewannen-Mord bald vor ihm ›wie ein offenes Buch‹. Seine Vorgeschichte war ganz ähnlich wie die der späteren beiden Morde. Nur eines fehlte: der Abschluß einer Versicherung. Aber das hatte Williams-Smith-Lloyd in diesem Fall nicht nötig gehabt: Die Frau, die er geheiratet hatte, besaß genügend eigenes Vermögen. Im Sommer 1910 war er in Clifton, einem Vorort von Bristol, mit der dreißigjährigen Bessie Mundy bekannt geworden. Ihr Vater hatte ihr 2700 Pfund

hinterlassen, die von Verwandten verwaltet wurden. Sie durfte die Substanz des Vermögens nicht angreifen. Aus den Zinsen erhielt sie monatlich nur 8 Pfund. Der ganze Rest der Zinsen wurde für Notfälle aufgehoben.
Er war 1910 auf 138 Pfund angelaufen und stand Bessie Mundy jederzeit zur Verfügung. Das Kapital selbst wurde erst frei, wenn sie starb. Es ging dann auf ihre Erben über. Am 26. August 1910 heiratete Williams Bessie Mundy und forderte noch am Hochzeitstage die 138 Pfund. Als er sie bekommen hatte, verschwand er und schrieb seiner Frau einen Brief, in dem er behauptete, sie habe ihn mit einer Geschlechtskrankheit infiziert. Er wünsche sie nicht mehr zu sehen. Bessie begriff nicht, was ihr geschah. Sie lebte wieder das einsame Leben einer alleinstehenden, jungen, wenig attraktiven Frau. Im Februar 1912 hielt sie sich in einer Pension in Weston-super-Mare auf. Hier begegnete sie auf der Straße dem Mann, der sie verlassen hatte. Es schien unbegreiflich – aber innerhalb weniger Stunden verzieh sie ihm alles und folgte ihm nach Herne Bay. Am 2. Juli erkundigte Williams sich bei einem Anwalt, ob das Vermögen seiner Frau nur nach deren Tod in seine Hände gelangen könne. Diese Frage wurde bejaht. Sechs Tage darauf setzte seine Frau ihn zum Alleinerben ein. Am 9. Juli, vierundzwanzig Stunden später, kaufte Williams die billige Badewanne, in der Bessie am 13. Juli 1912 starb.
Herne Bay war wegen des Krieges mit Feldbefestigungen und Stacheldraht umgeben. Mitten darin lag der Friedhof. Es bereitete einige Mühe, Bessie Williams in die Leichenhalle zu überführen. Spilsbury traf am 19. Februar ein. Trotz der fortgeschrittenen Leichenveränderung fand er ein Symptom, das sich beim Ertrinkungstod oft einstellt: eine Gänsehaut. Auch alle anderen Feststellungen, die er noch treffen konnte, deuteten auf einen sehr schnellen Tod durch Ertrinken hin. Das Herz war gut erhalten und gestattete genauso wie der Zustand der anderen Kreislauforgane den Schluß, daß kein Kreislaufschaden vorgelegen hatte. Wieder fand sich nicht die geringste Spur einer Verletzung, eines gewaltsamen Griffs oder eines Kampfes. Sorgfältig nahm Spilsbury die Körpermaße, und zum drittenmal veranlaßte er, daß die Badewanne, in der Bessie Williams ihr Ende gefunden hatte, nach London transportiert wurde. Am 23. Februar traf die simple, leicht verrostete Wanne in Kentishtown ein.
Neils Beamte waren ununterbrochen unterwegs, um zu klären, wer Williams-Smith-Lloyd wirklich war, woher er stammte und ob er vielleicht noch mehr Frauen getötet und beraubt hatte. Sie er-

mittelten Stück für Stück, daß sein wirklicher Name Smith war, Georges Joseph Smith, der 1872 geborene Sohn eines Versicherungsagenten; mit neun Jahren Zögling einer Besserungsanstalt, Betrüger, Schwindler, Dieb, Insasse mehrerer Gefängnisse und Zuchthäusler. Langsam traten die Frauen aus dem Dunkel ans Licht, die er um sämtliche Ersparnisse betrogen hatte, um dann sofort zu verschwinden. Anscheinend waren es Bessie Mundys 2700 Pfund gewesen, die ihn, da er sie auf andere Weise nicht in seinen Besitz bringen konnte, zum erstenmal zum Mord trieben. Doch soviel Material Neil und seine Leute auch zusammentrugen: Kein Zeuge hatte Smith beobachtet, während er tötete. Niemand war vorhanden, der dem Gericht erklären konnte: Er ist der Mörder. Wenn es schon keine Tatzeugen gab, dann mußte die Anklage wenigstens in der Lage sein zu erklären, auf welche Weise Smith seine Opfer ertränkt hatte, ohne Spuren der Gewalt an ihnen zu hinterlassen. Keine Jury würde Smith verurteilen, bevor sie auf diese Frage eine befriedigende Antwort bekommen hatte.

Trotz seiner häuslichen Sorgen erschien Spilsbury in der ersten Märzhälfte täglich in dem Raum der Polizeistation von Kentishtown, in dem die Badewannen aufgestellt waren. Bei sich trug er eine Liste mit den Körpermaßen und Gewichten der Opfer. Unter seinen hinterlassenen Papieren fanden sich später Aufzeichnungen, die zeigten, auf welche Weise er vorging, um sich die Situation zu vergegenwärtigen, in der die Frauen starben.

Die Lösung fand er am Ende der ersten Märzwoche, als er noch einmal alle Körperlagen studierte, in die eine Frau von der Größe und dem Gewicht Bessie Williams' für den Fall geraten konnte, daß sie tatsächlich einen epileptischen Anfall erlitt. Smith' erstes Opfer war 1,70 Meter groß, die Wanne aber nur 1,50 Meter lang. Das Fußende war steil, das Kopfende schräg abfallend. Die Länge des Wannenbodens betrug etwas mehr als einen Meter. Das erste Stadium eines epileptischen Anfalls bestand aus einer Streckung des ganzen Körpers. Unmöglich konnte die Badende dabei mit dem Kopf unter Wasser geraten sein. Im Gegenteil. Angesichts ihrer Größe und der Kleinheit der Wanne hätte ihr Oberkörper am schrägen Kopfende aufwärts und über den Wannenrand hinausgedrückt werden müssen. Die zweite Attacke eines epileptischen Anfalls bestand in heftigen Bewegungen der Glieder, die dabei angezogen und wieder fortgestoßen wurden. Abermals war es schwer vorstellbar, wie dabei der Körper, dessen Gesäß jetzt auf dem Boden der Wanne ruhte, unter Wasser geraten konnte. Eine noch geringere Möglichkeit hierzu bot sich im dritten Stadium eines Anfalls –

der allgemeinen Erschlaffung und Entspannung. Das Mißverhältnis zwischen den Körpermaßen des Opfers und den Abmessungen der Wanne war einfach zu groß. Wenn Dr. French ausgesagt hatte, daß der Kopf der Toten unter Wasser lag, die Beine aber gerade ausgestreckt waren und die Füße am unteren Ende der Wanne aus dem Wasser ragten, dann fand Spilsbury keine Erklärung dafür, wie Bessie Williams in eine solche Lage geraten sein konnte. Es sei denn – es sei denn ... Und in diesem Augenblick hatte Spilsbury plötzlich die Lösung vor Augen.

Es gab nur eine Möglichkeit: Williams mußte – verliebte Neckerei vortäuschend – die ahnungslos Badende an den Füßen ergriffen, die Füße angehoben und ganz plötzlich über den unteren Rand der Wanne hinweg an sich gezogen haben. Im gleichen Augenblick glitt zwangsläufig der Oberkörper seines Opfers unter Wasser, dessen jähes Eindringen in Nase und Mund einen Schock mit sofortigem Bewußtseinsverlust verursachte. Daher also das Fehlen von Kampfverletzungen, daher die geringe Ausprägung der Ertrinkungs- und Erstickungszeichen.

Spilsbury eilte in sein Arbeitszimmer und studierte die vorhandene Literatur über Fälle plötzlichen Ertrinkungstodes. Kaum jemand hatte sich mit dem Problem beschäftigt, ob das plötzliche Eindringen von Wasser in den Nasen- oder Rachenraum eine Fernwirkung auf das Herz oder das Zentralnervensystem hervorrufen konnte. Es gab nur einzelne Beobachtungen dieser Art. Aber Spilsbury war überzeugt, die Lösung gefunden zu haben.

Als Neil davon erfuhr, engagierte er einige tauchgewohnte Schwimmerinnen, deren Größe und Gewicht den Opfern Smith' entsprach. Er war entschlossen, Spilsburys Lösung praktisch auszuproben. Mit den Schwimmerinnen untersuchte er die verschiedensten Möglichkeiten des Sitzens und Liegens in den drei Wannen und die verschiedenen Situationen, in denen Kopf und Oberkörper durch Gewaltanwendung unter Wasser gedrückt werden konnten. Es erwies sich als unmöglich – es sei denn in heftigem Kampf. Selbst das plötzliche gewaltsame Niederdrücken des Kopfes konnte nicht verhindern, daß die Hände einen Halt am Rand der Wanne fanden oder nach dem Täter griffen. Als Neil jedoch eine Schwimmerin an den Füßen packte und diese plötzlich an sich zog, glitten Oberkörper und Kopf unter Wasser, ohne daß die Hände Zeit gefunden hätten, nach einem Halt zu suchen. Sekunden später bemerkte Neil zu seinem Schrecken, daß seine Versuchsperson sich nicht mehr bewegte. Er zerrte den Oberkörper der jungen Frau aus der Wanne und sah entsetzt, daß ihr Kopf haltlos zur Seite fiel. Eine halbe

Stunde lang kämpften Neil, ein Sergeant und ein Arzt darum, die Bewußtlose ins Leben zurückzurufen. Als sie endlich wieder aufwachte, erinnerte sie sich nur an eines: Als sie unter Wasser glitt, rauschte das Wasser in ihrer Nase aufwärts. Im gleichen Augenblick schon verlor sie das Bewußtsein – sie hatte einen Schock erlitten, obwohl sie, anders als Smith' Opfer, auf die Attacke gewartet hatte und, wiederum anders als Smith' Frauen, eine Meisterin im Schwimmen und Tauchen war. Neil brach sofort alle weiteren Versuche ab. Ahnungslos am Rande der fahrlässigen Tötung experimentierend, hatte er die Richtigkeit von Spilsburys Lösung auf eine Weise bestätigt, die manchen Geschworenen später erschauern machte.

Am 22. Juni 1915 erschien Georges Joseph Smith im Old Bailey vor Gericht. Niemals zuvor hatte der alte, ehrwürdige Bau einen solchen Ansturm von Frauen gesehen. Da waren sie – die Einsamen, die körperlich oder geistig Zu-kurz-Gekommenen, die nach Liebe Hungernden, aus denen Smith sich seine Opfer erwählt hatte. Nach einer Beratung von nur zwanzig Minuten erklärten ihn die Geschworenen am 30. Juni für schuldig, und Richter Scrutton verurteilte ihn zum Tode durch den Strang.

Sosehr die Ereignisse des ersten Weltkrieges verhinderten, daß die ungewöhnlichen Umstände des Falles Smith außerhalb Englands bekannt wurden, sosehr wirkten sie nach dem Kriege in der wiederauflebenden gerichtsmedizinischen Forschung nach. Ihre Saat ging zum Teil in einer neuen Sparte der medizinischen und gerichtsmedizinischen Arbeit auf, die vom Gebiet des Ertrinkungstodes über die organischen Befunde hinaus in den so geheimnisvollen Bereich der nervösen Steuerung des menschlichen Körpers vorstieß. Sie ließ die Nervenreflexe erkennen oder wenigstens erahnen, die auf überraschende Weise zum Tode führen konnten. Da war die sonderbare Beziehung der Gesichtsnerven oder des Augapfels zu den Atem- und Gefäßzentren und die plötzliche tödliche Wirkung, die durch eine Reizung dieser Zonen hervorgerufen werden konnte. Und da war die eigenartige Verbindung zwischen Reizen, die auf das Gehörorgan wirkten, und plötzlichen Todesfällen im Wasser. Im übrigen erfuhren die Nachweismöglichkeiten für Ertränken und Ertrinken die gleiche Ausweitung wie die anderen Einzelgebiete der forensischen Medizin. Die Erfahrung der Jahrzehnte lehrte, daß die einstige Annahme, das Eindringen von Grün- oder Kieselalgen in die kleinen Bronchialäste beweise bereits, daß ein Mensch lebend ins Wasser geraten und ertrunken war, keineswegs immer zutraf. In stark fließendem Wasser fanden die Algen auch bei Menschen, die tot ins Wasser gelangt waren, einen Weg bis in die Lungenbläschen hinein. Erst wenn man sie in der Herzmuskulatur oder in der Leber fand, war der absolute Beweis erbracht, daß ein Ertrunkener wirklich ertrunken war. Der Nachweis der Algen im Herzmuskel und in den Geweben der Leber erforderte die Zerstörung dieser Gewebe durch Säuren, die den Silikatpanzer der Kieselalgen selbst nicht zersetzen konnten und die Algen am Ende dem Blick durch das Mikroskop preisgaben.

Auch im Ringen um das Problem der Verdünnung des Blutes in der linken Herzkammer wurden neue Nachweismöglichkeiten mit Hilfe der Mikrochemie und physikalischen Chemie gefunden. Und gerade auf diesem Gebiet geschah es, daß im Jahre 1921 ein Nordamerikaner, ein Bürger der Neuen Welt, die bis zu diesem Augenblick als völlig unbeschriebenes Blatt in der Geschichte der Gerichtsmedizin galt, eine der ersten neueren Methoden vorschlug. Er erforschte bei Menschen, die im salzigen Meerwasser vor New York ertrunken waren, den Salzgehalt des Herzblutes und fand, daß der natürliche Salzgehalt in der linken Herzkammer erhöht war. Beim Ertrinken in Süßwasser dagegen kam es zu einer Herabsetzung des Salzgehaltes. Der Name dieses Forschers war Alexander O. Gettler, Chemiker und Toxikologe des Chief Medical Examiners der Stadt New York. Seine Methode blieb in Europa unbekannt oder wurde abgelehnt und umstritten.

Wie immer man sie aber in der Alten Welt beurteilen mochte – in jedem Falle lenkte Gettler den Blick auf die Tatsache, daß sich auch jenseits des Atlantik die Kräfte zu regen begannen, um unter schwer vorstellbaren Bedingungen die ersten Grundlagen für eine amerikanische forensische Medizin zu schaffen.

17

Amerikanische Journalisten nannten das Jahrzehnt der nordamerikanischen Geschichte, das nach dem Ende des ersten Weltkriegs begann, gerne das ›Gesetzlose Jahrzehnt‹. Innerhalb dieses Jahrzehnts verzeichnete die Kriminalgeschichte der Vereinigten Staaten mehrere Verbrechen, denen die Zeitungen auf ihrer Jagd nach Superlativen den zweifelhaften Ehrentitel ›Verbrechen des Jahrhunderts‹ verliehen.

Die Geschichte eines dieser Verbrechen begann in den frühen Morgenstunden des 16. September 1922 in der Nähe von New Brunswick, einem dreißigtausend Einwohner zählenden Städtchen im Staate New Jersey. Es gab schwerlich eine Morduntersuchung, deren Ablauf besser geeignet war, den Zustand von Ziellosigkeit, mangelnder Erfahrung, Unkenntnis und Bedeutungslosigkeit zu charakterisieren, in dem (um mit dem Amerikaner William Ricket zu sprechen) ›die medizinische Seite der Kriminalistik in den Vereinigten Staaten dahindämmerte‹.

Ein junger Arbeiter aus New Brunswick, Raymond Schneider, und seine fünfzehnjährige Freundin, Pearl Bahmer, befanden sich an jenem Septembertag gegen 9.30 Uhr auf der Suche nach einem ›Liebesnest‹. Sie strolchten durch De Russey's Lane, einen lehmigen, baumbestandenen Fahrweg. Bei einem Abstecher in einen Nebenweg erblickte Pearl die Körper eines Mannes und einer Frau, die unbeweglich im Grase lagen. Schneider stellte fest, daß die beiden tot waren. Das Paar lief zu dem nächstgelegenen Haus. Dessen Besitzer verständigte telefonisch das Polizeihauptquartier von New Brunswick. Dort nahm Leutnant Dwyer den Anruf entgegen und schickte den Polizisten Edward Garrigan nach De Russey's Lane hinaus. Unterwegs nahm Garrigan seinen Kollegen James Curran mit auf den Weg.

Am Tatort fanden sie folgendes Bild: Der Tote lag auf dem Rücken; er war mit dem schwarzen, hochgeschlossenen Rock eines Geistlichen bekleidet. Sein Gesicht war sorgfältig mit einem Panamahut zugedeckt. Als die beiden Polizisten den Hut fortnahmen, sahen sie, daß der Tote eine Brille trug. Seine Augen waren geschlossen. Auf dem angewinkelten rechten Arm des Toten ruhte der Körper einer jüngeren Frau. Ihr Gesicht war mit einem wollenen Schal bedeckt. Über die Körper verstreut waren zahlreiche Blätter Papier – Briefe, die von einer weiblichen Hand geschrieben waren. Gegen die linke Schuhsohle des Toten lehnte eine Visitenkarte. Sie trug die Aufschrift: Reverend Edward W. Hall, Church of Saint John the Evangelist, New Brunswick, N. J.

Garrigan und Curran hatten gerade begonnen, die Briefe zu lesen, als von New Brunswick her eine Schar von Neugierigen gelaufen kam. Die Polizisten ließen zu, daß Männer, Frauen und Kinder jede Spur niedertrampelten, die vielleicht von Bedeutung gewesen wäre. Die Visitenkarte wanderte von Hand zu Hand. Wenn sie jemals einen Fingerabdruck des Täters getragen hatte, dann war sie jetzt mit den zahllosen Abdrücken mehr oder weniger schmutziger Finger bedeckt. Panamahut und Schal wurden aufgehoben und wieder auf die Gesichter der Toten gelegt. Jedermann wollte sich überzeugen, daß es sich bei den Toten tatsächlich um Edward Wheeler Hall, den einundvierzigjährigen Pastor der Episkopalkirche von New Brunswick, und um Eleanor Mills, die Frau des Küsters von Saint

John, handelte – Eleanor Mills, allen bekannt als Mutter einer Tochter Charlotte und eines Sohnes und als Sängerin in Halls Kirchenchor.

Unterdessen war Leutnant Dwyer in New Brunswick mit einem schwierigen Problem befaßt. New Brunswick gehörte zum Bezirk Middlesex County des Staates New Jersey, lag aber unmittelbar an der Grenze des Nachbarbezirkes Somerset County. Der Ort, an dem die Toten gefunden worden waren, befand sich etwas mehr als hundert Meter westlich der Grenze auf dem Gebiet von Somerset County. Die Toten lagen also im Bereich der Staatsanwaltschaft des Nachbarbezirks, und der Mordfall war eine Angelegenheit der Polizei von Somerville, dem Sitz der Verwaltung der benachbarten County. Dwyer setzte sich nach einigem Überlegen mit dem Staatsanwalt von Middlesex County, Joseph E. Stricker, in Verbindung: Eine Morduntersuchung bedeute für Middlesex doch nur Kosten und damit eine Belastung der Steuerzahler, die sich angesichts des Tatortes umgehen ließen. Stricker verständigte denn auch den Staatsanwalt in Somerville, Azariah Beekman, forderte ihn auf, die Untersuchung zu übernehmen, und wies Dwyer an, die eigenen Polizisten zurückzurufen.

So trafen um 11.45 Uhr der Chef der Kriminalpolizei von Somerset County, Georges Totten, der Sheriff Conkling und der Arzt William H. Long am Tatort ein. Long war ein Praktiker, der sich im Nebenberuf um hygienische Fragen kümmerte und gelegentlich auch einmal eine Leichenobduktion für den Coroner von Somerset County durchführte.

Die Institution des Coroners war mit den britischen Einwanderern nach Amerika gelangt. Der Coroner jedes Bezirks wurde auf mehrere Jahre gewählt und hatte wie in England die Aufgabe, verdächtige Todesfälle zu untersuchen, die Leichen zu besichtigen, mit einigen gewählten Geschworenen die Zeugen (darunter auch die beteiligten Polizeibeamten) zu vernehmen und die Todesursache festzustellen. Niemand verlangte, daß er medizinische oder juristische Kenntnisse besaß. Relativ selten kam es vor, daß der Coroner einen Arzt zu Rate zog und ihm für eine Autopsie zwanzig, bei sehr verwesten Toten vierzig Dollar bezahlte.

Totten hatte den Coroner von Somerville nicht auftreiben können. Also hatte er Dr. Long mitgebracht, der gerade verfügbar war. Totten drängte wenigstens die Neugierigen zur Seite und sah sich die Toten an. Eleanor Mills' Kehle war durchtrennt. Sonst fiel Totten an der Toten nichts auf. Hall besaß eine kleine Wunde an der rechten Schläfe, die wie ein Einschuß aussah. Sheriff Conkling stieß dann auch mit dem Fuß gegen eine Patronenhülse, die den Neugierigen entgangen war. Totten brachte die Visitenkarte an sich und ließ den Sheriff die Briefe und die Hülse auflesen. In einem dieser Briefe las er: »Ich weiß, es gibt Mädchen mit einem besser geformten Körper, aber das kümmert mich nicht. Ich genieße das größte Glück: einen vornehmen Mann und tiefe, wahre, ewige Liebe. Mein Herz ist sein, mein Leben ist sein. Sowenig schön mein Körper, meine Haut sein mag – aber ich gehöre ihm für immer ...«

Dr. Long begnügte sich mit der Feststellung, daß in Eleanor Mills' Halswunde Maden umherkrochen und daß sie daher schon ein bis zwei Tage tot sein müsse. Er inspizierte weder die Wunden, noch suchte er nach irgendwelchen anderen medizinischen Zeichen, die von kriminalistischer Bedeutung hätten sein können. Vielmehr beauftragte er Samuel T. Sutphen, einen Bestattungsunternehmer in Somerville, die Leichen nach Somerville zu überführen.

Als Sutphen gegen 2 Uhr eintraf, wimmelte es an der Mordstelle von Neugierigen, und wenigstens zwei Dutzend Reporter hatten sich eingefunden. So gut wie jedermann kannte den Reverend Hall. So gut wie jedermann wußte, daß er im Jahre 1911 Frances Noel Stevens geheiratet hatte – eine Frau, sieben Jahre älter als er und gewiß keine Schönheit, aber die einzige Tochter einer der einflußreichsten Familien in New Brunswick, der Stevens. Wenn man von den Stevens sprach, nannte man sie den ›Stevens-Clan‹. Und nun lag der Gatte von Frances Noel Stevens, der Pastor von Saint John, Arm in Arm mit seiner heimlichen Geliebten, der Frau seines Küsters, ermordet da – ein Ereignis, wie geschaffen für die Sensationssucht und die Schadenfreude eines kleinstädtischen Pharisäertums.

Als der Bestattungsunternehmer Sutphen den toten Reverend in Somerville entkleidete, fiel eine Kugel zu Boden. Niemand hatte sich vorher darum gekümmert. Beim Öffnen der Hemdmanschetten entdeckte Sutphen blutunterlaufene Stellen an Halls rechter Hand. Auch ihnen hatte Dr. Long keine Aufmerksamkeit gewidmet. Wichtiger noch: Zwischen den Augen von Eleanor Mills befand sich ein Einschuß. Eleanor Mills war also nicht nur durch einen Halsschnitt getötet, sondern auch erschossen worden. Aber es war nicht Sutphens Angelegenheit, sich damit zu befassen, um so weniger, als ihm kurz darauf Dr. Long mitteilte, Halls Leiche werde nun doch nach Brunswick überführt. Er ließ durchblicken, der Anwalt des Stevens-Clans, der ehemalige Senator Florence, habe Staatsanwalt Beekman klargemacht, daß es nützlich für ihn sei, kein weiteres Aufheben von der Sache zu machen und den Toten so schnell wie möglich in die Nähe der Stevens' zu bringen.

Abends um 7 Uhr erschien John V. Hubbard, Bestattungsunternehmer aus New Brunswick, und lud den Ermordeten in seinen Wagen. Die Leiche von Eleanor Mills blieb bei Sutphen. Am folgenden Morgen jedoch erschien Dr. Long in Sutphens Büro und bereitete ihn darauf vor, daß auch die Tote nach New Brunswick zu überführen sei. Der Anwalt der Stevens' hatte offenbar erkannt, daß auch Eleanor Mills nach New Brunswick gebracht werden mußte, wenn man einen Skandal vermeiden wollte. Sutphen war daran gewöhnt, daß Staatsanwälte und Coroners eigenwillige Methoden verfolgten, wenn es sich bei den Toten um Verwandte von Leuten handelte, die ihre Wiederwahl ins Amt günstig oder ungünstig beeinflussen konnten. Immerhin wunderte er sich darüber, daß Dr. Long einen Einschnitt in den Unterleib von Eleanor Mills machte, die Gebärmutter öffnete, hineinsah und die Bauchdecke mit einer Naht wieder schloß.
Kurz darauf war Hubbard in Somerville, um Eleanor Mills' Leiche nach Brunswick zu überführen. Hubbard war zugleich Coroner für Middlesex County. Seit erdenklichen Zeiten war es in den Vereinigten Staaten ein weitverbreiteter Brauch, Bestattungsunternehmer zu Coroners zu wählen, weil das ›zu dem Leichengeschäft paßte‹. Hubbard lächelte vielsagend und erklärte, er werde keinen Inquest wegen der Toten abhalten können. Die Leichen seien so angegriffen, daß sie ›unter die Erde müßten‹. Als Hubbard mit der Toten in New Brunswick ankam, fand er auch bereits den Amtsarzt von Middlesex County, Dr. Cronk, in seinem Büro vor. Cronk überreichte Hubbard die fertig ausgestellten Freigabescheine für die Bestattung der beiden Toten. Hubbard begriff: Die Stevens' wünschten keine Untersuchungen und keine Autopsien. Hubbard erhob keinen Einwand. Er schätzte, daß Halls Bestattung zu den teuersten gehören würde, die New Brunswick seit langer Zeit erlebt hatte. Falls er auf einem Inquest bestand, beschwor er die Gefahr herauf, daß man ihm den Auftrag entzog. Er sah daher auch schweigend zu, als Dr. Cronk die Naht in der Bauchdecke von Eleanor Mills öffnete. Auch Cronk inspizierte die Gebärmutter. Exsenator Florence, so erklärte er, wünsche zu wissen, ob Eleanor Mills schwanger sei, weiter nichts. Dann überließ er die beiden Toten dem Unternehmer und Coroner, der mit der Einbalsamierung begann.
Am Montag, dem 18. September, wurde Hall mit großer Feierlichkeit in der Familiengruft der Stevens' auf dem Greenwood-Friedhof in Brooklyn bestattet. Seine Witwe, eine plumpe, aber ehrwürdige Gestalt, schritt dicht hinter dem Sarg. Eleanor Mills' Beerdigung am folgenden Tag war weniger feierlich. Außer ihrem Mann, James

Mills, einer mageren, ›leichenähnlichen‹ Gestalt, und ihrer sechzehnjährigen Tochter Charlotte waren fast nur Reporter zu sehen. Auf dem Sarg lag ein großer Kranz, der den Namen Frances Noel Hall trug – offensichtlich ein Zeichen der Versöhnung und des Wunsches, die Affäre so schnell wie möglich zu vergessen.
Die besonderen Umstände des Mordes hatten mittlerweile jedoch in ganz New Jersey und in New York ungeheures Aufsehen erregt. Die Visitenkarte zu Füßen des Toten, das Liebesverhältnis von Pfarrer und Küstersfrau und die Liebesbriefe, deren Inhalt einige Pikanterien versprach – das waren Umstände, geeignet, das Interesse der Massen für lange Zeit wachzuhalten. Die Tatsache, daß in diesen Tagen die türkischen Nationalisten unter Kemal Atatürk einige Tausende Griechen in Smyrna ermordet hatten, trat hinter den Ereignissen von New Brunswick zurück. Selbst aller Einfluß der Stevens-Familie konnte nicht mehr verhindern, daß der Staatsanwalt in Somerville, Beekman, und die Polizisten versuchen mußten, den Fall zu klären. Die Reporter witterten ein großes Liebesdrama und einen Racheakt aus Eifersucht. Vielleicht war James Mills der Mörder, vielleicht waren es Beauftragte von Frances Noel Hall? Noch bevor die Polizei von Somerville mit einigen Vernehmungen begann, fanden die Reporter heraus, daß die beiden Ermordeten von ihren Familien schon seit dem Abend des 14. September vermißt wurden, ohne daß die Polizei verständigt worden war. Am Abend des 14. September gegen 7 Uhr hatte Eleanor Mills ihre Wohnung verlassen, um sich wie allwöchentlich um diese Zeit in das Parker Home für unheilbar Kranke zu begeben und den Leidenden vorzusingen. Die Journalisten entdeckten, daß Eleanor Mills in Wirklichkeit seit Jahren nicht mehr im Parker Home gesehen worden war. Da das Heim in der Nähe von De Russey's Lane lag, hatte sie offenbar den Besuch im Parker Home als Vorwand benutzt, sich dort jeden Donnerstag mit Hall zu treffen. Während sie sonst aber gegen 10 oder 11 Uhr zurückkehrte, war James Mills in der Nacht vom 14. auf den 15. September aufgewacht und hatte das Bett neben sich leer gefunden. Eleanor Mills hatte aber offensichtlich noch andere Ausflüchte gebraucht, um sich Gelegenheit für ihre Zusammenkünfte mit Hall zu verschaffen; dazu gehörten Übernachtungen bei ihren Schwestern. So hatte Mills angenommen, sie habe sich zu einer Schwester begeben, und war unbesorgt wieder eingeschlafen. Auch der folgende Tag und die folgende Nacht waren unter ruhigem Abwarten vergangen. Mills erklärte den Reportern, er habe niemals das geringste vom Liebesverhältnis seiner Frau geahnt. Seine Beschränktheit machte diese Behauptungen sogar glaubhaft.

Trotzdem verfolgten die Reporter jeden seiner Wege, vom Abend des 14. bis zum Vormittag des 16. September. Sie kamen zu dem Schluß, daß Mills als Eifersuchtsmörder nicht in Frage kam.

Um so stärker richtete sich ihre Aufmerksamkeit auf Frances Noel Hall, die sich seit der Beerdigung in ihr großes exklusives Haus zurückgezogen hatte und niemanden empfing. Die Reporter entdeckten – auch diesmal vor der Polizei –, daß die Gattin des Ermordeten in der Nacht vom 14. auf den 15. September ihr Haus durch die rückwärtige Tür betreten hatte. Doch das ganze Hauspersonal schwor, daß Mrs. Hall in der Nacht ihren Mann vermißt und ihren Bruder Willie geweckt hatte, der mit in ihrem Hause lebte. Beide waren zur Kirche gegangen, weil sie annahmen, Hall könne dort eingeschlafen sein. Da sie die Kirche verschlossen fanden, kehrten sie nach Hause zurück und benutzten den Hintereingang. Am folgenden Tage hatten sie beschlossen abzuwarten, um ›kein Aufsehen zu erregen‹. Louise Geist, eine Angestellte und Vertraute von Mrs. Hall, erklärte, diese habe nicht das mindeste von den Heimlichkeiten ihres Mannes gewußt, jeder Gedanke an eine Eifersuchtstat sei schiere Phantasterei.

Da Einwohner der Häuser in der Nähe von De Russey's Lane berichteten, sie hätten an dem Mordabend gegen 9.30 Uhr Stimmen, Schüsse und Autos gehört, auch Autos unbeleuchtet davonfahren sehen, tauchte vorübergehend der Gedanke auf, der Ku-Klux-Klan habe die Mordtat verübt. Tatsächlich gehörte es in jenen Jahren zu den Zielen der berüchtigten amerikanischen Geheimgesellschaft, moralische Fehltritte zu bestrafen. Im Juli 1921 war der Reverend Irvin in Miami geteert und gefedert worden, weil er sich Mitgliedern seiner Kirche unsittlich genähert haben sollte. Es gab eine Reihe ähnlicher Beispiele. So war es verständlich, wenn man daran dachte, eine Ku-Klux-Klan-Gruppe könnte Hall und Eleanor Mills für ihren unmoralischen Lebenswandel bestraft haben. Den Reportern jedoch schien diese These zu simpel. Sie glaubten nicht an die Schuldlosigkeit des Stevens-Clans.

Ihre Aufmerksamkeit wandte sich den Hauptmitgliedern dieses Clans zu, den beiden Brüdern Frances Noel Halls. Der eine, Willie Stevens, galt seit langem als Original. Er ähnelte einem Mulatten, und in New Brunswick erzählte man sich, er sei der illegitime Sproß des alten Stevens aus dem Umgang mit einer Farbigen. Obwohl Willie Stevens nicht zur Feuerwehr gehörte, ging er gerne in einer selbst erfundenen Feuerwehruniform einher. Sicher war, daß er einen Revolver des Kalibers .32 besaß – das gleiche Kaliber hatte die Patronenhülse, gegen die Sheriff Conkling am Tatort mit dem

Fuß gestoßen war. Verdächtig war auch, daß er seinen Schwager Hall aus finanziellen Gründen gehaßt hatte. Frances Noel Halls zweiter Bruder Henry war dagegen ein vollendeter New-England-Gentleman. Aber er stand in dem Ruf, ein glänzender Schütze zu sein. Lag es also wirklich völlig fern, daß die beiden Brüder dem Reverend Hall und Eleanor Mills gefolgt waren, um sie bei Intimitäten zu überraschen und die Familienehre zu retten?
Der Druck der Presse wurde so heftig, daß Staatsanwalt Beekman in Somerville danach trachtete, die ärgerliche Angelegenheit abzuschütteln. Er entwickelte folgende Theorie: Die Körper der Toten seien allzu sorgfältig zurechtgelegt gewesen. Jedermann, so erklärte er, müsse daraus folgern, daß sie auf dem Gebiet von Middlesex ermordet und später erst nach De Russey's Lane geschleppt worden waren. Er übersandte Staatsanwalt Stricker in New Brunswick die Beweismittel, die am Tatort gefunden worden waren: die Visitenkarte, die Patronenhülse und die Liebesbriefe. Der oberste Richter des Staates New Jersey, Parker, entschied jedoch in den gleichen Tagen, daß der Mordfall von Somerville aus zu bearbeiten sei. Inzwischen war aber Staatsanwalt Stricker in New Brunswick zu der Überzeugung gekommen, daß er sich des Falles annehmen müsse. Da nämlich in den USA die öffentlich gewählten Staatsanwälte Stimmen für ihre Wiederwahl benötigten, glaubte Stricker, es sei ein Verbrechen an seiner Karriere, wenn er sich diesen Fall Hall, der immer mehr Sensation machte, entgehen ließ. So begann er mit eigenen Ermittlungen. Unversehens entbrannte auf diese Weise ein Wettstreit zwischen zwei Staatsanwälten, der zu zahlreichen Doppelvernehmungen führte und nach zwölf Tagen im Nichts endete.
Am 27. September lud Beekman in Somerville die Journalisten zu sich ein, um ihnen – im Zuge seines Wettstreits mit Stricker – ›neue Schritte von entscheidender Bedeutung‹ anzukündigen. »Zwölf Tage lang ist nachgeforscht worden«, erklärte er, »wir haben nicht die Spur eines Motivs für den Mord und die Spur eines Hinweises auf den Mörder gefunden.« Dann verkündete er die geplanten neuen Maßnahmen. »Ich habe bei Richter Charles W. Parker um die Genehmigung nachgesucht, die Leiche von Mrs. Mills exhumieren zu lassen. Eine Autopsie wird uns möglicherweise mehr verraten, als wir heute wissen.«
Richter Parker unterzeichnete am Nachmittag des 27. September eine entsprechende Vollmacht. Zwei Tage später wurde der Leichnam Eleanor Mills' ausgegraben und in den Aufbahrungsraum im Bestattungsunternehmen von John V. Hubbard überführt. Da die Autopsie auf dem Boden von Middlesex County stattfand, er-

zwang Stricker, daß sich ein Arzt aus New Brunswick daran beteiligte. Aus Somerville kam Dr. Runkle Hegeman, aus New Brunswick Dr. Arthur L. Smith, der eine praktischer Arzt, der andere Chirurg. Keiner von beiden besaß Erfahrungen auf dem Gebiet der Pathologie, geschweige denn der forensischen Pathologie. Das Ergebnis der Leichenöffnung war entsprechend: Die Schnittwunde durch den Hals der Toten reichte bis zur Halswirbelsäule. Luftröhre und Speiseröhre waren durchtrennt. »Beide Arterien und Venen«, so hieß es wörtlich, »die das Blut zum und vom Gehirn führen, waren durchschnitten ... Die Durchtrennung des Halses wurde mit einem scharfen Messer vorgenommen. Die Linie der Schnittwunde war glatt und nicht gezackt, wie es sein müßte, wenn ein stumpferes Instrument benutzt worden wäre.« Hegeman, der sich besonders mit dem Kopf der Toten beschäftigte, konstatierte: »Ich fand, daß Mrs. Mills drei Schüsse in den Kopf erhielt. Alle Schüsse durchdrangen das Gehirn ...« Schließlich fanden sich noch eine kleine Wunde an Mrs. Mills Oberlippe und einige Kratzer an beiden Armen. Es mochte neu sein, daß Eleanor Mills von drei Kugeln getroffen worden war und daß sie Kratzer an den Armen hatte. Aber wie diese Feststellung und die Bemerkung, der Halsschnitt rühre von einem scharfen Messer her, Beekman und den Gouverneur von New Jersey, Edward, am folgenden Tag zu der enthusiastischen Feststellung bewegen konnten, nach dieser Autopsie werde die Aufklärung des Falles ›in Bewegung kommen‹, blieb rätselhaft. Wenn es eine Erklärung dafür gab, dann nur die völlige Ahnungslosigkeit eines ganzen Landes und seiner Juristen und Polizeibeamten gegenüber allem, was forensische Pathologie war, was sie leisten konnte und wo ihre Grenzen lagen.

Staatsanwalt Stricker in New Brunswick glaubte sich durch Beekmans Initiative in den Hintergrund gedrängt. Am 30. September beschloß er, seinerseits ebenfalls eine Autopsie in die Wege zu leiten, und zwar eine Sektion der Leiche Halls. Er wandte sich an den obersten Gerichtshof von Brooklyn, wurde aber abgewiesen. So kam Beekman zu einem neuen, wenn auch makabren Triumph: Ihm wurde gestattet, Halls Leiche exhumieren zu lassen. Die Richter von Brooklyn kamen Stricker nur insoweit entgegen, als Dr. Smith abermals an der Autopsie teilnehmen durfte. Am 5. Oktober wurden Halls Überreste in eine Leichenhalle geschafft. Als Hegeman und Smith das Hospital verließen, verkündete Hegeman den wartenden Reportern: »Wir fanden nichts besonders Neues. Dr. Hall wurde durch eine Kugel getötet, die rechts in seine Schläfe eintrat und auf der Hinterseite des Halses austrat. Der Ausschuß lag zehn Zenti-

meter tiefer als der Einschuß. Die Kugel durchschlug das Gehirn und hatte anscheinend das Kaliber .32.« Außerdem hatte man einige Kratzer mit geronnenem Blut an der linken Handfläche und eine kleine Wunde unterhalb des rechten Knies festgestellt. Sie konnte durch ein stumpfes Instrument, aber auch durch einen Fall auf einen Baumstumpf entstanden sein.
Die Autopsie war genauso unsachgemäß und oberflächlich vorgenommen worden wie die an der Leiche Eleanor Mills' und – genauso ergebnislos. Solange keine Beziehungen zu den Verhältnissen am Tatort und zum Zeitpunkt der Tat hergestellt wurden, bedeuteten sie gar nichts.
Wenn die Bearbeitung des Falles Anfang Oktober überhaupt wiederaufgenommen wurde, so deshalb, weil der Generalankläger von New Jersey ungeduldig wurde und den Staatsanwalt von Essex County, Wilbur A. Mott, beauftragte, die Aufklärung des Falles zu übernehmen. Er glaubte, ein Mann, der nicht aus den betroffenen Bezirken stammte, werde erfolgreicher sein. Mott aber griff die Zeugenaussage auf, die eine Frau schon einige Tage vor seinem Amtsantritt gemacht hatte. Selbst Beekman und Stricker hatten diese Aussage nicht ernst genommen. Bei der Zeugin handelte es sich um Jane Gibson, eine fünfzigjährige Witwe, die am Ende von De Russey's Lane eine heruntergekommene Schweinezüchterei betrieb und von den Reportern sogleich den Namen ›Pig-Woman‹ erhielt. Sie sagte aus, am Abend des 14. September habe sie Lärm gehört und sei auf ihrem Maultier diesem Lärm nachgeritten. An der Mordstelle sah sie im Dunkeln zwei Männer und zwei Frauen. Es hatte Streit gegeben. Eine der Gestalten war zu Boden gestürzt, eine Frau rief: »Tu es nicht!« Dann folgte eine Reihe von Schüssen. Eine zweite Gestalt stürzte zu Boden. Zwei Personen blieben zurück. Eine davon war eine Frau. Sie legte die Hand auf die Schulter ihres männlichen Begleiters und rief: »Henry.« Dies war zunächst alles. Aber Henry war der Vorname von Frances Noel Halls Bruder, des guten Schützen.
Natürlich stürzten sich die Reporter auf Jane Gibson und umlagerten ihr schmutziges Haus. Die endlosen Fragen der Journalisten hatten immer ausführlichere Antworten zur Folge. Jane Gibson erinnerte sich nun, daß die Frau, die den Namen Henry rief, weißhaarig war (wie Frances Noel Hall). Sie hatte auch noch einen dritten Mann mit buschigem Haar gesehen, der an einen Neger erinnerte (wie Willie Stevens). Auf Fotografien identifizierte sie Mrs. Hall und Willie Stevens.
Wilbur A. Mott machte Jane Gibson zur Hauptzeugin seiner An-

klage gegen Frances Noel Hall und ihre Brüder. Außerdem trug er eine Vielzahl von Gerüchten zusammen. So erklärte ihm der Chef der Feuerwehr von New Brunswick, Willie Stevens habe ihm am Tage, bevor die Toten gefunden wurden, geheimnisvoll zugeflüstert: »In unserem Haus hat es Ärger gegeben. Es gibt einen großen Knall.« Am 20. November 1922 brachte Mott seine Anklage vor die Grand Jury (eine Versammlung von Geschworenen, ebenfalls aus dem englischen Recht übernommen. Sie hatte darüber zu entscheiden, ob das Anklagematerial ausreichte, einen Prozeß vor Gericht zu eröffnen). Während mehr als hundert Reporter vor dem Haus des Bezirksgerichts in Somerville warteten, trat die Grand Jury zusammen. New Yorker Zeitungen engagierten Lippenleser, die durch die Fenster hindurch Motts Zeugen beobachten und die gesprochenen Worte von ihren Lippen ablesen sollten. Die Jury tagte bis zum 28. November. Aber alle Hausangestellten Frances Noel Halls, von Louise Geist bis zu ihrem Chauffeur, lieferten Alibis für die Witwe und ihren Bruder Willie. Und Henry Stevens verfügte über völlig unverdächtige Alibizeugen. Sie bestätigten, daß er zur Zeit des Mordes fünfzig Meilen entfernt in Lavalette gewesen war.

Am 28. November verkündete der Vormann der Geschworenen, die Grand Jury habe nicht genügend eindeutige Beweise gehört, um den Mordfall vor Gericht zu bringen. Die ›Daily Home News‹ faßte die allgemeine Stimmung in die Worte zusammen: »Gleichgültig, was es kosten mag, und gleichgültig, wie lange es dauern wird – es gibt in keinem Amt mehr Platz für einen Mann, der zuläßt, daß die Untersuchung der Affäre auf diese Weise zu Ende geht.« Und in der Tat: New Yorker Zeitungen sorgten dafür, daß die Affäre nicht zur Ruhe kam.

In New Brunswick und Somerville geriet der Fall langsam in Vergessenheit, als im Juli 1926 die eben gegründete Hearst-Zeitung ›Daily Mirror‹ ihren Lesern sensationelle Meldungen auftischte. Sie stützte sich auf die Aussagen eines Klavierstimmers namens Arthur S. Riehl, der etwa zehn Monate vorher Louise Geist, das einstige Hausmädchen Frances Noel Halls, geheiratet hatte. Im Juli 1926 verlangte Riehl die Scheidung und erklärte bei dieser Gelegenheit, Louise Geist sei im Jahre 1922 von den Stevens' bestochen worden. In Wirklichkeit habe sie Kenntnis von dem Doppelmord gehabt. Denn sie sei am 14. September 1922 zusammen mit Mrs. Hall und Willie Stevens nach De Russey's Lane hinausgefahren und habe den Mord beobachtet. Phil Payne, der Chefredakteur des ›Mirror‹, behauptete, noch von anderen Bestechungen und falschen Aussagen zu wissen, und forderte den Gouverneur von New Jersey, Moore, auf, den Fall wiederaufzugreifen. Sofort stürzten sich auch die anderen New Yorker Blätter erneut auf das Thema. Moore sah sich außerstande, dem Druck der wiedererwachenden öffentlichen Erregung Widerstand zu leisten. Noch einmal beauftragte er einen unparteiischen Mann mit einer Untersuchung. Seine Wahl fiel auf einen persönlichen Freund, den Rechtsanwalt Alexander Simpson.

Als Simpson, ein kleiner, vor Ehrgeiz brennender Mann, am 2. August in Somerville eintraf, stieß er auf ein ›Chaos ohne Beispiel‹. Ein großer Teil der Beweismittel von 1922 war verschwunden. Willie Stevens hatte seine Pistole zurückerhalten. Protokolle von Zeugenaussagen waren verschwunden. Am 3. August versuchte Markus W. Beekman, der Bruder des inzwischen verstorbenen Staatsanwaltes von Somerville, Protokolle der Zeugen aus dem Jahre 1922 an den ›Daily Mirror‹ zu verkaufen. Er hatte sie in einem Umschlag gefunden und an sich gebracht. Die Visitenkarte, die zu Füßen des toten Reverend Hall gelegen hatte, war auf ›unwahrscheinlichen Wegen‹ abhanden gekommen: Ein angeblicher Fingerabdruckexperte hatte die Karte angeblich entliehen. Simpson mußte nach ihr fahnden, bis er sie im Archiv einer Zeitung beschlagnahmen konnte. Die Originalberichte über die durch Dr. Hegeman und Dr. Smith vorgenommenen Autopsien waren verschwunden.

Zu den ersten Maßnahmen Simpsons gehörte es, daß er eine abermalige Exhumierung der Ermordeten beantragte. Ein englischer Journalist, Pieter Robertson, berichtete später: »Simpson hatte allen Ernstes die Vorstellung, daß neue Autopsien ihm irgendwelche Schlüssel zur Lösung des verworrenen Falles in die Hand geben könnten. Die Schlüssel erhielt er nicht, sondern allenfalls eine Bestätigung für die Leichtfertigkeit und Unwissenheit, mit der die Ärzte im Jahre 1922 ihre Aufgabe erfüllt hatten.« Simpson beauftragte mit den neuen Autopsien einen Arzt aus New York. Dr. Otto H. Schultze, ein teils geachteter, teils verhaßter Mann deshalb, weil er gegen die Institution der Coroners aufgetreten war. Die Staatsanwaltschaft von New York hatte ihn seit einigen Jahren als ›Medical Assistent‹ engagiert. Ende Oktober sezierte er die Überreste Halls in Brooklyn. Am 28. Oktober kam er nach New Brunswick und untersuchte in einer Garage, was von Eleanor Mills übriggeblieben war.

Als Simpson nach hitzigen Debatten mit einer Grand Jury am 5. November in Somerville Anklage gegen Frances Noel Hall und ihre beiden Brüder wegen Mordes erhob, trat Schultze als Zeuge der

Anklage auf. Er erregte großes Aufsehen dadurch, daß er eine aus Gips gefertigte Figur auf das Geländer vor der Geschworenenbank tragen ließ. Die Figur stellte den Kopf und die Schulterpartie eines Menschen dar und ließ sich in Teile zerlegen. Schultze öffnete den Kopf und zeigte den Geschworenen, welchen Weg die tödlichen Kugeln eingeschlagen hatten. Aber diese Vorführung trug nichts zur Klärung des Falles bei. Sie blieb eine ›Show‹, eine Sensation für die Journalisten und die im Gerichtssaal Anwesenden.
Wichtiger war etwas anderes. Schultze berichtete über die Autopsie an Eleanor Mills: »Der obere Teil der Luftröhre, der Kehlkopf und die Zunge fehlten ...«
»Es handelte sich also« – rief Simpson – »um alle jene Organe, die sie zum Singen benötigt hatte.«
Schultze erwiderte: »Ja.«
Ob, so erkundigte sich Simpson, Schultze angeben könne, auf welche Weise ihr diese Organe entfernt worden seien?
Schultze antwortete: »Man hat sie herausgeschnitten.«
Simpson rief Dr. Hegeman und Dr. Smith in den Zeugenstand. Warum, fragte er sie, hatten sie 1922 nicht diesen Umstand entdeckt, der damals vielleicht einen Hinweis auf einen Täter hätte geben können – einen Täter, der Eleanor Mills' Gesangsorgane haßte, weil er annahm, daß sie Hall mit ihrer Stimme betört hatte. Simpson mußte die Ärzte ›pressen‹, bis sie gestanden, daß sie die Mundhöhle der Toten überhaupt nicht geöffnet hatten.
Damit hatte Simpson einen seiner kleinen Triumphe. Aber das war bedeutungslos für den Prozeß. Unterstrichen wurde lediglich die Tatsache, wie sehr es an jedem gerichtsmedizinischen Denken, an jeder Vorstellung von der Bedeutung der forensischen Medizin und an der Zusammenarbeit zwischen Medizin und Polizei fehlte (und von der ersten Stunde an gefehlt hatte). Mochte Simpson kämpfen wie ein Löwe – alles war vergebens. Vergebens war Jane Gibsons dramatischer Auftritt, die mittlerweile an Krebs erkrankt war. Man fuhr sie im Krankenbett in den Gerichtssaal, damit sie ihre Aussagen von 1922 wiederholen konnte. Sie schrie Frances Noel Hall zu: »Ich sage die Wahrheit, so wahr mir Gott helfe. Und Sie wissen, Sie wissen es ...«
Aber Jane Gibsons Mutter, die unter den Zuschauern saß, rief gleichzeitig: »Sie ist eine Lügnerin, sie ist eine Lügnerin ...!«
Louise Geist, die ihrem Mann angeblich gestanden hatte, sie habe den Stevens-Clan beim Mord gesehen, erklärte, niemals habe sie ein solches Geständnis gemacht. Die Alibis der beiden Brüder Stevens und Frances Noel Halls (die von den Reportern als ›Eiserne Witwe‹

bezeichnet wurde) waren nicht zu erschüttern. Am 3. Dezember erklärten die Geschworenen die drei Geschwister, die 400 000 Dollar für ihre Verteidigung aufgewandt hatten, für nicht schuldig.
Der Fall Hall/Mills versank in jenem großen Nichts, in dem gerade in jenen Jahren so viele ungeklärte amerikanischen Fälle untergingen. Er versank indessen nicht als Beispiel für die Situation, in der sich die Gerichtsmedizin in den Vereinigten Staaten noch im dritten Jahrzehnt des zwanzigsten Jahrhunderts befand.

18

Im gleichen Jahr 1926, in dem die Hall-Mills-Affäre zu Ende ging, arbeitete der Amerikaner Ward J. MacNeal im Auftrage des National Research Council an zwei Berichten über das Coronersystem in New York. Zwar prüfte er nur die Verhältnisse in der größten Stadt der Neuen Welt. Aber was MacNeal über das Coronersystem zu sagen hatte, galt in unverhältnismäßig stärkerem Maße für das ganze Land. Je weiter man sich von der Ostküste entfernte, um so bedrückender erschien damals die Situation. Wenn das Coronersystem unter den weit geordneteren Verhältnissen in England schon so viel Kritik hervorrief – in Nordamerika war es innerhalb einer ungezügelten Entwicklung zu einem Tummelplatz abenteuerlichster Erscheinungen geworden. Die Art, wie Coroners durch Zeugenbefragung die Todesursache eines Menschen feststellten, ging oftmals ins Groteske. Unter hundert unklaren oder verdächtigen Todesfällen, die in New York zwischen 1868 und 1890 von Coroners untersucht worden waren, befanden sich nur acht Fälle, in denen eine Art Leichenöffnung vorgenommen worden war. Da es kaum Pathologen und überhaupt keine gerichtsmedizinisch erfahrenen Pathologen gab, führten zahlreiche Befunde in die Irre. Bestattungsunternehmer, die als Coroners tätig waren, gingen grundsätzlich Autopsien aus dem Wege, weil ihnen das Geschäft wichtiger war. Sie wollten den Verwandten der Verstorbenen bei der Aufbahrung keine ›beschädigten Toten‹ vorweisen. Die Entscheidungen der Coroners enthielten zahlreiche Sentenzen etwa folgender Art: »Der Tote kam durch eine Pistolenschußwunde ums Leben. Auf welche Weise, ist unbekannt, da kein Pistolenschuß abgefeuert wurde.« Unter den Coroners, die in New York zwischen 1898 und 1915 gewählt worden waren, befanden sich acht Leichenbestatter, sieben berufsmäßige Politiker, sechs Immobilienhändler, zwei Barbiere, zwei Klempner, ein Metzger, ein Milchmann, zwei Barbesitzer und so fort. Die Ärzte, die vereinzelt gewählt wurden, waren Trinker

oder Versager in ihrem Beruf. Manche Coroners in Brooklyn standen in dem Ruf, Preise dafür auszusetzen, daß die Leichen Ertrunkener, die fast täglich im Newton Creek zwischen Brooklyn und Queens trieben, auf die Brooklyner Seite hinübergestoßen wurden, weil ihnen jeder ›Inquest‹ 12 bis 50 Dollar einbrachte.
Solche und ähnliche Zustände hatten im Jahre 1877 in Boston zu einer so heftigen Empörung unter der Bevölkerung geführt, daß die wählbaren Coroners abgeschafft wurden. An ihre Stelle waren ›Medical Examiners‹ getreten, die Pathologen sein mußten, durch den Gouverneur selbst für eine Amtsdauer von sieben Jahren bestellt wurden und die Aufgabe hatten, jeden Toten zu untersuchen, von dem angenommen werden mußte, daß er eines unnatürlichen Todes gestorben war. Da in der Öffentlichkeit (wie in England) eine tiefe Aversion gegen Leichenöffnungen herrschte, durften die Medical Examiners Autopsien nur mit Einverständnis eines Staatsanwaltes vornehmen. Auf diese Weise hatte sich abermals ein gewisser politischer Einfluß eingeschlichen; er wog allerdings wenig gegenüber der Tatsache, daß endlich alle verdächtigen Todesfälle fachmännisch überprüft wurden. Wie richtig das war, was 1877 im Staate Massachusetts begann, bewies die Aufdeckung zahlreicher Morde, die vorher unaufgeklärt geblieben oder vertuscht worden waren. Manche der ersten Medical Examiners wiesen jene oft abenteuerlich anmutenden Züge auf, die so viele amerikanische Pioniere auch auf anderen Gebieten auszeichnete ...
Einer der hervorragendsten unter ihnen war Dr. Georges Burgess Magrath. Er trat 1906 sein Amt als Medical Examiner in Boston an. Magrath war ein Exzentriker und ›Show-man‹ par excellence, ein großer, schwerer Mann mit flammendrotem Haar, dessen Verlust in späteren Jahren durch eine ebenso flammendrote Perücke wettgemacht wurde. Seine schwarzen Künstlerkrawatten, seine grellfarbigen Westen und grünstichigen Anzüge waren stadtbekannt. Als Junggeselle hauste er über seinem Office in einem alten Gebäude an der Boylston Street. Er aß nur einmal am Tage, dann allerdings gründlich, und behauptete, der Mann zu sein, der sich die meisten Symphoniekonzerte in ganz Massachusetts angehört hatte. Im übrigen fuhr er einen uralten Ford namens Lizzie, an dem eine Art Feuerwehrglocke befestigt war. Sie läutete Sturm, wenn er zu einem Tatort oder einer Leichenbesichtigung fuhr. Magrath betrieb diese Art von Showbusineß ganz bewußt. Einem Assistenten, dem Toxikologen William F. Boos, erklärte er: »Bill, Sie müssen die Leute beeindrucken. Es hilft, es hilft ...« Er kannte die wissenschaftsfeindliche oder zumindest der Wissenschaft verständnislos

gegenüberstehende Umwelt jener Tage. Wenn man jedoch von einigen längst vergessenen Amerikanern wie J. S. Stringham und Romain Beck absah, die zwischen 1815 und 1823 in New York vergeblich versucht hatten, europäische Gerichtsmedizin zu lehren, dann war Magrath der erste, der sich in Amerika der Methoden der europäischen forensischen Pathologie bediente. Er war nicht nur ein Pathologe aus Leidenschaft. Früh schon vertrat er die Auffassung, daß die forensische Medizin sich von der Pathologie her auf die allgemeine Naturwissenschaft auszudehnen habe – eine Entwicklung, die wir in Europa noch kennenlernen werden. In seinem Notizbuch stand der denkwürdige Satz: »Wenn das Gesetz von dir verlangt, daß du als Zeuge auftrittst, dann bleibe stets ein Mann der Wissenschaft. Es ist nicht deine Aufgabe, ein Opfer zu rächen, einen Unschuldigen zu retten oder einen Schuldigen zu vernichten. Deine Aufgabe ist es ausschließlich, Zeugnis im Rahmen deines Wissens und deines wissenschaftlichen Vermögens abzulegen.«

Trotz der überraschenden Erfolge der neuen Institution in Massachusetts dauerte es bis zum Jahre 1915, ehe die Stadt New York ein Gesetz erließ, das auch hier die Coroners ihrer Ämter enthob und Medical Examiners an ihre Stelle setzte. Als John Purroy Mitchell 1914 das Amt des Bürgermeisters von New York antrat, geschah es im Zuge einer der ›Reformbewegungen‹, die von Zeit zu Zeit dafür eintraten, daß Mißstände der vorangegangenen Verwaltung beseitigt wurden. Mitchell beauftragte einen seiner Beamten, Wallstein, das Coronersystem in New York zu überprüfen. In Wallsteins Bericht hieß es: »Die Coroners von New York stellen eine Vereinigung von politischer Macht, Unfähigkeit und Verantwortungslosigkeit dar ... Wie die Toten untersucht werden, geht aus der Aussage der Leichenwärter hervor, wonach eine Untersuchung, die länger als fünf Minuten dauert, etwas Außergewöhnliches ist ... Im Tätigkeitsbereich der Coroners von New York sind Kindesmord und geschickte Vergiftung Verbrechen, die keinerlei Risiko für die Täter mit sich bringen ...«

Als Folge dieses Berichts entstand ein Medical-Examiner-Gesetz für New York. Es bestimmte, daß vom 1. Juli 1918 an ein ›Chief Medical Examiner‹, unterstützt durch eine größere Anzahl von Assistenten, die Coroners ablösen sollte. Der Chief Medical Examiner und alle seine Mitarbeiter mußten erfahrene Pathologen sein, die auch ›in Mikroskopie und Blutuntersuchungen‹ geschult waren. Sie hatten die Aufgabe, alle Todesfälle zu untersuchen, die sich ›infolge von krimineller Gewaltanwendung, Unfall oder Selbstmord ereignen‹, ferner ›alle plötzlichen Todesfälle bei offenbarer vorheriger Gesundheit oder bei Leuten, die nicht in ärztlicher Behandlung gestanden hatten‹. Der Chief Medical Examiner wurde verpflichtet, sich an den ›Ort des Todes‹ zu begeben. Er selbst konnte entscheiden, ob eine Autopsie notwendig war oder nicht; er war verpflichtet, die Autopsie durchzuführen und Fälle gewaltsamen Todes den Staatsanwälten zu melden.

Die Coroners von New York wehrten sich – verständlicherweise: Schließlich wollten sie ihre Stellung behaupten. Sie erklärten, das Medical-Examiner-System werde zu einem ›Schlachtfest der Ärzte‹ führen. Sie schöpften noch einmal Hoffnung, als Bürgermeister Mitchell in den Wahlen des Jahres 1917 gestürzt wurde und John F. Haylan an seine Stelle trat. Haylan bemühte sich, das 1915 beschlossene Gesetz zu ›vergessen‹. Erst als ihn der Druck der Öffentlichkeit zwang, das Gesetz in Kraft zu setzen, ernannte er widerwillig einen der wenigen New Yorker Ärzte, welche die Voraussetzungen für dieses Amt besaßen, zum Chief Medical Examiner, Dr. Charles Norris.

Mit Norris aber trat ein Mann auf den Plan, der ein erstes festes Fundament für die Gerichtsmedizin der Neuen Welt schuf. Norris – ein Riese, mehr als zwei Zentner schwer, mit tiefliegenden dunklen Augen und einem Spitzbart – war 1867 in Hoboken geboren, hatte an der Columbia-Universität Medizin studiert und war dann nach Europa gegangen. Dort hatte er zwei Semester in Kiel und ein Wintersemester in Göttingen verbracht und später bis zum Jahre 1894 in Berlin bei Virchow, dem König der Pathologen, gearbeitet. Schließlich hatte er von 1894 bis 1896 in Wien bei Eduard von Hofmann und Kolisko gewirkt und die europäische forensische Medizin an einer ihrer Geburtsstätten kennengelernt. Von 1904 bis 1918 war er Professor für Pathologie und Leiter des chemisch-bakteriologischen Laboratoriums am Bellevue-Hospital in New York – längst ein vermögender, unabhängiger Mann. In dem Augenblick, in dem er das Amt des Chief Medical Examiners von New York übernahm, sah er die Verwirklichung von Vorstellungen nahen, die er aus Wien mit nach Hause gebracht hatte. Schwierigkeiten allerdings waren genug zu überwinden. Immer wieder versuchten Politiker, den Etat des neuen Amtes zu kürzen. Norris jedoch wendete erhebliche Teile seines Vermögens auf, um Laboratoriumseinrichtungen zu beschaffen. Als begabter Organisator gründete er ein Zentralbüro in Manhattan, das Tag und Nacht mit einem Telefondienst besetzt war. Ein Zweigbüro entstand in Brooklyn. Jüngere Pathologen arbeiteten in den Leichenhallen der New Yorker Stadtteile Manhattan, Brooklyn, Bronx, Queens und Richmond. Andere versahen den Außendienst, ständig bereit, die Stätte jedes Todesfalles aufzusuchen.

Einer der wichtigsten Mitarbeiter aber, den Norris gewann, war Alexander Oscar Gettler. 1883 in Wien geboren, war er als Fünfjähriger nach New York gekommen. Das Geld, das er als Chemiestudent benötigte, hatte er während der Nächte als Billettverkäufer auf einer Fähre an der Battery verdient. Später war er als Chemiker in Norris' Laboratorium eingetreten und hatte sich besonders mit Biochemie und Toxikologie beschäftigt. Als Norris im Sommer 1918 vergebens um die Mittel für ein eigenes chemisches Laboratorium kämpfte, übernahm Gettler zu seiner Arbeit im Bellevue-Hospital die chemisch-toxikologischen Untersuchungen für den Chief Medical Examiner. Der kleine, verschlossene Mann ahnte nicht, welch eine Arbeit er sich auflud.

Wie ein Sturmwind wirkte Norris, wenn er plötzlich persönlich an den Orten des Todes und der Verbrechen erschien. Er traf auf Polizeibeamte, die noch an die oft so obskuren, medizinisch ahnungslosen Coroner gewöhnt waren. Für immer grub sich der Eindruck der ersten Begegnungen mit dem bärtigen Riesen in die Erinnerung der Beamten ein. Der Gigant im eleganten Wagen mit dem Chauffeur Charlie Liebermann am Steuer, der Unermüdliche, der Morgen für Morgen in der Leichenhalle von Manhattan verbrachte, mittags seine Handschuhe abstreifte und in einem der vornehmsten Hotels an der Park Avenue seinen Lunch einnahm, war mehr noch als Magrath dazu geschaffen, über den Kreis der Verwaltung, der Justiz, der Polizei hinaus eine populäre, ja legendäre Gestalt zu werden und in New York eine erste Vorstellung von dem zu verbreiten, was forensische Medizin bedeutete.

Von 1918 an gingen fast Jahr für Jahr zwischen 15 000 und 20 000 Meldungen über verdächtige oder unklare Todesfälle in Norris' Amt ein. Er und seine Assistenten nahmen 4000 bis 6000 Autopsien pro Jahr vor. Bis 7000 gewaltsame Todesfälle wurden in zwölf Monaten bearbeitet – in einem einzigen Jahr 338 Fälle von Tod durch Erschießen, 120 Fälle von Erdrosselung, 638 Fälle von Gasvergiftung, 446 Fälle von Ertrinken oder Ertränken, 326 Fälle von Tod durch Feuer. Wenn Norris an Wien zurückdachte und das Maß an Erfahrungsmöglichkeiten, das sich dort geboten hatte, mit der Flut verglich, die in New York gegen ihn anbrandete, erfaßte ihn Zorn darüber, daß all diese Erfahrungen nur seinen wenigen Mitarbeitern zugute kamen – und niemandem sonst. Er wirkte zwar Haus an Haus mit den medizinischen Fakultäten der New

Yorker Hochschulen; sie schufen damals die Grundlage für eine amerikanische Medizin, die in wenigen Jahren die Nabelschnur von Europa her zerschneiden und von einer Nehmenden zur Gebenden werden sollte. Aber für die forensische Medizin, für die Ausbildung von Ärzten, die im ganzen Land das tun konnten, was er in New York tat – dafür fehlten Verständnis und Raum.

In Gesprächen mit Journalisten brach es gelegentlich aus ihm hervor: »Wir haben in diesem Land mehr Intelligenz und Kultur als sonst irgendwo in der Welt. Wir haben einen Unternehmungsgeist, um den uns die Alte Welt beneiden könnte. Aber wir sind nicht gebildet, old man!« (Dies war neben dem Ausruf »Christophero Colombo« einer seiner Lieblingsausdrücke.) »Wir nennen uns frei. Aber wir sind frei, um Esel aus uns zu machen ... Wir sind – es ist zum Lachen – einfach kurzsichtig und dumm ...« Und dann: »In jeder großen Stadt und in jeder County müßte ein kompetenter Medical Examiner vorhanden sein. Wir müßten sofort damit beginnen, junge Ärzte auszubilden, die ihr Leben dieser Aufgabe widmen ...« Norris klagte verbittert über die Vorstellung, normale praktische Ärzte oder selbst Pathologen könnten brauchbare Medical Examiners sein: »Anwärter auf ein Amt im Stab des Medical Examiners in New York müssen schwere Prüfungen durchlaufen. Ein junger Arzt sollte wenigstens fünfzig Autopsien durchgeführt haben, bis er als Assistent beginnen kann – als Assistent, der zunächst nur bei unwichtigen Aufgaben eingesetzt wird. Und dann vergleichen Sie damit das Können und die Erfahrung eines Durchschnittsdoktors ...« Norris war ein Mann, dem es schwerfiel, Dummheit und Einsichtslosigkeit gegenüber Geduld zu zeigen. Erst im Jahre vor seinem Tode, 1934, gelang es ihm, am New Yorker University College for Medicine so etwas wie ein ›Department of Forensic Medicine‹ zu schaffen. Aber ein europäischer Arzt, Kurt E. Landé, der um diese Zeit nach New York kam und im Amt des Chief Medical Examiners arbeitete, berichtete im Jahre 1936, daß sich 1935 ganze zwei Studenten fanden und 1936 nur ein Student, die Interesse an der forensischen Medizin zeigten. Aber woher hätte dieses Interesse auch kommen können? Wie sollte man den Nutzen einer Beschäftigung mit der forensischen Medizin erkennen, wenn es in der großen Weite des Landes, außerhalb von Boston oder New York, keine Ämter gab, keine Möglichkeiten einer Karriere? Weshalb sollten sich Medizinstudenten in einem Augenblick, in dem der Aufschwung der amerikanischen Allgemeinmedizin ihnen alle Tore weit öffnete, ein Sonderfach wählen, das ihnen keine Chancen zu bieten schien? Wie sollten sie in einer Stunde, in der die amerikanische Medizin (weit folgerichtiger noch als die europäische) sich mehr und mehr spezialisierte, überhaupt ein Spezialfach begreifen, das im Zuge seiner langen europäischen Entwicklung geradezu ein Sammelbecken der verschiedensten Spezialfächer, von der Pathologie bis zur Psychiatrie, geworden war?

Als Norris im September 1934 in seinem siebenundsechzigsten Lebensjahr an einem Herzanfall starb, hatte die Idee der Medical Examiners außer in Boston und New York nur in Newark Fuß gefaßt, und die Harvard-Universität hatte im Jahre 1932 begonnen, ein Institut für gerichtliche Medizin zu gründen. Die Coroners beherrschten nach wie vor den größten Teil der Vereinigten Staaten. Charles Norris hinterließ seinem Nachfolger Thomas A. Gonzales und seinen Mitarbeitern und Schülern, an ihrer Spitze Milton Helpern, Morgan, Vance, M. Edward Marten und Gettlers Assistenten und Nachfolger Charles J. Umberger, eine Aufgabe, die zu erfüllen eine Generation nicht ausreichte.

Unterdessen ging die Entwicklung in der Alten Welt weiter ihren Weg.

19

Edinburgh. Buckingham Terrace Nr. 31. 17. März 1926.

Hier und zu diesem Zeitpunkt begann eine Affäre, die ein anderes Leitmotiv der forensischen Medizin anklingen lassen und über Jahrzehnte nachwirken sollte.

Buckingham Terrace Nr. 31 war der Wohnsitz der Rentnerin Bertha Merrett und ihres Sohnes Donald. Am Vormittag jenes 17. März, um 9.30 Uhr, arbeitete Henrietta Sutherland, die Zugehfrau der Merretts, in der Küche, als sie den Knall eines Schusses hörte. Sie hatte erst kurz zuvor das Kaminfeuer im Wohnzimmer kontrolliert, Kohlen aufgelegt und dabei die sechsundfünfzigjährige Hausfrau Briefe schreibend am Tisch sitzen sehen, während der Sohn Donald auf der anderen Seite des Zimmers in einem Sessel saß und in einem Buch blätterte. Als Henrietta die Küchentür öffnete, trat ihr der achtzehnjährige Donald entgegen und erklärte ohne sonderliche Erregung: »Rita, meine Mutter hat sich erschossen.« Und gleich darauf: »Ich habe ihr Geld verbraucht, und sie hat sich deshalb Sorgen gemacht ...«

Als beide das Wohnzimmer betraten, lag Bertha Merrett zwischen dem Tisch und ihrem Schreibsekretär auf dem Fußboden. Blut floß aus einer Wunde am Kopf. Der Stuhl, in dem sie gesessen hatte,

war umgestürzt. Auf dem Sekretär glaubte Henrietta eine Pistole zu sehen. Henrietta lief zum nächsten Telefon. Kurz darauf trafen die beiden Konstabler Middlemiss und Izatt mit einem Ambulanzwagen ein, fanden, daß Bertha Merrett noch lebte, und ließen sie in das Königliche Krankenhaus transportieren. Middlemiss und Izatt waren Beispiele für jene auch im Jahre 1926 noch überaus zahlreichen Polizeibeamten, denen ausreichende Erfahrung auf dem Gebiet der Tatbestandsaufnahme fehlte. Sie waren später nicht in der Lage, genau anzugeben, unter welchen Umständen sie die Schwerverwundete gefunden hatten. Ja, sie machten völlig widersprechende Angaben darüber, wo die Pistole lag. Middlemiss nahm sie zwar an sich, konnte sich nachher aber nicht daran erinnern, ob sie auf dem Boden oder auf dem Sekretär gelegen hatte. Fingerabdrücke wurden nicht gesichert. Auf dem Tisch lag halb vollendet der von Bertha Merrett geschriebene Brief, zweifellos das letzte Zeugnis ihrer Gedanken. Er blieb unbeachtet. Erst auf dem Flur – die Bahre wurde schon aus dem Haus getragen – erkundigte sich Middlemiss bei Donald, was mit seiner Mutter gewesen sei. Er erhielt die Antwort »Geldsorgen« und begnügte sich damit. Da in Schottland Selbstmord unter Strafe stand, erschien einige Zeit später Detektiv-Inspektor Fleming in der Merrettschen Wohnung. Auch er sicherte keinerlei Spuren, ließ Bertha Merretts Brief unbeachtet (später war er verbrannt, und man suchte verzweifelt nach ihm) und war zufrieden damit, daß auf dem Sekretär zwei (auffällig ausgebreitete) Briefe lagen, in denen zwei Bankhäuser Bertha Merrett mitteilten, ihr Konto sei überzogen. Dies hielt Fleming für ausreichend, einen Selbstmord zu erklären. Fleming wies das Königliche Krankenhaus an, die Schwerverwundete in einen vergitterten Raum zu legen, weil sie im Falle der Genesung eine Anklage zu erwarten habe.
Unterdessen hatten sich zwei Ärzte, Dr. Bell und Dr. Holcombe, um die Verwundete bemüht. Sie fanden einen Einschuß hinter dem rechten Ohr. Eine Röntgenaufnahme zeigte eine Pistolenkugel in den Knochen der Schädelbasis. Eine Operation schien unmöglich. So versorgten sie nur die Wunde. Am nächsten Tage gewann Bertha Merrett das Bewußtsein wieder und verlangte zu wissen, was mit ihr geschehen sei. Da es untersagt war, mit Selbstmördern über ihren Fall zu sprechen, gab man ihr zur Antwort: »Sie hatten einen kleinen Unfall.« Aber sie hörte nicht auf, über ihre Verletzung nachzudenken. Zu Dr. Holcombe sagte sie: »Ich saß und schrieb Briefe. Mein Sohn Donald stand neben mir. Ich sagte: ›Geh weg, Donald, und stör mich nicht!‹ Als nächstes hörte ich eine Art von Explosion – an alles andere erinnere ich mich nicht ...«

Diese Aussage schien Dr. Holcombe sehr merkwürdig. Er informierte Inspektor Fleming und fragte, ob es sich wirklich um einen Selbstmord handele. Mrs. Merretts Zustand sei so bedenklich, daß in Kürze vielleicht keine Gelegenheit mehr bestehe, sie selbst zu befragen. Aber Fleming unternahm nichts. Einer Freundin namens Bertha Hill, die zu Besuch kam, sagte die Kranke: »Ich hatte keinen Unfall. Ich schrieb an Mrs. Anderson, und eine Pistole ging hinter meinem Ohr los.« Bertha Hill fragte: »Hast du selbst die Pistole in der Hand gehabt?« Die Antwort war: »Nein.«

Am 24. März traf Bertha Merretts Schwester Eliza Penn im Krankenhaus ein. Ihr erklärte die Kranke, sie habe am Tisch gesessen, als sich eine Explosion in ihrem Kopf ereignete. »So, als ob Donald auf mich geschossen hätte.« Dann bat sie die Schwester, sich um Donald zu kümmern. Am frühen Morgen des 1. April war Bertha Merrett tot.

Als Eliza Penn sich ›um Donald kümmerte‹, entdeckte sie Umstände, die sie ›aufs tiefste erschütterten‹. Donald hatte sofort, nachdem seine Mutter ins Krankenhaus gebracht worden war, ein Tanzmädchen im ›Dunedin Palais de Danse‹ engagiert und mit nach Hause genommen. Nacht für Nacht verließ er die Wohnung durch sein Schlafzimmerfenster. Er kaufte ein großes Motorrad (Eliza Penn begriff nicht, woher er das Geld nahm) und unternahm mit zwei Mädchen eine Fahrt nach London. Das Ergehen seiner Mutter interessierte ihn nur insoweit, als er fragte, ob sie noch am Leben oder schon tot sei. Auf dem Fußboden des Wohnzimmers fand sich eine abgeschossene Patrone, die Fleming nicht gesehen hatte. In Donalds Schlafzimmer lag eine Schachtel mit 38 Patronen der gleichen Art. Auf die Frage seiner Tante nach den Patronen erwiderte Donald, er habe sie und die Pistole einmal gekauft, um Kaninchen zu schießen. Seine Mutter habe ihm aber die Waffe abgenommen.

Eliza Penn hatte sich nie sonderlich mit der Art befreunden können, wie Bertha Merrett ihren Sohn erzog. Sie hatte ihr nur zugute gehalten, daß John Alfred Merrett, den sie im Jahre 1907 geheiratet hatte, ein abenteuernder Weltenbummler gewesen war, der sie mit ihrem Sohn allein gelassen hatte. Jetzt erfuhr sie, daß Donald seit Monaten sein College nicht mehr betreten, sondern eine gewisse Nelly Christy vom ›Dunedin Palais de Danse‹ ausgeführt und ihr kostspielige Geschenke gemacht hatte. Bertha Merrett war alledem gegenüber offenbar blind gewesen. Eliza Penn fragte sich, woher Donald das Geld für seine Eskapaden genommen habe. Auf eine Antwort brauchte sie nicht lange zu warten.

In der Hinterlassenschaft ihrer Schwester wurde ein Testament gefunden, wonach ihr kleines Vermögen zugunsten Donalds durch einen öffentlichen Vormund verwaltet werden sollte. Als der Vormund die Verwaltung übernahm, entdeckte er, daß allein in den letzten Monaten vor Bertha Merretts Tod von ihren Konten bei der Clydesdale- und der Midland-Bank 457 Pfund an Donald ausbezahlt worden waren, und zwar aufgrund von Schecks, die Bertha Merretts Unterschrift trugen. Sämtliche Unterschriften aber waren von Donald gefälscht. Am 15. März hatte die Clydesdale-Bank Bertha Merrett mitgeteilt, ihr Konto sei erschöpft. Anscheinend hatte Donald diesen Brief abgefangen und das Konto durch einen gefälschten Scheck auf die Midland-Bank ausgeglichen. Dadurch aber war das Konto bei der Midland-Bank überzogen worden, und am 17. März traf ein Mahnschreiben der Bank in Buckingham Terrace ein. Aber Eliza Penn bezweifelte, daß auch dieser Brief in die Hände der Toten gekommen war. Immer mehr verstärkte sich ihr Verdacht, daß Donald diesen Brief ebenfalls abgefangen und erkannt hatte, daß die Zeit der Täuschungen endgültig vorüber war. Sie argwöhnte, daß Donald seine Mutter ermordet und einen Selbstmord vorgetäuscht hatte.
Im Herbst 1926 häuften sich die Verdachtsgründe dafür, daß Bertha Merrett von ihrem eigenen Sohn erschossen worden war, so sehr, daß der Procurator-Fiscal (der in Schottland, anders als in England, eine ähnliche Rolle spielte wie auf dem Kontinent der Staatsanwalt) die Angelegenheit aufgriff. Am 29. November wurde Donald verhaftet und der Verbreitung falscher Schecks sowie des Mordes an seiner Mutter angeklagt.
Das war die Vorgeschichte des Falles Merrett bis zu dem Augenblick, an dem die forensische Medizin in den Mittelpunkt der Affäre trat.

20

Das Problem der Schußverletzung hatte die forensische Medizin besonders seit Devergie beschäftigt. Seine Erforschung gehörte zu dem großen Komplex der Verletzungen, wie sie durch Hiebe mit scharfen und stumpfen Waffen oder durch Stich, Stoß und Sturz entstanden. Die Studien hatten sich auf bestimmte Hauptfragen konzentriert. Es ging einmal um die Feststellung, ob und unter welchen Umständen Schußwunden tödlich waren. Es ging weiter darum, Einschuß und Ausschuß zu unterscheiden, da sich hieraus mancherlei Rückschlüsse auf den Ablauf eines Mordes, Mordversuchs oder Selbstmordes ziehen ließen. Man sondierte außerdem die Schußkanäle, weil die Verlängerung der Linien, in der sie verliefen, unter gewissen Umständen zu dem Punkt führten, an dem eine Waffe abgefeuert worden war. Nicht zuletzt ging es um die sehr wichtige Frage, inwieweit sich aus einer Einschußwunde auf die Entfernung schließen ließ, aus der ein Schuß abgefeuert worden war. Schon sehr früh hatte sich nämlich herausgestellt, daß sich auf Grund der Schußwundenuntersuchung eine Antwort auf die Frage geben ließ, ob es sich um Mord oder um Selbstmord handelte. Dazu war es notwendig, festzustellen, ob ein Schuß aus großer oder kleiner Entfernung oder unmittelbar vor seinem Ziel abgefeuert worden war. Niemals konnte ein Selbstmord vorliegen, wenn der Schuß aus einer Entfernung abgegeben wurde, die außerhalb der Reichweite des Selbstmörders lag. Es gab zwar Sonderfälle, in denen ein Selbstmörder beispielsweise ein Gewehr in einer bestimmten Position festmontierte, sich in einiger Entfernung in die Schußrichtung setzte und den Abzug mit einer Schnur betätigte. Aber derartige Fälle bildeten nur Ausnahmen. In allen sonstigen Fällen war die Feststellung der Entfernung, aus der geschossen worden war, von entscheidender Bedeutung.

Bei jedem Schuß entstand vor der Mündung der Waffe eine Flamme, deren Wirkung von der Art der Waffe und der Stärke ihrer Ladung abhing. Sofern ein Schuß aus einer Entfernung bis zu etwa 30 Zentimetern abgefeuert worden war, fand man rings um den Einschuß Kleidung, Haare oder Haut verbrannt. Allerdings hatte Eduard von Hofmann in Wien schon die Erfahrung gemacht, daß man hier sehr sorgfältig unterscheiden mußte. Jahrzehntelang war eine lederartige Verfärbung der Haut unmittelbar um die Einschußwunde für einen ›Brandsaum‹ gehalten und als ›Nahschußzeichen‹ gewertet worden. Hofmann wies jedoch nach, daß es sich um etwas völlig anderes handelte: Jedes in die Haut eindringende Geschoß verursachte eine Eindellung und schürfte dabei die oberste Hautschicht. Diese Abschürfung führte zu bräunlichen Hautveränderungen, die man genauso bei Schüssen aus großer Entfernung vorfinden konnte.

Daneben aber gab es einen echten Brandsaum, besonders dann, wenn die Kugel ein Kleidungsstück durchbohrt hatte. Männer wie Tardieu, Brouardel, Strassmann oder Hofmann waren oft in der Lage gewesen, allein am Brandgeruch zu entscheiden, ob ein Nahschuß vorlag. Größere Wichtigkeit war allerdings einem anderen Merkmal beizumessen. Bei jedem Schuß verließen unverbrannte Teilchen der Pulverladung mit der Kugel den Lauf. Wurde der

Schuß aus geringer Entfernung abgefeuert, trafen diese Pulverteilchen unmittelbar auf die Haut. Der Aufprall konnte je nach der Entfernung so stark sein, daß die Pulverteilchen in die Haut eindrangen. Bei Schüssen bis zu einer Entfernung von durchschnittlich 50 Zentimetern ließen sie sich gut erkennen. Nicht weniger bedeutungsvoll waren die Kennzeichen, die der Rauch erzeugte, der durch die Pulverexplosion entstand und beim Schuß ebenfalls den Waffenlauf verließ; je nach der Länge des Laufes war die Rauchbildung verschieden, einmal kegelförmig, einmal pilzförmig. Jedenfalls schlug sich der Rauch als Pulverschmauch im Bereich der Einschußwunde nieder. Am stärksten war der ›Schmauchhof‹ bei Schußentfernungen zwischen 2 und 12 Zentimeter. Doch gab es keine festen Regeln. Besondere Verhältnisse bestanden dort, wo die Mündung der Waffe unmittelbar auf das Ziel aufgesetzt worden war. Man fand Pulver und Pulverschmauch im Inneren des Wundkanals; außerdem drangen Treibgase in den Kanal ein und hoben von innen her die Haut ab.
Bis in die Zeit des ersten Weltkrieges hinein hatte sich die Gerichtsmedizin ein Erfahrungssystem geschaffen, mit dessen Hilfe sie in der Lage war, zwischen Fernschüssen und Nahschüssen zu unterscheiden. Seither hatte aber die Erfindung sogenannter rauchloser Pulver und die Herstellung von Nitro- oder Sinoxyd-Munition neue Probleme aufgeworfen. Die Flammenwirkung blieb so gut wie völlig aus. Die Einsprengung von Pulverresten wurde kleiner und weniger geformt. Der Pulverschmauch zeigte weniger Veränderungen.
Im Herbst des Jahres 1926, als der Procurator-Fiscal von Edinburgh, William Horn, Donald Merrett des Mordes an seiner Mutter anklagte, suchte die Gerichtsmedizin gerade nach neuen sicheren Maßstäben für die Beurteilung der Schußentfernung. Zahlreiche alte Waffen mit Schwarzpulvermunition waren immer noch im Gebrauch. Aber die Zahl der modernen Gewehre, Pistolen und Revolver mit rauchschwacher Munition wuchs ständig. So war man gezwungen, der verbesserten Munition verfeinerte Nachweismethoden entgegenzustellen.
Als William Horn sich mit dem Tode Bertha Merretts beschäftigte, fand er bald heraus, daß er so gut wie keinerlei stichhaltige Beweise für einen Mord besaß. Der einzige Tatzeuge war der Angeklagte selbst. Inspektor Fleming hatte es versäumt, Bertha Merrett, die trotz der Kopfwunde offensichtlich Erinnerungen an die Vorgänge besaß, zu befragen und ihre Äußerungen zu protokollieren. So war Horn auf mittelbare Aussagen der Ärzte und Verwandten

angewiesen, die vor Gericht nicht als vollwertige Zeugen gelten würden. Es gab schwerste Verdachtsmomente, aber keine Beweise. Es blieb also nur der materielle Indizienbeweis. Aber hier rächte sich die Nachlässigkeit Flemings und der Polizeikonstabler. Am verhängnisvollsten war der Verlust des Briefes, an dem Bertha Merrett geschrieben hatte, als sie starb. Wahrscheinlich hätte sein Inhalt genügt, festzustellen, ob die Schreiberin an Selbstmord gedacht hatte oder nicht. Nach der Prüfung der Unterlagen sah Horn keinen anderen Ausweg, als sich um Hilfe an die forensische Medizin zu wenden.

Vielleicht ließ sich nachweisen, daß der Schußkanal in ihrem Kopf unmöglich durch einen Schuß mit eigener Hand entstanden sein konnte, oder aber, daß die Schußentfernung eindeutig gegen eine Verwundung durch eigene Hand sprach.

In den Akten fand Horn ein Dokument, das wenig geeignet war, ihn zu ermutigen. Am 1. April hatte der Professor für Gerichtsmedizin an der Universität Edinburgh, Harvey Littlejohn, den Leichnam Bertha Merretts seziert. In seinem Protokoll war zu lesen, daß Littlejohn hinter dem rechten Ohr der Toten eine ›wohlversorgte Einschußwunde‹ vorgefunden hatte. Der anschließende Wundkanal führte nicht quer durch den Kopf, sondern stark nach vorn und leicht aufwärts. Etwa zwei bis zweieinhalb Zentimeter hinter dem Einschuß war die Kugel in der Schädelbasis steckengeblieben. Eine Wundinfektion hatte später zu einer tödlichen Hirnhautentzündung geführt. Der entscheidende Satz des Protokolls lautete: »Es ließ sich keine Feststellung darüber treffen, aus welcher Entfernung die Waffe abgefeuert wurde, ob aus einer Entfernung von einigen Zentimetern oder einem größeren Abstand. Was die Lage der Wunde anbelangt, läßt sich der Befund mit Selbstmord vereinen.«

Das Protokoll enthielt für Horn also nichts Ermutigendes. Im Jahre 1926 galt Harvey Littlejohn als der angesehenste Gerichtsmediziner Schottlands. Seit 1906 war er Inhaber des vielleicht berühmtesten Lehrstuhls für gerichtliche Medizin in Großbritannien und Nachfolger seines ebenso berühmten Vaters Henry Littlejohn. Von seinem Vater waren zahlreiche bissige Bonmots etwa der Art: »Wetten, daß ich die Jungfrauen von Edinburgh in einem einzigen Schubkarren Arthur's Seat hinauffahren kann?« bekannt. Harvey Littlejohn hatte nicht nur die scharfe Zunge geerbt. Er hatte auch die Gerichtsmedizin ›mit der Muttermilch‹ in sich aufgesogen.

Was Horn bei Beginn seiner Tätigkeit nicht wußte, war, daß

Littlejohn selbst seit den ersten Nachrichten über Donald Merretts sonderbaren Lebenswandel an der Richtigkeit seiner eigenen Schlußfolgerung zweifelte. Die Zweifel wuchsen, als er im Juli mit Dr. Bell und Dr. Holcombe zusammentraf, den beiden Ärzten, die Bertha Merrett zuletzt behandelt hatten. Beide waren überzeugt, daß kein Selbstmord vorlag. Sie berichteten, daß sie bei der Einlieferung Bertha Merretts in der Wunde weder eine Spur von Brandgeruch noch eine Spur von Schwärzung durch Pulver oder Pulverschmauch bemerkt hatten. Sie kannten diese Zeichen aus früheren Selbstmordfällen und hätten sie sofort bemerkt. Littlejohn fühlte, daß er als Fünfundsechzigjähriger einen jener Fehler begangen hatte, vor denen er seine Studenten immer wieder warnte – den Fehler, einer vorgefaßten Meinung zu folgen. Er hatte die Tatsache des Selbstmordes als so sicher hingenommen, daß er nicht auf den Gedanken verfallen war, sich bei den Ärzten schon im April nach Nahschußzeichen zu erkundigen. Er, der seit Jahren durch ein Magenleiden, durch Asthma und Bronchitis gepeinigt war, erblickte in dem Fehler ein Zeichen des Verbrauchtseins, sah aber keinen Weg, das Versäumnis wiedergutzumachen.

Littlejohn hatte im Lauf der letzten zwanzig Jahre wenigstens fünfhundert Fälle von Selbstmord durch Erschießen gesehen, aber er hatte sich, wie zahlreiche, wenn nicht die meisten Gerichtsmediziner seiner Generation, niemals selbst mit dem Studium von Schußwaffen beschäftigt. Gutachten über Schußwaffen hatten lange Zeit außerhalb des medizinischen Bereichs gelegen und galten als eine Angelegenheit der Büchsenmacher. Von einigen Vorläufern wie Lacassagne abgesehen, hatten sich erst die jüngeren Gerichtsmediziner, vor allem seit dem ersten Weltkrieg, angesichts der wachsenden Zahl der Schußverletzungen auch mit dem Studium der Waffen beschäftigt, die diese Verletzungen hervorriefen. Zu diesen jüngeren Gerichtsmedizinern gehörte ein Schüler Littlejohns, Sydney Smith. Als gebürtiger Neuseeländer war Smith im Jahre 1908 nach Edinburgh gekommen – ein mittelloser, aber höchst unternehmungslustiger junger Mann, der Medizin studieren wollte, dies auch erreichte und später zufällig wegen eines Stipendiums unter die Assistenten Littlejohns geriet und so zum Gerichtsmediziner geworden war.

Seit 1917 arbeitete er als Leiter des gerichtsmedizinischen Instituts der ägyptischen Regierung in Kairo. Über Nacht wurde er mit kriminellen Vorgängen konfrontiert, wie er sie in ganz Schottland nicht hatte finden können. Tausende von Morden und Mordversuchen hatte er im Laufe der Jahre mit seinen Assistenten zu bearbeiten. Phantasiebegabt und beweglich, wie er war, verfügte er im Jahre 1926 über Laboratorien, wie sie in ganz England und Schottland nicht existierten, und über Erfahrungen, welche diejenigen Littlejohns weit übertrafen. Im Sommer 1926 unternahm der mittlerweile Dreiundvierzigjährige eine Ferienreise nach Edinburgh. Bei dieser Gelegenheit suchte er Littlejohn auf, der in seinem Junggesellenhause einsam und verbittert über den Fall Merrett nachdachte. Smith hatte kaum von Littlejohns Problemen gehört, als er ihm eine Lösung vorschlug.

Während seiner Jahre in Ägypten hatte Smith mit einer Vielzahl von Morden, Mordversuchen und Selbstmorden mit den verschiedensten ältesten und neuesten Schußwaffen zu tun gehabt. 1925 war sein erstes Buch ›Forensic Medicine and Toxicology‹ erschienen, das wegen seiner ungewöhnlichen Art, mit der er die Schußwaffenkunde und andere technische Dinge in die Gerichtsmedizin einbezog, bei allen Fachleuten Aufsehen erregt hatte. Smith hatte die Folgerungen aus der immer schwächer gewordenen und damit immer schwerer nachzuweisenden Nahschußwirkung der Waffen gezogen. Er war dazu übergegangen, in Fällen, in denen er die Schußentfernung feststellen sollte, ein Vergleichsschießen mit der Tatwaffe und der Tatmunition auf menschliche Haut zu veranstalten, die ihm aus der chirurgischen Klinik in Kairo stets in ausreichendem Maße zur Verfügung stand. Die Wirkung, die sich bei diesen Vergleichsschüssen aus verschiedenen Entfernungen ermitteln ließ, gestattete es, auch bei modernen Waffen zu entscheiden, ob Fernschuß oder Nahschuß, Mord oder Selbstmord vorlag. Lange Erfahrung hatte Smith jedoch gelehrt, daß diese Vergleiche nur dann zuverlässig waren, wenn man nicht nur genau die gleiche Waffe, sondern auch die gleiche Munition benutzte, die zu einem Mord oder Selbstmord verwendet worden waren. Bei Trommelrevolvern empfahl er sogar, aus der gleichen Kammer der Trommel zu schießen, aus der ein Mörder oder Selbstmörder geschossen hatte. Es schien unglaubhaft, aber es war tatsächlich so: Gerade was den Pulverschmauch anbelangte, erzeugte jede Waffe, jede früher oder später hergestellte Ladung der gleichen Munitionsart verschiedene Spuren im Einschußgebiet.

Smith erkundigte sich, ob Littlejohn über die Pistole verfüge, aus der die Kugel in Bertha Merretts Kopf stammte, und ob noch Patronen aus dem Magazin der Waffe oder andere Munitionsbestände aus Donald Merretts Besitz vorhanden seien. Littlejohn bejahte.

Daraufhin erklärte Smith: »Ich halte es für Mord. Warum unternehmen Sie nicht mit der Mordwaffe einige Versuche? Prüfen Sie,

ob Schüsse aus geringer Entfernung Spuren auf der Haut hinterlassen.«
Smith reiste nach Kairo zurück. Littlejohn aber befolgte nach einigem Zögern seinen Rat. Am 6. August begann er im gerichtsmedizinischen Institut mit den Probeschüssen. Merretts Pistole war ein billiges spanisches Fabrikat und verfeuerte Patronen mit der Aufschrift ›Eleys Smokeless Cartridges‹. Littlejohn feuerte zunächst auf angefeuchtetes weißes Papier. Er schoß aus Entfernungen von $1^1/_4$, $2^1/_2$, 5, $7^1/_2$, 15, $22^1/_2$ und 30 Zentimeter. Bei Entfernungen von $1^1/_4$ bis $7^1/_2$ Zentimeter zeigten sich starke Schwärzungen durch Pulverschmauch und mehr oder weniger zahlreiche Einsprengungen von Pulverteilchen. Erst bei einer Entfernung von $22^1/_2$ Zentimeter begannen die Spuren zu verblassen. Die Munition nannte sich zwar rauchlos, gehörte aber keineswegs zum Typ der modernen Sinoxyd-Patronen. Die Spuren waren sogar mit bloßem Auge zu erkennen. Littlejohn übersah nicht, daß Dr. Holcombe und Dr. Bell die Wunde Bertha Merretts gesäubert hatten. Er wusch daher seine Papierblätter sorgfältig. Dabei stellte sich heraus, daß ein Teil der Schwärzung und der Pulverimprägnierung abzuwaschen war. Ein anderer Teil aber haftete fest, blieb für das Auge sichtbar und war erst nach Tagen und ständig wiederholten Manipulationen zu entfernen. Die Spuren, die Donald Merretts Pistole bei Nahschüssen erzeugte, waren – dessen war sich Littlejohn jetzt sicher – durch eine derartige Behandlung nicht so leicht zu beseitigen, daß zwei in Selbstmordfällen erfahrene Ärzte sie hätten übersehen können.
Am 18. August berichtete Littlejohn dem Procurator-Fiscal über die Ergebnisse seiner Experimente und gab zu, daß er das ganze Problem im April nicht eingehend genug studiert habe. Er sei jetzt überzeugt, daß man einen Selbstmord ausschließen müsse. Es blieb nur eine Möglichkeit: Mord. Donald Merrett mußte seine Mutter erschossen haben, während sie über den Tisch gebeugt ihren letzten Brief schrieb. Ihre Worte: »Stör mich nicht!« ließen sich durch nichts so leicht erklären als durch die Tatsache, daß Donald von seitlich hinten an sie herangetreten war und gleich darauf geschossen hatte. Damit erklärte sich auch der Schußkanal – nach vorn oben.
Horn sah voraus, daß Littlejohns Meinungsänderung jeden Verteidiger reizen mußte, seine Glaubwürdigkeit in Zweifel zu ziehen. Er erkundigte sich, ob Littlejohn etwas dagegen einzuwenden habe, wenn er noch einen zweiten Sachverständigen hinzuziehe. Er denke an John Glaister, den Professor für Gerichtsmedizin an der Universität Glasgow. Littlejohn erriet Horns Gedanken. Sie vertieften das Gefühl der Bitterkeit über das eigene Versagen. Glaister gehörte

wie Smith zu einer jüngeren, neuen Generation, in deren Aufstieg Littlejohn das eigene Ende nahen sah. Aber er stimmte zu. Nach längerer Vorbereitung traf Glaister am 8. Dezember in Edinburgh ein. Er und Littlejohn wiederholten die Experimente vom 6. August. Außer Papier verwandten sie diesmal die frische Haut eines menschlichen Oberschenkels, der soeben in der chirurgischen Universitätsklinik amputiert worden war. Die Versuche führten zu den gleichen Ergebnissen wie im August, wenn nicht zu noch stärker überzeugenden. Es erwies sich auch auf Menschenhaut als unmöglich, die Spuren der Pulvereinsprengungen und des Schmauchs völlig zu beseitigen. Am 10. Dezember übersandte Glaister dem Procurator-Fiscal seinen Bericht. Am 13. Januar folgte Littlejohns abschließendes Gutachten. In seiner düsteren Stimmung hatte er eine besondere Aufforderung Horns abgewartet, bevor er sein Protokoll niederschrieb.

In den Tagen, in denen Littlejohn an seinem Gutachten arbeitete, erfuhr er, daß Donald Merretts Verteidiger, Craigie Aitchison, Sir Bernard Spilsbury als Sachverständigen gewonnen hatte. Dem von Legenden Umwobenen, der in England nur als Pathologe der Anklage auftrat, stand es frei, in Schottland auch für die Verteidigung zu wirken. Wenn er dies im vorliegenden Fall tat, bedeutete es, daß er entschlossen war, Littlejohn mit dem ganzen Gewicht seiner Persönlichkeit zu widerlegen. Welch eine Perspektive für den kranken, im tiefsten Inneren an sich selbst zweifelnden, aber von seiner Sache überzeugten Mann in Edinburgh! Ein Zusammentreffen mit dem schärfsten Gegner, den seine Karriere ihm bescheren konnte – vielleicht der letzte Kampf seines Lebens!

Der Prozeß gegen Donald Merrett begann am 1. Februar 1927 vor dem Hohen Gericht am Parliament Square in Edinburgh mit Lord Alness als Richter und sechs Frauen und neun Männern als Geschworenen. Als Donald Merrett in der Anklagebank erschien – gut aussehend, groß, breitschultrig, weit über sein Alter hinaus entwickelt, wirkte er so kalt und uninteressiert, als ginge es nicht um sein Leben. Vom 1. bis zum 3. Februar marschierten die Zeugen der Anklage auf, von Inspektor Fleming über Eliza Penn bis zu Dr. Bell und Dr. Holcombe. Flemings Aussagen waren eher eine Belastung für die Anklage als eine Hilfe. Was Bertha Hill, Eliza Penn, Dr. Bell und Dr. Holcombe über die Äußerungen der Sterbenden aussagten, war dagegen sehr schwerwiegend. Merretts Verteidiger Aitchison wußte sehr wohl, weshalb er alles unternahm, um die Berichte dieser Zeugen zu erschüttern. Er beherrschte alle Register des Kreuzverhörs, von der liebenswürdigsten Frage bis zur brutalen

Einschüchterung. Zäh und verbissen rang er darum, Bells und Holcombes Aussagen über das Aussehen der Wunde zu zerschlagen. Aber beide Ärzte beharrten bei ihren Erklärungen. Gewiß, sie gaben zu, keine Gerichtsmediziner zu sein, wohl aber Chirurgen. Und kein in Schußwunden erfahrener Gerichtsmediziner hatte die Wunde in den ersten Tagen gesehen. Aber das war nicht ihr Fehler, sondern der Fehler der Polizei, die es versäumt hatte, unverzüglich einen Gerichtsmediziner an den Tatort zu bringen. Sie erklärten, daß die Wunde geblutet hatte und von ihnen gesäubert worden war. Aber sie erklärten es für unmöglich, daß ihnen Nahschußzeichen entgangen wären. Hierbei mußte es Aitchison belassen.

Am 3. Februar 1927 kam die entscheidende Stunde. Littlejohn trat als Hauptzeuge der Anklage auf. Er war offensichtlich leidend. Aber nach wenigen Fragen und Antworten schon wurde klar, daß er entschlossen war, die letzte Kraft zusammenzunehmen, um seine Überzeugung mit Entschiedenheit zu vertreten. Er legte Punkt für Punkt dar, wie es zu seinen Versuchen gekommen war und welche Ergebnisse sie gezeitigt hatten.

Aitchison registrierte jedes seiner Worte. Vor dem Anwalt waren gerichtsmedizinische Werke aufgestapelt, darunter Littlejohns Bildband ›Forensic Medicine‹, vor allem aber Sydney Smith' ›Forensic Medicine and Toxicology‹. Aitchison hatte sich in die schwierige Materie eingearbeitet, um den Boden für das Auftreten Bernard Spilsburys vorzubereiten.

So begann er mit Littlejohns Kreuzverhör. Er erkundigte sich: Traf es etwa nicht zu, daß Littlejohn zu dem Buch von Sydney Smith ein Vorwort beigesteuert hatte?

Ja, das traf zu.

Dann dürfe man wohl annehmen, daß Littlejohn dieses Buch für wertvoll und zutreffend in seinen Ausführungen halte?!

Natürlich durfte man das.

Nun, erklärte Aitchison, dann werde er einen Absatz aus diesem die neuesten Erkenntnisse berücksichtigenden Buch verlesen. Er las: »Der Untersuchende muß sich vor Augen halten, daß Munition für automatische Waffen stets mit rauchlosem Pulver gefüllt ist und daß das Fehlen von Brandzeichen und Schwärzung bei den Nahschüssen von Selbstmördern weithin üblich ist.«

Es war für Littlejohn nicht schwer, den Angriff zurückzuweisen. Er schlug dem Anwalt vor, mit dem Lesen fortzufahren und einige Sätze wiederzugeben, die etwas weiter unten standen. Hier nämlich bemerkte Sydney Smith, daß sich keine Regeln aufstellen ließen, daß es vielmehr in jedem Einzelfalle auf Experimente mit der verwendeten Waffe und der verwendeten Munition ankomme. Diese Experimente hatte er, Littlejohn, gemacht, und sie hatten ihn gelehrt, daß das sogenannte rauchlose Pulver in der Munition aus Merretts Besitz deutliche Spuren erzeugte.

Aitchison versuchte es noch mit einigen anderen Zitaten. Aber Littlejohn, dessen blasses Gesicht langsam Farbe gewann, wies ihm nach, daß er mit alten Lehrbüchern operierte. Ihre Verfasser hatten noch nicht erkannt, daß rauchlose Munition nicht gleich rauchloser Munition war. Entscheidend war und blieb der praktische Versuch.

Daraufhin versuchte Aitchison es auf andere Weise. Er erklärte: Wenn er gelten lasse, daß auch beim rauchlosen Pulver Spuren entstünden, wie verhielt es sich dann mit der Widerstandsfähigkeit dieser Spuren gegen Waschungen? Littlejohn werde ihm sicherlich gestatten, aus seinem eigenen Buch ›Forensic Medicine‹, das 1925 erschienen war, zu zitieren. Er werde doch wohl nicht anfechten, was er selbst geschrieben habe.

Natürlich focht Littlejohn seine eigenen Worte nicht an.

Gut, fuhr Aitchison fort, auf Seite 120 seines Buches zeigte Littlejohn Bilder, welche die Einschußwunde bei einem Selbstmörder vor und nach der Säuberung der Wunde darstellten. Dazu habe er geschrieben: »Mit einem Schwamm konnte der Schmauch des Pulverrauches abgewaschen werden.« Ob Littlejohn zu diesem Satz stehe?

Littlejohn stand dazu. Er schlug vor, Aitchison möge auch in diesem Fall weiterlesen und nichts von dem auslassen, was er geschrieben habe. Dort stehe nämlich, daß sich der Pulverschmauch abwaschen lasse, nicht aber die kleinen eingesprengten Pulverteilchen. Er empfahl dem Verteidiger, das zweite Bild auf Seite 120 durch eine Lupe zu betrachten. Mit Leichtigkeit werde er selbst auf dem Bilde die Pulvereinsprengsel entdecken.

Aitchison kämpfte mit Verbissenheit darum, Littlejohn die Spur eines Eingeständnisses abzuringen, unter diesen oder jenen Umständen bestehe doch die Möglichkeit, daß Nahschußzeichen durch Blutungen oder Waschungen vernichtet werden können. Aber alle Mühe war vergebens. Mit der Ausdauer eines nachsichtigen Lehrers wiederholte Littlejohn, Pulverschmauch sei oftmals leicht zu entfernen, während dies für Schwärzungen durch Pulvereinsprengsel nicht gelte. Darum aber handle es sich im vorliegenden Falle. Seine Experimente hätten bewiesen, daß es Pulverschmauch gebe, der sich entfernen lasse, aber ebenso eine geschwärzte Zone um die Wunde, die nicht vollständig zu entfernen sei. So, als wüßte er, auf was es bei dem bevorstehenden Zusammenprall mit Spilsbury ankommen werde, wiederholte er mit unerschütterlicher Konsequenz, entscheidend sei allein das Experiment. Entscheidend sei bei diesem Experiment die Verwendung der gleichen Waffe und der gleichen Munition. Andere Experimente hätten keinerlei Wert.

Schließlich gab Aitchison auf.

Glaister blieb nichts anderes übrig, als Littlejohns Worte zu unterstreichen. Nun hing alles davon ab, was Spilsbury vorzubringen hatte – ob er die Jury hier in Edinburgh ebenso in seinen Bann schlagen würde wie die Geschworenen in so vielen englischen Prozessen.

Am 7. Februar, nachdem die Anklage sich mehrere Tage lang mit Donald Merretts Unterschlagungen beschäftigt hatte, betrat Spilsbury den Zeugenstand.

Fünf Jahre waren seit Spilsburys Erhebung in den Adelsstand vergangen. Er war jetzt fünfzig Jahre alt und in die Rolle eines Unfehlbaren hineingewachsen, dem die Geschworenen bedingungslos glaubten. Seit 1922 hatte er sein Wissen und seine Erfahrungen durch rund fünftausend weitere Autopsien vermehrt. Das Jahr 1925 allerdings hatte ihn auch in eine Art Krise gestürzt.

Im Dezember 1924 war eine dreiundzwanzigjährige Londoner Stenotypistin, Elsie Cameron, spurlos verschwunden. Das einzige, was man von ihr wußte, war, daß sie ihren Bräutigam, einen gewissen Norman Thorne, besuchen wollte. Thorne betrieb in Crowborough in Sussex eine kümmerliche Hühnerfarm. Er leugnete, Elsie gesehen zu haben. Einige Wochen später jedoch wurde ihr Körper auf dem Gelände der Hühnerfarm gefunden. Kopf und Beine fehlten. Jetzt gestand Thorne, er habe Elsies Leichnam zerstückelt und vergraben. Elsie sei bei ihm erschienen, um ihn zur Heirat zu zwingen. Er aber habe abgelehnt. Elsie sei daraufhin in seiner Wohnhütte allein zurückgeblieben, während er zu einem anderen Mädchen fuhr. Als er zurückkehrte, fand er Elsie an einem Dachbalken der Hütte erhängt vor. In der Angst, man werde ihn für ihren Tod verantwortlich machen, habe er die Tote vergraben.

Spilsbury untersuchte die Überreste und fand eine Anzahl von Verletzungen. In der Halsregion entdeckte er lediglich einige natürliche Hautfalten, sonst aber kein Anzeichen dafür, daß Elsie jemals erhängt worden war oder sich erhängt hatte. Die Situation schien ihm so offenkundig, daß er keine mikroskopische Untersuchung vornahm und keine Schnitte aus dem Bereich der Halsfalten anfertigte. Sein Schluß lautete: Das Mädchen war geschlagen worden und in einem Schockzustand gestorben. Thornes Behauptung, sie selbst habe sich erhängt, war eine Lüge. Curtis Bennett, Thornes Verteidiger, mobilisierte eine Anzahl anderer Pathologen. Unter ihnen befanden sich Robert Brontë, ein Ire, der lange Zeit als forensischer Pathologe für die irische Regierung gearbeitet hatte, sowie David Nabarro, der Pathologe des Great Ormondstreet Hospitals in London.

Mitte Februar, vier Wochen nach Spilsbury, inspizierten sie die nochmals ausgegrabenen Reste Elsie Camerons, fertigten mikroskopische Präparate der Halspartien an und erklärten, der histologische Befund ergebe Quetschungen, die auf Erhängen zurückzuführen seien. Sie bestritten nicht, daß die übrigen Verletzungen zu Elsie Camerons Lebzeiten entstanden seien, wohl aber, daß sie zu ihrem Tod geführt hätten. Nach ihrer Ansicht hatte das Mädchen einen Erhängungsversuch gemacht, um Thornes Gewissen aufzurütteln. Thorne hatte sie sterbend abgeschnitten und den Körper zum Bett geschleift. Dabei waren die verschiedenen Verletzungen entstanden.

Nun fertigte Spilsbury ebenfalls mikroskopische Schnitte an und sagte vor Gericht aus, die histologische Untersuchung der Halsregion sei zu diesem späteren Zeitpunkt völlig fruchtlos. Seine Schnitte zeigten, daß durch den starken Wassergehalt des Grabes von Elsie Cameron jede Spur von Blut aus den Zellen ausgewaschen worden sei. Er versicherte, daß Brontë und Nabarro Reste von Hautdrüsen als Spuren von Blutunterlaufungen gedeutet hätten.

Möglicherweise hatte Spilsbury recht. Was ihn von Brontë unterschied, war seine größere Sorgfalt, von Nabarro trennte ihn das spezielle Wissen des forensischen Pathologen. Er kannte die Zellveränderungen in Leichen, die viele Monate unter der Erde lagen, während sich die Erfahrung der Allgemeinpathologie fast ausschließlich auf die Sektion frisch Verstorbener stützte. Spilsburys Ansicht wurde durch Spezialuntersuchungen unterbaut, welche die Gerichtsmediziner gerade in diesen Jahren durchführten. Die Art der Verletzungen, die sich Erhängte im Todeskampf selbst zufügen konnten, wurde ebenso erforscht wie die Verwundungen, die durch unvorsichtiges Abschneiden entstanden. Man hatte sich auch mit den Spuren beschäftigt, die Erhängungsseile an Balken hinterließen. An den Deckenbalken in Thornes Hütte war nichts von einer solchen Spur zu finden. Aber es blieb am Ende dabei: Spilsbury hatte, im Vertrauen darauf, daß niemand sein durch Augenschein gewonnenes Urteil anfechten würde, versäumt, bei der ersten Untersuchung mikroskopische Schnitte herzustellen.

Beinahe routinemäßig hatte der Richter im Thorne-Prozeß den Geschworenen erklärt: Spilsburys Meinung sei ohne Zweifel die beste, die zu erhalten sei. Die Geschworenen erklärten Thorne für schuldig. Er wurde gehängt. Aber noch bevor es dazu kam, war zum ersten Male eine Art öffentliche Auflehnung gegen die beherrschende Rolle zu spüren, in die Spilsbury hineingewachsen war. Schon vor dem Urteil hatte Thornes Verteidiger der Jury zugerufen: »Haben Sie, als Sie den großen Sir Bernard Spilsbury anhörten, erwartet, daß auch andere Meinungen vorgebracht werden könnten? Welche Tragödien sind in einer Rechtsprechung möglich, die sich auf die Genauigkeit oder Fehlbarkeit eines einzelnen Menschen verläßt ... Wir können die bedeutende Stellung eines einzelnen Mannes auf seinem Gebiet anerkennen, aber von hier bis zu der Ansicht, daß das, was dieser einzelne sagt, keinen Raum für Irrtümer läßt, ist ein weiter Weg ...«
Im Zuge dieser öffentlichen Auflehnung gegen Spilsburys Monopolstellung erschienen Artikel wie der im ›Law Journal‹, in dem es hieß: »Thorne darf mit Recht annehmen, durch ein Gericht verurteilt worden zu sein, das dem Mann mit dem berühmtesten Namen folgte.«
Als Spilsbury jetzt in Edinburgh eintraf, war er trotz dieser Erfahrungen weit davon entfernt, Zweifel an sich selbst zu zeigen. Er erschien so sicher und Sicherheit um sich verbreitend wie eh und je. Der Blick jedes Geschworenen war auf ihn gerichtet, während er mit frischem, bestimmtem Gesicht, die unvermeidliche Nelke im Knopfloch, im Zeugenstand erschien. Das war also der Berühmte! Das war seine Stimme, waren seine Worte, die jedermann verstand.
Spilsbury hatte von den Experimenten in Edinburgh erfahren und deshalb ebenfalls Versuche angestellt. Zu diesem Zweck hatte er sich mit einem Londoner Büchsenmacher von internationalem Ruf, Robert Churchill, zusammengetan. Spilsbury begann: »Die Experimente wurden ... mit einer automatischen Pistole durchgeführt, die soweit als möglich der Waffe ähnelte, die im vorliegenden Fall benutzt wurde. Wir besaßen eine Beschreibung, und so haben wir eine Waffe ausgewählt, welche die gleiche Länge des Laufs und das gleiche Kaliber aufwies. Wir haben auch Patronen ausgesucht, die soweit als möglich auf die Beschreibung paßten, die wir über die im vorliegenden Fall benutzten Patronen erhalten hatten.«
Die meisten Anwesenden schienen so sehr von Spilsburys legendärer Gestalt eingenommen, daß nur einige wenige begriffen, daß Spilsbury schon mit diesen Sätzen das Todesurteil über den Wert

seiner Experimente gefällt hatte: Die von ihm verwendete Waffe besaß eine nur sehr vage Ähnlichkeit mit Merretts Waffe; sie eignete sich also für Vergleichsexperimente nicht. Und das gleiche galt für die Munition. Aber wer wußte das? Jedermann lauschte gefesselt Spilsburys Darstellung über den Verlauf seiner Experimente, die zu Ergebnissen geführt hatten, welche denjenigen Littlejohns vollständig widersprachen.

Auch Spilsbury und Churchill hatten zuerst auf Papier und dann auf Menschenhaut geschossen und dabei nur einen schwachen Niederschlag von Pulverschmauch und Pulverteilchen erzielt, der sich ohne Mühe abwaschen ließ und mit bloßem Auge nicht zu erkennen war. Eine stärkere Blutung und das Auswaschen einer Wunde mußten also nach Spilsbury genügen, ihn zum Verschwinden zu bringen. Die schwache Spur, die bei Bertha Merretts Selbstmord an der Einschußwunde entstanden war, hatte, so meinte Spilsbury, wahrscheinlich nicht einmal den Transport der Verwundeten ins Krankenhaus überdauert.

Spilsbury fuhr fort, er habe sich nicht allein auf die Experimente in London verlassen, sondern auch Experimente in Edinburgh durchgeführt und dabei die Originalwaffe Merretts verwandt; allerdings nicht die Originalmunition, sondern abermals die Patronen, die er in London erstanden hatte. Er hatte auch nur auf Papier geschossen, nicht auf Haut, und keine Versuche über die Möglichkeiten angestellt, die Pulverspuren zu beseitigen. Jeder aufmerksame Zuhörer mußte nachdenklich werden, als Spilsbury erklärte, die Experimente in Edinburgh hätten zu ›viel größerer Schwärzung‹ geführt als die Versuche in London. Schon die Benutzung der Originalwaffe (ohne die Originalmunition) hatte also genügt, um zu anderen Ergebnissen zu gelangen.

Auf Aitchisons Frage: »Gab es zwischen London und Edinburgh irgendwelche Unterschiede hinsichtlich der Leichtigkeit, mit der sich die Spuren beseitigen ließen?«, antwortete Spilsbury trotzdem: »Ich würde sagen, nein!« Auch auf Aitchisons Frage: »Können Sie also sagen, daß die Experimente in Edinburgh die Schlußfolgerungen, die Sie in London gezogen hatten, bestätigten?«, entgegnete er: »Sie haben meine Schlußfolgerungen nicht geändert.«

Dem Ankläger war die Unzulänglichkeit von Spilsburys Experimenten nicht entgangen. Er bemühte sich, sie im Kreuzverhör ans Tageslicht zu bringen. Er fragte, ob Spilsbury sich nicht auch der Ansicht anschließe, daß Vergleichsexperimente mit der echten Waffe und den echten Patronen gemacht werden sollten. Die Antwort war: »Natürlich.«

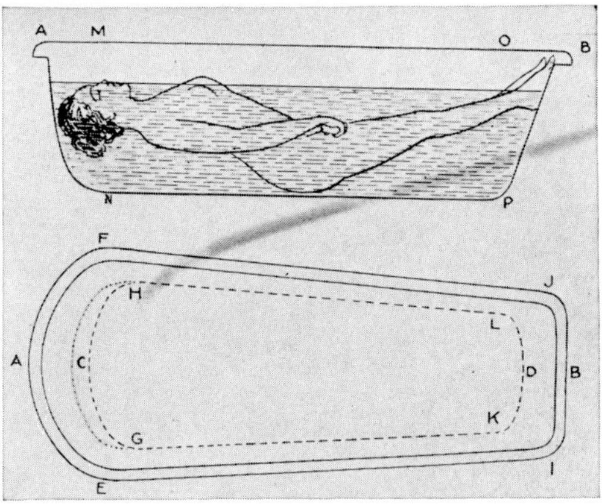

Der Erste Weltkrieg verhinderte, daß der Fall des Engländers G. J. Smith, der zwischen 1911 und 1914 drei von ihm geheiratete Frauen in Badewannen ertränkte, zu einer kriminalistischen Sensation der Weltpresse wurde. Die Toten zeigten keine Spur von Gewaltanwendung. Das Bild zeigt ihn mit einem seiner Opfer, Bessie, geb. Mundy. Spilsbury gelang der Nachweis, daß Smith seine ahnungslosen Opfer im Bad bei den Füßen gepackt und die Füße in die Höhe und an sich gerissen hatte. Der Oberkörper glitt unter Wasser, das in Mund und Nase eindrang und einen Schocktod herbeiführte. Der Fall Smith wurde ein Musterbeispiel für gerichtsmedizinische Forschungen auf dem Gebiet des Ertrinkungstodes.

1929 ermordete der Leipziger Erich Tetzner (unten links) einen Wanderburschen, schob die Leiche unter das Lenkrad seines Wagens und setzte diesen in Brand (links das Tatfahrzeug und das angeklagte Ehepaar Tetzner). Durch Vortäuschung des eigenen Unfalltodes wollte Tetzner in den Besitz einer Lebensversicherungssumme gelangen. Die führende Rolle bei der Aufklärung des Verbrechens spielte Professor Fritz Kockel (1865–1934), unten rechts. Er gehörte zu den führenden deutschen Gerichtsmedizinern zwischen den zwei Weltkriegen und kämpfte für eine immer engere Verknüpfung der Arbeit von Gerichtsmedizin und Polizei unter Anwendung neuer naturwissenschaftlich-technischer Methoden.

Die Geburtsstätte der Gerichtsmedizin blieb Europa. Erst nach dem Ersten Weltkrieg kam es zu bescheidenen Anfängen in den Vereinigten Staaten von Amerika. Durch britische Einwanderer war eine altenglische Einrichtung in der Neuen Welt heimisch geworden: das Coroner-System. Die Entscheidung darüber, ob plötzliche und unklare Todesfälle auf Mord, Selbstmord oder natürliche Ursachen zurückgingen, war Sache eines aus der Bürgerschaft gewählten Coroners und einiger Geschworener. Medizinische Kenntnisse wurden nicht verlangt. Tausende von Morden blieben infolge der Unfähigkeit und politischen Beeinflußbarkeit der Coroners unerkannt. Nachdem Boston 1877 seinen Coroner durch einen gerichtsmedizinisch ausgebildeten Medical Examiner ersetzt hatte, folgte 1918 New York (mit 6000 gewaltsamen Todesfällen im Jahr). Der erste Chief Medical Examiner von New York wurde Charles Norris (1867–1934), den das Bild mit einem seiner engsten Mitarbeiter, dem Toxikologen Alexander O. Gettler, zeigt. Norris (im Bild rechts), eine ungewöhnlich eindrucksvolle Gestalt, schuf die Grundlagen für die Entwicklung der Gerichtsmedizin in den Vereinigten Staaten.

Besonders groß waren die Fortschritte der Gerichtsmedizin nach dem Zweiten Weltkrieg. Aber hinter jedem gelösten Problem tauchten neue auf. Dies wurde deutlich, als der Engländer Hume (links) 1949 den Autohändler Setty in seiner Wohnung erstach, zerstückelte und Pakete mit den Leichenteilen von einem Sportflugzeug aus in den Ärmelkanal warf. Er behauptete, Fremde hätten ihm Pakete mit Material aus einer Fälscherwerkstatt in die Wohnung gebracht und ihn für den Abwurf über See bezahlt. Erst nachher habe er befürchtet, Settys Leichnam könne in den Paketen gewesen sein.

Francis E. Camps (rechts), ein führender englischer Gerichtsmediziner der Nachkriegszeit, fand zahlreiche Blutspuren in Humes Wohnung. Aber die Tatsache, daß die Frage der Gerinnungsfähigkeit und -zeit von Leichenblut noch ungelöst war, verhinderte Humes Überführung. 1958 gestand er in einem skandalösen Zeitungsbericht die Tat.

Der Ankläger stieß nach: Spilsburys Versuche mit Menschenhaut seien mit der Londoner Waffe und Londoner Munition durchgeführt worden, während Littlejohn die Originalwaffe und die Originalmunition verwendete. – Spilsbury bejahte.
Ob, fragte der Ankläger, Spilsbury angesichts dieser Sachlage nicht lieber Littlejohns Experimente zur Grundlage eines Urteils machen wolle. Spilsbury zögerte keinen Augenblick mit seinem ›Nein‹. Das einzige Entgegenkommen, das der Ankläger erreichte, war Spilsburys Äußerung, man könne die Edinburgher Ergebnisse vielleicht mit in Betracht ziehen.
Aber diese Äußerung war für die Geschworenen ohne Bedeutung. Sie waren bereit, die Aussage des als höchste Autorität geltenden Spilsbury zur Grundlage ihres Spruches zu machen. Aitchison spürte es. »Ich brauche Sie«, so rief er ihnen zu, »nicht daran zu erinnern, daß wir in diesem Fall von Sir Bernard Spilsbury eine aus großer Erfahrung kommende Hilfe bekommen haben. Ich will nicht darüber debattieren, daß Professor Littlejohn und Professor Glaister bedeutende Männer sind. Aber ich zögere nicht zu erklären, daß es weder in Großbritannien noch in Europa auf dem Felde der Gerichtsmedizin einen Namen gibt, der sich auf die gleiche Ebene mit Sir Bernard Spilsbury erheben ließe. Angesichts der medizinischen Beweisführung stelle ich fest, daß sie nachdrücklich zugunsten des Angeklagten spricht.«
Am 8. Februar fand die Jury Donald Merrett der Scheckfälschung für schuldig. Aber die Anklage wegen Mordes wies sie mit dem Spruch ›Nicht erwiesen‹ zurück.
Als Sydney Smith in Kairo vom Ausgang der Affäre erfuhr, erklärte er: »Wir werden noch vom jungen Merrett hören ...« Littlejohn hörte allerdings nichts mehr von Donald Merrett. Er starb, müde geworden, wenige Monate später, im August 1927. Sydney Smith verließ Kairo, um die Nachfolge des Toten in Edinburgh anzutreten. Auch Spilsbury erlebte den Tag nicht mehr, der Littlejohn recht und ihm selbst unrecht geben würde. Am 19. Dezember 1947 fand man den mittlerweile Siebzigjährigen tot in seinem Laboratorium im Londoner University College. Nach weiteren zwanzig Jahren rastloser Arbeit, nach 25 000 Autopsien und der Sammlung eines Erfahrungsschatzes, dessen Zusammenfassung zu einem Lehrbuch ihm, dem Praktiker, nicht gelungen war, beendete er sein Leben selbst durch Kohlenmonoxydgas. Von privaten Schicksalsschlägen getroffen, nach zwei Schlaganfällen von der Erkenntnis bedrückt, daß seine geistige Leistungsfähigkeit ihn verließ, wählte er den Freitod.

Sieben Jahre später, am 16. Februar 1954, fand sich in einem Walde in der Nähe der Stadt Köln am Rhein der Leichnam eines Mannes, der nach dem zweiten Weltkriege mit britischen Truppen nach Westdeutschland gekommen war. Er hatte seine militärische Position dazu ausgenutzt, zahlreiche dunkle Geschäfte zu betreiben. Seine Freunde kannten ihn unter dem Namen Ronald Chesney. Es war niemand anderer als – Donald Merrett. Nach der Verbüßung seiner Gefängnisstrafe für die Scheckfälschungen hatte er sich im Besitz eines großväterlichen Erbes von 50 000 Pfund gesehen und den Namen Chesney angenommen. Eine Siebzehnjährige verfiel seinem Charme, heiratete ihn und war klug (oder kurzsichtig) genug, sich 8400 Pfund zu ihrer persönlichen Nutznießung auf Lebzeiten zu sichern. Den Rest verbrauchte Chesney innerhalb weniger Jahre. Dann lebte er von Erpressung, Diebstahl, Betrug. Er wechselte zwischen Gefängnis und Freiheit hin und her. Während des Krieges tauchte er in der britischen Marine unter und benutzte das Schiff, das er kommandierte, zu Schmuggelaktionen. Als in den Jahren nach 1950 die Zeiten der zwielichtigen Geschäfte in Deutschland zu Ende gingen, erinnerte er sich an das Vermögen, das er einmal seiner Frau überlassen hatte. Sie lebte längst von ihm getrennt und betrieb mit ihrer Mutter ein privates Altersheim in Ealing. Im Februar 1954 beschloß Merrett-Chesney, seine Frau zu ermorden, um in den Besitz ihres Vermögens zu gelangen. Er verschaffte sich einen Paß auf einen anderen Namen, besuchte seine Frau zunächst unter richtigem Namen, kehrte dann nach Deutschland zurück, um schon in der folgenden Nacht mit dem falschen Paß wieder nach England zu fliegen. Insgeheim begab er sich in das Altersheim und ertränkte seine Frau in der Badewanne. Als er wider Erwarten auf seine Schwiegermutter stieß, tötete er sie nach einem wilden Kampf. Mit Blutflecken an den Kleidern und Verletzungen an Armen und Händen flog er nach Köln zurück. Aber Nachbarn hatten einen Mann von Merretts Aussehen beobachtet. Wenige Tage später befand sich Scotland Yard auf seiner Spur.

In der Erkenntnis, daß es diesmal kein Entrinnen für ihn geben würde, erschoß er sich selbst. Aber bevor er es tat, gestand er seinen Freunden, daß er Donald Merrett war und vor mehr als fünfundzwanzig Jahren seine Mutter in Edinburgh erschossen hatte. Sowenig dieses Ende im Jahre 1927 vorauszusehen war – so anregend wirkte der Fall Merrett auf die Gerichtsmedizin. Das Problem der Schußwunden wurde eingehender studiert, neue Erkenntnisse sammelten sich an. Als Julius Kratter in Graz im Jahre 1912 sein ›Lehrbuch der gerichtlichen Medizin‹ veröffentlichte, nahm die Darstellung der Schußverletzungen ganze sechs Seiten (von insgesamt 608) in Anspruch. Rund fünfzig Jahre später war es unmöglich, die Erkenntnisse vollständig abzuhandeln, sofern man nicht ein eigenes Buch darüber schrieb. Die Studien über die Auswirkungen jeder erdenklichen Art von Schußverletzung auf das Leben des Menschen waren kaum noch zu übersehen. Wenn man einst nur die penetrierenden Herzschüsse, bestimmte Kopf-, Bauch- und Lungenschüsse sowie Verletzungen der großen Gefäße als absolut tödlich betrachtet hatte, so hatte die Erforschung des Nervensystems gelehrt, daß selbst Streifschüsse durch Reizung des vegetativen Nervensystems zum Schocktod führen konnten. Untersuchungen über die Frage, wie erstaunlich lange Schwerverletzte noch handlungsfähig blieben, standen neben der Erforschung der Wundkanäle durch die Röntgenologie und der Einsicht, daß diese Kanäle keineswegs immer gerade verliefen, sondern im Körperinnern die verschiedensten Ablenkungen erfahren konnten. Die Zeit, in der man allein mit bloßem Auge oder mit dem Mikroskop die Schußwunden auf Einschuß- und Ausschußzeichen, Nahschuß- oder Fernschußspuren untersuchte, war vorbei; spektroskopische, chemische und biochemische Analysen traten ergänzend hinzu. Die Franzosen Ivanov, Hérissel, Hausser, Grillon und Piédelièvre sowie die Deutschen Mueller, Elbel, Schoentag und Krauland und schließlich die Russen Moltschanow und Skopun verwendeten Jahre und Jahrzehnte auf spezielle Studien. Wo man einst beim Einschuß nur den ›Schürfring‹ gesehen hatte, entdeckte man nun mit Hilfe der neuen, feineren Methoden auch noch den ›Schmutzring‹. Er entstand dadurch, daß die Kugel Schmutz und Öl aus dem Lauf der Waffe entweder an den durchschossenen Kleidern oder der Haut abstreifte. Zeitlupenaufnahmen verdeutlichten die Entwicklung des Pulverschmauches und den Weg, den er nach dem Verlassen einer Waffe einschlug. Chemische Reaktionen erlaubten genaueste Aussagen, wenn es darum ging, Nah- oder Fernschußspuren zu unterscheiden: Die alten Schwarzpulver enthielten Salpeter und Schwefel, die neuen rauchlosen Nitropulver Nitrite; in der modernen Sinoxyd-Munition, die kaum noch Spuren erzeugte, fand sich Blei. Chemiker und Physiker lernten die winzigen Spuren dieser Stoffe in Wunden nachzuweisen, und zwar nicht nur ihr Vorhandensein, sondern auch ihre Menge. Aus der Konzentration ihrer Ablagerungen ließen sich Rückschlüsse auf die Entfernung ziehen, aus der geschossen worden war. Es war wie bei der Untersuchung der vielschichtigen Frage der Erstickung oder des Todes im Wasser:

Die Erforschung der Schußwunden ging den Weg von der groben mikroskopischen Beobachtung zur allerfeinsten chemischen und physikalischen Analyse.

21

Im Ablauf der Geschichte der forensischen Medizin, die ihre Höhepunkte bald in diesem, bald in jenem Land erreichte, trat gegen Ende des Jahres 1929 Deutschland wieder in den Vordergrund. Zum Repräsentanten der Entwicklung wurde diesmal Richard Kockel, der in den drei Jahrzehnten, die seit seinen bescheidenen Anfängen in Leipzig vergangen waren, zu einer der führenden, vorwärtsdrängenden Gestalten der deutschen Gerichtsmedizin emporgestiegen war.

Was der Fall Merrett erneut jeden Sehenden gelehrt hatte: die Notwendigkeit einer gleichzeitigen polizeilichen und gerichtsmedizinischen Bestandsaufnahme am Tatort und einer direkten Zusammenarbeit zwischen Gerichtsmedizin und Polizei – das war es, was Kockel ebenso nachdrücklich verfocht wie die Forderung, in die Gerichtsmedizin auch nichtmedizinische, aber für die Kriminalistik bedeutungsvolle naturwissenschaftlich-technische Gebiete einzubeziehen. Vielleicht wurde Kockel durch die Tatsache, daß er ungewöhnliche handwerkliche Fähigkeiten besaß, auf den Weg gelenkt, auf dem nun die Grenzen der reinen Medizin überschritten wurden. Die neuen technischen Methoden der Gerichtsmedizin reichten von der Untersuchung der Schußwaffen über die Inspektion von Staubspuren und biologischen Spuren aller Art bis zum Vergleich von Textilfasern und Schriften. Kockel stritt für eine ›moderne deutsche Gerichtsmedizin‹, die sich der verschiedensten naturwissenschaftlich-technischen Hilfsmittel bei der Aufklärung von Verbrechen bedienen sollte. Kockel hatte Gegner, welche die Gerichtsmedizin in den traditionellen Grenzen halten wollten. Aber er besaß auch genügend Anhänger. Und er konnte sicher sein, daß ihm die nächste Zukunft gehörte – mochten auch in der weiteren Zukunft die naturwissenschaftlich-technischen Methoden ein solches Eigengewicht erlangen, daß sich aus ihnen selbständige Spezialfächer entwickelten. Doch diese Entwicklung war noch nicht abzusehen.

Was auf der anderen Seite die direkte Zusammenarbeit mit der Kriminalpolizei betraf, so hatte Kockel nicht ohne Grund auf einem Vortrag während der 16. Tagung der Deutschen Gesellschaft für Gerichtliche und Soziale Medizin in Graz im September 1927 erklärt: »Sie wissen, daß der Einfluß der Polizei in allen Fragen, die mit der Strafrechtspflege zusammenhängen, in raschem Wachstum begriffen ist. Die Polizei ist zu einem Faktor geworden, dem wir Rechnung tragen müssen ... Ich halte es für notwendig, mit der Kriminalpolizei wegen regelmäßiger Zuziehung zu der für uns wichtigen Tatbestanderhebung ein Abkommen zu treffen ...« Es waren Männer von Kockels Temperament und Kockels Weitblick, die in den dreißiger Jahren die ›forensische Medizin am Tatort‹ zu einer Selbstverständlichkeit für die Mordaufklärung machten. Ein solcher Mann von Kockels Art war der Berliner Gerichtsarzt Professor Kurt Strauch, der die populärste Figur der Berliner Kriminalpolizei zwischen den beiden Weltkriegen, den fast drei Zentner schweren Kriminalrat Ernst Gennat, davon überzeugte, daß die Gerichtsmedizin nicht nur in die Leichenhallen oder die Laboratorien, sondern ›an die Front‹ gehörte. Mochte Professor Strauch weiße Kittel verabscheuen, in alten Röcken und (wie Spilsbury) mit grobschlächtigen Instrumenten arbeiten – er machte auch den einfachsten Beamten der Berliner Kriminalpolizei mit der Welt der Gerichtsmedizin und ihren Möglichkeiten bekannt. Das gleiche galt für den jüngeren, wissenschaftlich fundierteren Waldemar Weimann; er schuf in den Jahren um 1930 – in der Zeit, da aus der Berliner Kriminalpolizei, wie aus der Londoner und Pariser, berühmte Kriminalisten-Persönlichkeiten hervorgingen – den Arztkoffer für den Kraftwagen der Berliner Mordkommission, der alles enthielt, was ein Gerichtsmediziner bei einer Tatortuntersuchung benötigte. Hier wirkte Geist von Kockels Art.

Dies war der Hintergrund für jene Episode, die am 30. November 1929 im gerichtsmedizinischen Institut der Universität Leipzig ihren Anfang nahm. Gegen Mittag meldete sich hier ein Außenbeamter der großen deutschen Versicherungsgesellschaft ›Nordstern‹. Er bat Kockel um eine Unterredung in einer vertraulichen und dringenden Angelegenheit: In der Kapelle des Südfriedhofs von Leipzig war ein Mann aufgebahrt, dessen Beerdigung bereits in einer Stunde stattfinden sollte. Die Personalien des Toten waren: Erich Tetzner, Kaufmann zu Leipzig, geboren im Jahre 1903. Aus den Angaben der Polizei und der Staatsanwaltschaft in Regensburg ging hervor, daß Tetzner am 27. November auf einer beruflichen Fahrt in seinem grünen Opelwagen auf der Landstraße 8 gegen einen Kilometerstein geprallt war. Der Wagen hatte Feuer gefangen, Tetzner war nur noch als völlig verbrannter Torso aus dem Führersitz geborgen worden. Die Staatsanwaltschaft Regensburg hatte den Leichnam zur Bestattung freigegeben.

Soweit die Vorgeschichte.

Die Problematik lag für die Versicherungsgesellschaft darin, daß Tetzner sich nicht nur bei der ›Nordstern‹ gegen Unfall versichert hatte, sondern auch bei der ›Vaterländischen‹ und der ›Allianz‹, und zwar mit der für seine Verhältnisse horrenden Summe von 145 000 Reichsmark. Die Versicherungsverträge waren erst vor wenigen Wochen in Kraft getreten. Tetzners Witwe, Emma Tetzner, geborene Georgi, hatte unmittelbar nach dem Tode ihres Mannes die Ansprüche auf die Versicherungssummen angemeldet. Alles in allem also Umstände, die bei jeder Versicherungsgesellschaft einen gewissen Argwohn wachrufen mußten. Der Versicherungsvertreter erklärte, es bestehe zwar die Möglichkeit, daß Tetzner herzkrank gewesen und infolge einer Herzschwäche gegen den Kilometerstein gefahren sei. Man müsse aber auch an Selbstmord denken. Jedenfalls habe er der Witwe nach erbitterten Auseinandersetzungen die Erlaubnis zu einer Autopsie des Toten abgerungen. Und jetzt bitte er Kockel im Namen der ›Nordstern‹, diese Autopsie vorzunehmen. Es bestehe keine Möglichkeit mehr, den Leichnam in Kockels Institut zu überführen. Die Autopsie sei nur noch in der Friedhofskapelle möglich.
Wie die meisten Gerichtsmediziner hatte Kockel im Laufe seines Lebens einigen Sinn für das Makabre entwickelt. Er stimmte also trotz der Mittagsstunde zu und fuhr mit seinem Besucher zum Südfriedhof hinaus. Im Sarge lag, wie er später schrieb, »ein stark verkohlter Rumpf, dem noch anhafteten: die Halswirbelsäule nebst dem Schädelgrund, die obere Hälfte beider Oberschenkel, das untere Gelenkende des rechten Oberschenkels und Teile der Arme. Außerdem befand sich bei der Leiche ein faustgroßer Teil Gehirn ... So aussichtslos bei dem eben geschilderten Zustand der Leiche deren Sektion auch erschien, so wurde sie doch durchgeführt ... Daß es sich bei dem Torso um die Reste eines Mannes handelte, war verhältnismäßig leicht festzustellen. Die männliche Harnröhre war zwar verkohlt, aber noch gut erhalten. Kopfhaar war nicht mehr zu finden, weil der gesamte behaarte Teil des Kopfes fehlte.«
Das Stück Gehirn befand sich in auffallend frischem Zustande, ohne daß Kockel zunächst eine Erklärung dafür bekam. In der Mundhöhle, im Kehlkopf, in den erhalten gebliebenen Teilen der Luftröhre fand er keinerlei Ablagerungen von Verbrennungsruß. Das Herz enthielt wenig dickflüssiges Blut. Der rechte untere Lungenlappen war gut erhalten. Kockel gab das Herzblut und den Lungenlappen in Gläser und packte sie in seine Tasche. Bei der Untersuchung der erhalten gebliebenen Knochen stutzte er. Sie waren ungewöhnlich schwach und erinnerten so sehr an den leich-

ten Knochenbau einer Frau, daß sie Zweifel hätten erwecken können, ob man es hier wirklich mit einem männlichen Skelett zu tun hatte. Kockels Verwunderung wuchs, als er den guterhaltenen Gelenkkopf des linken Oberarms durchsägte. Ohne Mühe erkannte er die Reste einer Knorpelleiste, die sich nur bei Jugendlichen zwischen den Gelenkenden der langen Röhrenknochen hinzog; im Zuge der menschlichen Entwicklung verschwand sie um das zwanzigste Lebensjahr, spätestens mit zweiundzwanzig bis dreiundzwanzig Jahren. Kockel erkundigte sich bei seinem Begleiter nochmals, wie alt Tetzner gewesen sei. Die Antwort lautete: »Sechsundzwanzig Jahre.«

Und welche Statur er gehabt habe?

Der Versicherungsbeamte schlug in seinen Akten nach und erwiderte: »Sehr kräftig, einen Meter siebzig groß, breitschultrig, untersetzt, etwas übergewichtig.«

In der Vorhalle vernahm man bereits die gedämpften Stimmen der Trauerversammlung, als Kockel die Kapelle durch die Hintertür verließ. Während er dem Friedhofsausgang zuschritt, erinnerte er sich unwillkürlich an einen Fall, der seit dem August 1928 nicht nur die Kriminalpolizei von Fulda beschäftigte, sondern auch Professor Ernst Giese, den Direktor des gerichtsmedizinischen Instituts der Universität Jena. Am 1. Januar 1928 hatte sich der zweiunddreißigjährige Kaufmann Heinrich Alberding in Fulda von seiner Frau verabschiedet, um zu einem Theaterbesuch nach Frankfurt zu fahren. Seither war er verschwunden. Anfang Februar erhielt die Kriminalpolizei in Fulda einen Brief, der am 7. Februar in Regensburg zur Post gegeben worden war. Er stammte von Alberding. Dieser behauptete, er habe den Brief aus einem Fenster geworfen – im Vertrauen darauf, daß irgend jemand ihn befördern werde. Er selbst sei in der Gewalt zweier geschäftlicher Konkurrenten, deren Rauschgifthandel er entdeckt habe. Sie hätten ihn während der Fahrt nach Frankfurt betäubt und verschleppt. Für den Fall, daß einmal seine, Alberdings, Leiche gefunden werde, möge man das Futter seines rechten Rockärmels öffnen. Wahrscheinlich sei er in der Lage, an dieser Stelle weitere Mitteilungen zu verbergen. Sieben Monate später, am 23. August 1928, wurde in einem Fichtendickicht des Wittmannsgereuther Waldes bei Saalfeld ein männliches Skelett gefunden. Der Kopf wies einen Schußkanal auf, die Füße waren abgehackt, die Kleider versengt. Am Knochen des rechten Ringfingers fand sich ein Trauring mit der Eingravierung M. T. 1920, in der Westentasche eine Taschenuhr mit der Inschrift: H. Alberding, Fulda. Im Futter des rechten Rockärmels aber stieß man auf einen angesengten Brief in Alberdings Handschrift. Er enthielt die Sätze: »Ich soll mich jetzt auf meine letzte Fahrt rüsten. Sollte mir ... je etwas zustoßen, so wird gebeten, der Kriminalpolizei Fulda sofort Mitteilung zu machen. Meine Adresse ist: Heinrich Alberding, Fulda, Marktstraße 24.«

Kaum daß Alberdings Witwe vom Tod ihres Mannes unterrichtet worden war, hatte sie bei zwei Lebensversicherungen ihre Ansprüche auf eine Versicherungssumme von insgesamt 60 000 Reichsmark angemeldet. Sie berief sich dabei auf zwei Versicherungspolicen, die erst im September 1927 in Kraft getreten waren. Unterdessen beschäftigte sich Professor Giese in seinem Jenaer Institut mit den Überresten des Toten. Am Entwicklungszustand der Wirbelsäule stellte er fest, daß es sich unter keinen Umständen um einen Mann von zweiunddreißig Jahren handelte, sondern um einen zwanzig- bis zweiundzwanzigjährigen. Gleichzeitig wies der Göttinger Anatom-Professor Stadtmüller auf eine neuartige Weise nach, daß der Tote nicht Alberding sein konnte: Er benutzte Fotografien des lebenden Alberding, um genaue Zeichnungen von Alberdings Schädelform in natürlicher Größe auf durchsichtigem Papier anzufertigen und auf entsprechende Zeichnungen des gefundenen Schädels zu legen. Die Differenzen zwischen den beiden Schädelformen waren ein schlagender Beweis dafür, daß das Skelett nicht von Alberding stammen konnte.

Obwohl Alberding verschwunden blieb, bestand kaum ein Zweifel daran, daß ein Fremder getötet worden war, um den Versicherungsgesellschaften Alberdings Tod vorzutäuschen.

(Hier sei kurz erzählt, wie der Fall ausgegangen ist: Im Jahre 1934 wurde Alberding bei einem geheimen Besuch in Fulda unter dem Bett seines Schlafzimmers entdeckt und 1935 wegen Mordes zum Tode verurteilt. Der Ermordete selbst ist niemals identifiziert worden.)

An diesen 1929 noch völlig ungeklärten Fall Alberding also erinnerte sich Kockel. Vor dem Friedhofsausgang fragte er überraschend, ob der Versicherungsvertreter überzeugt sei, daß es sich bei dem Toten um Erich Tetzner handelte.

Der Beamte begriff zunächst nicht. Ob Kockel daran zweifelte, wollte er wissen.

Kockel erwiderte: Allerdings. Er werde sich aber erst am Nachmittag endgültig äußern.

Damals hatte sich die Gerichtsmedizin bereits seit rund hundert Jahren mit den verschiedenen Formen der Verbrennungen und dem Verbrennungstod beschäftigt. Eine der aufsehenerregendsten Episoden der Vergangenheit war der Tod der Gräfin Görlitz in Darmstadt gewesen, die am 13. Juni 1847 in ihren Privatgemächern verbrannt aufgefunden wurde. Außer dem hessischen Bezirksarzt Graff hatten sich so berühmte Wissenschaftler wie der Chemiker Justus Liebig aus Gießen mit dem rätselhaften Todesfall beschäftigt. Er hatte lange Diskussionen über die Möglichkeit der ›Selbstverbrennung‹ zur Folge. Darunter verstand man eine Verbrennung, die nach starkem Alkoholgenuß bei Annäherung einer Flamme an die ausgeatmete Luft entstehen und durch das Körperfett genährt werden sollte. Diese Vorstellung von einer Selbstverbrennung gehörte zu den Fabeln der älteren Gerichtsmedizin. Liebig hatte zwar die Möglichkeit einer Selbstverbrennung abgelehnt, aber weder er noch die anderen Sachverständigen vermochten medizinisch nachzuweisen, daß die Gräfin von ihrem Diener erwürgt und erst nachträglich verbrannt worden war, um die Spuren der Tat zu verwischen. Erst das Geständnis des Dieners führte zur Aufklärung des Verbrechens.

Der furchtbare Flammentod zahlreicher Menschen beim Wiener Ringtheaterbrand im Jahre 1882 war insbesondere für Eduard von Hofmann Anlaß gewesen, sich nicht nur mit dem Problem der Identifizierung verbrannter Menschen zu beschäftigen, sondern auch mit den Auswirkungen der Verbrennung auf den einzelnen. Seither war die Gerichtsmedizin immer wieder mit dem Problem der Brandverletzung und des Feuertodes konfrontiert worden, einerseits bei Gutachten für Sozialversicherungen, auf der anderen Seite bei der Aufklärung von Verbrechen. Die Zahl der Arbeiten über den zufälligen Verbrennungstod, den Mord durch Verbrennen und den sogenannten ›Mordbrand‹, bei dem ein Mörder nach dem Beispiel des Falles Görlitz seine Tat durch Feuer zu vertuschen suchte, waren immer zahlreicher geworden. Zwischen diesen verschiedenen Möglichkeiten exakt unterscheiden zu können, wurde zu einer wichtigen Aufgabe für die Forschung.

Von großer Bedeutung war dabei die Entdeckung, daß Menschen, die noch lebend einem Feuer ausgesetzt waren, Ruß einatmeten, der sich im Kehlkopf, in der Luftröhre und in den Lungenbläschen nachweisen ließ. Als noch entscheidender erwies sich die Einsicht, daß auch Kohlenmonoxyd, das bei jeder Verbrennung entsteht, eingeatmet wurde, also bei lebend Verbrannten im Blut nachweisbar sein mußte.

Die ungeheure Zahl von Unfalltoten und Selbstmorden seit der Einführung des kohlenmonoxydhaltigen Leuchtgases um die Mitte des 19. Jahrhunderts hatte die Gerichtsmedizin gelehrt, den Spuren des Kohlenmonoxyds im Blut der Getöteten nachzugehen. Zwischen dem Kohlenmonoxyd und dem Farbstoff der roten Blutkörperchen, dem Hämoglobin, bestand eine ungewöhnliche ›Anziehungskraft‹. Sie war stärker als die zwischen dem Blutfarbstoff und dem lebensnotwendigen Sauerstoff. Das Kohlenmonoxyd verdrängte sozusagen den Sauerstoff aus dem Blutfarbstoff und führte durch innere Erstickung zum Tode, wenn das giftige Gas längere Zeit eingewirkt hatte. Auf dieser Eigenschaft hatte die Gerichtsmedizin ihre Methode aufgebaut, das Kohlenmonoxyd im Blut zu erkennen: Die rote Färbung des kohlenmonoxydhaltigen Blutfarbstoffes war widerstandsfähiger als die rote Färbung des mit Sauerstoff gesättigten Blutfarbstoffes. Setzte man das Blut, das man auf seinen Kohlenmonoxydgehalt untersuchen wollte, bestimmten Chemikalien aus, so nahm der normale sauerstoffhaltige Blutfarbstoff schnell eine bräunliche Färbung an, der kohlenmonoxydhaltige blieb rot.

Wichtiger als die chemischen Proben war allerdings die spektralanalytische Untersuchung des Blutes geworden. Sauerstoffhaltiges Hämoglobin und kohlenmonoxydhaltiger Blutfarbstoff ließen im Spektroskop eindeutig zu unterscheidende Linien entstehen. Setzte man beiden Blutfarbstoffen bestimmte chemische Reagenzien zu, so änderten sich die Linien des sauerstoffhaltigen Blutfarbstoffes im Spektrum, diejenigen des Kohlenmonoxyd-Hämoglobins dagegen nicht. Das untersuchte Blut mußte allerdings wenigstens 20 Prozent Kohlenmonoxyd enthalten, bevor sich das giftige Gas bei der spektroskopischen Untersuchung verriet. Erst 1921 war es dem Österreicher W. Schwarzacher gelungen, spektrofotometrisch auch einen wesentlich geringeren Prozentsatz im Blut quantitativ nachzuweisen.

Untersuchungen solcher Art waren noch im Gange, als Kockel am 30. November 1929 gegen 3 Uhr wieder sein Institut betrat. Dort begann er sofort mit einer Untersuchung des Herzblutes, das er in einer Flasche mitgenommen hatte, auf Kohlenmonoxyd. Er wandte alle chemischen und spektroskopischen Methoden an. Sie führten sämtlich zu negativen Ergebnissen. Kockel sah seinen Verdacht bestätigt, daß der Tote auf dem Südfriedhof nicht Erich Tetzner war. Denn wenn sich in den Luftwegen kein Ruß und im Blut kein Kohlenmonoxyd befand, konnte der Tote überhaupt nicht mehr gelebt und geatmet haben, als der Wagen in Flammen aufging. Lag hier vielleicht eine Parallele zum Fall Alberding vor? Hatte Tetzner, der vermeintliche Tote, einen Fremden ermordet und in seinem Wagen verbrennen lassen, um selbst als tot zu gelten und mit Hilfe seiner Frau in den Besitz der Versicherungssumme zu gelangen?

Kockel versuchte festzustellen, ob der (wie er sich zunächst noch vorsichtig ausdrückte) mit hoher Wahrscheinlichkeit unbekannte Tote irgendeiner Gewaltanwendung zum Opfer gefallen war, bevor er verbrannte. Damit begab sich Kockel auf ein anderes weites Feld der forensischen Medizin, von dem schon mehrfach die Rede war, dessen Erforschung aber gerade in den dreißiger Jahren zum Mittelpunkt der zielbewußten Arbeit vieler Gerichtsmediziner geworden war, von Kurt Walcher in Deutschland zu Piédelièvre in Frankreich und Kernbach in Rumänien, von Balotta und Domenici in Italien bis zu Orsós in Ungarn. Das Ziel war, zuverlässiger als bisher zu ergründen, wodurch sich Verletzungen, die ein Mensch zu Lebzeiten erhielt, von solchen unterschieden, die ihm bewußt oder zufällig nach dem Tode zugefügt worden waren. Als Kockel mikroskopische Schnitte der Lungenteile anfertigte, die er vom Südfriedhof mitgebracht hatte, und diese Schnitte unter das Mikroskop legte, sah er, daß Teile der kleinsten Lungengefäße von wasserhellen würstchenförmigen Tropfen verstopft waren. Mit anderen Worten, er beobachtete eine sogenannte Fettembolie – eine Verstopfung der Blutgefäße insbesondere der Lunge mit körpereigenem Fett. Schon vor Jahrzehnten waren Chirurgen und Pathologen darauf aufmerksam geworden, daß vor allem nach der Einwirkung stumpfer Gewalt auf den menschlichen Körper, nach Knochenbrüchen, Schädelverletzungen, Mißhandlungen, manchmal sogar bei bloßen Erschütterungen, Fett aus dem Fettgewebe in die Blutgefäße eindrang. Mit dem Blutstrom gelangte es in die rechte Herzkammer und von dort in die Lunge. Die Folge war eine Verstopfung der kleinen Lungengefäße, was in zahlreichen Fällen zum Erliegen des Kreislaufes und zum Tode führte. War der Kreislauf kräftig genug, so trieb er mit dem Blut Teile des Fetts in andere Bereiche des Körpers, unter anderem in die Nieren und ins Gehirn. Manchmal entwickelte sich die Fettembolie innerhalb von wenigen Sekunden. Aber immer war sie eine Folge irgendwelcher Formen äußerer Gewalt. Wohl hatte der Italiener Mario Carrara schon 1898 darauf hingewiesen, daß es auch beim reinen Verbrennungstod zum Eindringen von Fett, das durch die Hitze flüssig wurde, in die Lungen kommen konnte. Auch bei bereits Toten, die ins Feuer gerieten, war es möglich, daß der entstehende Dampfdruck geschmolzenes Fett in die Lungen preßte. Aber die meisten Gerichtsmediziner waren sicher, daß sich derartige ›Fetteinbrüche‹ von der echten Fettembolie unterscheiden ließen und daß eine echte Fettembolie in der Lunge immer ein Zeichen für schwere, stumpfe Verletzungen war, die ein Verbrannter erlitten hatte, bevor er dem Feuer ausge-

setzt worden war. So gelangte auch Kockel am 30. November zu dem Schluß, daß der Tote auf dem Südfriedhof mit hoher Wahrscheinlichkeit ermordet worden war, bevor er verbrannte.
Es war mittlerweile Abend geworden. Aber Kockel beschloß, sofort die Leipziger Kriminalpolizei zu informieren. Er hatte sich im Verlauf seiner Arbeit – dem gesteckten Ziel entsprechend – ein enges Verhältnis zur Polizei geschaffen. So suchte er den stellvertretenden Leiter der Leipziger Kriminalpolizei auf, Kriminalrat von Kriegern, der ihm besonders verbunden war. Mit der ihm eigenen Überzeugungskraft überwand Kockel Kriegerns anfängliche Skepsis. Die Thesen, die er Kriegern vortrug, lauteten: 1. Der Tote war nicht Tetzner. 2. Es handelt sich um einen Unbekannten, der ermordet und nachher verbrannt worden war. 3. Der Mörder war wahrscheinlich Tetzner, der einen Versicherungsbetrug beabsichtigt hatte. 4. Es war ausgeschlossen, daß die Körperteile, die dem Torso auf dem Südfriedhof fehlten, der Oberteil des Kopfes, die Unterschenkel und Füße, infolge des Brandes verschwunden waren. Teile des Kopfes waren wahrscheinlich beseitigt worden, weil sie tödliche Verletzungen aufwiesen. Die anderen Körperteile hatte der Mörder möglicherweise abgetrennt, weil sich an ihnen charakteristische Merkmale befanden, die sofort verraten hätten, daß es sich nicht um Tetzner handeln konnte. Wahrscheinlich wären sie gefunden worden, wenn man sofort einen Gerichtsmediziner an den Tatort gerufen hätte. Auf jeden Fall sei nötig, die gesamte Umgebung des Tatorts nochmals nach den fehlenden Körperteilen abzusuchen. 5. Sicherlich hielt Tetzner sich versteckt und würde versuchen, mit seiner Frau in Verbindung zu treten.
Noch in der Nacht ordnete von Kriegern an, Emma Tetzners Wohnung zu überwachen. Als er am 1. Dezember erfuhr, daß Emma Tetzner auffallend häufig den Telefonanschluß einer Nachbarsfamilie benutzte, veranlaßte er die Überwachung des Anschlusses. Gleichzeitig sandte er ein Suchkommando an die Unfallstelle. Aber alle Mühe war vergebens. Das Suchkommando brachte lediglich die Nachricht mit, der Gendarmeriekommissar Pfeiffer, der als erster an der Brandstelle eingetroffen war, habe jenes guterhaltene Stück Gehirn, das Kockel bei der Autopsie vorfand, außerhalb des verbrannten Autos entdeckt, und zwar anderthalb Meter von der Seite des Wagens entfernt, die dem Führersitz gegenüber lag. Kriegern gab dieses erstaunliche Ergebnis an Kockel weiter, der es grollend und mit einem neuerlichen Hinweis darauf, daß man leider eine gerichtsmedizinische Untersuchung am Tatort versäumt habe, zur Kenntnis nahm.

Kurz darauf erhielt von Kriegern eine Meldung der Kriminalpolizei Ingolstadt. Im Krankenhaus zu Ingolstadt lag seit dem 22. November der Schlossergeselle Alois Ortner. Er sagte aus, am 21. November von einem Autofahrer angehalten worden zu sein. Dieser Fahrer bot ihm Platz in seinem grünen Opelwagen an. Vor Ingolstadt behauptete er, einen Schaden am Getriebe zu haben, und bat Ortner, unter den Wagen zu kriechen und einige Schrauben anzuziehen. Als Ortner wieder unter dem Wagen hervorkroch, erhielt er zwei Schläge über Schultern und Kopf. Es gelang ihm, sich aufzurichten. Dabei sah er, daß der Angreifer der anfangs so freundliche Fahrer des Wagens war. Er rang mit ihm, riß sich schließlich los und floh in den Wald. Angesichts der Tatsache, daß auch Tetzner einen grünen Opel fuhr, fragte sich von Kriegern, ob jener Autofahrer vielleicht Tetzner gewesen war. Hatte er sich Ortner als Opfer ausgesucht? War sein Anschlag gescheitert, weil Ortner zu kräftig gewesen war?

Am Morgen des 4. Dezember, um 8 Uhr, hörte der Beamte, der mit der Überwachung des Telefons bei den Nachbarn der Frau Tetzner beauftragt war, daß ein Ferngespräch aus Straßburg angemeldet wurde. Der Anmelder nannte sich Sranelli. Verlangt wurde Emma Tetzner. Der Beamte schaltete sich ein und teilte mit, Frau Tetzner sei nicht zu erreichen; sie werde erst am Nachmittag um 6 Uhr wieder zu Hause sein. Sranelli möge sich um diese Zeit wieder melden; das Gespräch mit Frau Tetzner werde dann mit Sicherheit zustande kommen. Schnell wurde festgestellt, daß das Gespräch aus einer Telefonzelle des Hauptpostamtes in Straßburg gekommen war. Kriminalrat von Kriegern bat die Sûreté um Überwachung des Postamtes, flog selbst mit einer Sondermaschine nach Straßburg und traf rechtzeitig ein, um den Fremden, der sich Sranelli nannte, zu verhaften, als er kurz vor 6 Uhr eine Telefonzelle betrat. Die Überraschung war so groß, daß Sranelli gestand, Erich Tetzner zu sein. Am Abend legte er ein Geständnis ab. Seit dem September 1929, so gab er zu Protokoll, war es sein Plan gewesen, durch einen Versicherungsbetrug, bei dem ein Unbekannter an seiner Stelle verbrennen sollte, zu einer großen Geldsumme zu gelangen. Nach seiner Heirat 1927 hatte er zunächst ein Café in Oschatz gehabt. Aber sein Wunsch, auf diese Weise schnell reich zu werden, war nicht in Erfüllung gegangen. 1929 wurde das Café verkauft. Tetzner siedelte mit seiner Frau nach Leipzig über, verbrauchte den größten Teil der Verkaufssumme und verfiel schließlich auf die Idee des Versicherungsbetruges. Nachdem mehrere Versicherungsverträge abgeschlossen worden waren, hatte er sich auf die Jagd nach einem geeigneten Opfer gemacht. Tetzner gab zu, den Schlossergesellen Ortner am 21. November in sein Auto gelockt und versucht zu haben, ihn zu erschlagen. Als er am 26. November zu einer neuen Jagd auf ein Opfer aufbrach, instruierte er seine Frau eingehend. Für den Fall, daß der Plan diesmal gelang, sollte sie ein Telegramm erhalten, in dem die Kleidung seines Opfers beschrieben war. Diese Kleidung sollte sie bei einer Untersuchung der Leiche als seine eigene identifizieren. Ihre nächste Aufgabe bestand darin, die Versicherungsbeträge zu übernehmen. In gewissen Abständen wollte er sich unter falschem Namen telefonisch melden und schließlich einen Treffpunkt im Ausland festlegen. Am 27. November sah er auf der Chaussee nach Regensburg einen Wanderburschen. Dessen Aussehen entsprach zwar nicht seinem eigenen. Der Fremde war schwächlich und erheblich jünger. Aber nach dem Erlebnis mit Ortner zog er es vor, ein Opfer zu wählen, das ihm körperlich unterlegen war. Auf der Fahrt nach Regensburg schlief der Wanderbursche ein. Tetzner fuhr vorsichtig gegen einen Kilometerstein und erklärte dem vorübergehend Aufwachenden, es habe nur eine kleine Panne gegeben. Dann übergoß er den Wagen mit Benzin aus einem Reservekanister und warf ein brennendes Streichholz auf ein Trittbrett. Als der Wagen lichterloh brannte, lief er davon.

Kriminalrat von Kriegern besprach sich mit Kockel. Dieser erklärte, er halte das Geständnis für falsch. Die Entdeckung der Fettembolie spreche gegen Tetzners Darstellung. Kockel blieb dabei, daß der Unbekannte nicht durch das Feuer getötet worden sei, sondern schon vorher durch Gewaltanwendung. Nicht nur seine medizinischen Funde sprächen dafür, sondern auch die polizeilichen Ermittlungen. Wie war beispielsweise der Tote auf den Fahrersitz gelangt, wenn er auf dem Beifahrersitz schlief und dort verbrannt sein sollte?

Immer wieder wurde Tetzner durch Kriminalrat von Kriegern vernommen. Aber erst als im April 1930 Kockels schriftliches Gutachten vorlag, änderte Tetzner plötzlich sein erstes Geständnis. Kriegern hatte ihm Zeit gelassen, sich mit den Ergebnissen des Gutachtens vertraut zu machen. Offenbar war Tetzner nach einigem Überlegen zu der Erkenntnis gekommen, daß das Phänomen der Fettembolie tatsächlich ein schwerwiegendes Beweismittel gegen ihn war. Anfang Mai bat er, dem Untersuchungsrichter vorgeführt zu werden. Diesem erklärte er: »Mein bisheriges Geständnis war falsch.« Dann fuhr er fort, er habe im Dunkel der Nacht vor Bayreuth einen Handwerksburschen überfahren. Als er ihn bewußtlos auf der Straße fand, lud er ihn in seinen Wagen, wo er kurz darauf verstarb. In diesem Augenblick sei ihm die Idee gekommen, den Fremden als Opfer für seinen Betrugsplan zu verwenden. Er habe ihn hinter das Lenkrad gesetzt und den Wagen angezündet.

Tetzners neues Geständnis war zweifellos gut durchdacht. Es lieferte eine Erklärung für die Fettembolie und entkräftete den Verdacht, daß er sein Opfer zuerst ermordet habe. Ein Straßenverkehrsunfall war in jedem Fall ein weniger schweres Vergehen.

Einigermaßen ratlos und ohne Kockels Wissen wandte sich die Staatsanwaltschaft in Leipzig an den Direktor des gerichtsmedizinischen Instituts Erlangen, Hans Molitoris. Sie bat um eine Stellungnahme zu der ganzen Angelegenheit. Molitoris vertiefte sich in die ihm übersandten Akten. Ohne selbst mit dem Fall vertraut zu sein, ohne die Atmungsorgane untersucht, das Herzblut überprüft und Grad und Ausbreitung der Fettembolie gesehen zu haben, lieferte er ein Gutachten, in dem er erklärte, die Wahrscheinlichkeit spreche dafür, daß Tetzners erstes Geständnis, er habe einen lebenden Menschen verbrannt, richtig sei. Er zitierte aus den verschiedensten Lehrbüchern Beispiele dafür, daß sich auch bei lebend Verbrannten kein Ruß in den Atemwegen und kein Kohlenmonoxyd in der Lunge befunden habe. Hinsichtlich der Fettembolie verwies er auf die Fälle, bei denen auch beim reinen Verbrennungstod geschmolzenes Fett durch Dampfdruck in die Lungen gelangt war.

Als Kockel Einsicht in dieses Gutachten erhielt, erwachte in ihm alle Leidenschaft, derer er fähig war. Noch drei Jahre später wurde sie in dem Bericht spürbar, den er über den Fall Tetzner schrieb. Dort hieß es: »Diesem Gutachten mußte entgegengetreten werden, denn die Beurteilung eines so komplizierten Falles mußte in gleichem Maße fußen auf einer gründlichen Kenntnis der im Schrifttum niedergelegten, medizinischen Erfahrungen wie auf genauesten Erhebungen der Befunde an der Leiche und am Tatort, wie sie von der modernen deutschen gerichtlichen Medizin geübt wird ...«

Um zu beweisen, wie wenig die forensisch-medizinische Theorie ohne sorgfältige Verknüpfung mit den Realitäten einer Tat bedeutete, bedurfte es nur weniger Fragen: Wenn Tetzners Opfer lebend im Wagen verbrannt war, wie war dann das Stück frischen Gehirns, das zweifellos aus dem Schädel des Toten stammte, auf die Straßenböschung gelangt – anderthalb Meter von der dem Führersitz entgegengesetzten Seite des geschlossenen Wagens entfernt? Wo waren die Körperteile geblieben, die an der Leiche fehlten, aber nicht durchs Feuer allein hatten zerstört werden können? Gab es dafür eine andere Erklärung als die, zu der man durch die Entdeckung

der Fettembolie kommen mußte, nämlich die gewaltsame Tötung des Opfers außerhalb des Wagens und die Beseitigung der verräterischen Körperteile (wie der eingeschlagenen Schädeldecke) – wobei Tetzner jenes Stück Gehirn verlor oder übersah?
Am 17. März 1931 begann in Regensburg der Prozeß gegen Erich und Emma Tetzner. »Der Angeklagte«, so beharrte Kockel, »hat einen Toten verbrannt, der vorher schwer verletzt und verstümmelt worden ist. Wahrscheinlich ist dieser Mensch unter Umständen gestorben, die Tetzner viel grauenvoller dünkten als das Verbrennen bei lebendigem Leibe.« Wenige Tage später verurteilte das Gericht Tetzner wegen Raubmordes zum Tode. Am 2. Juni, nach der Ablehnung eines Gnadengesuches, gestand Tetzner wenigstens einen Teil des wahren Hergangs der Tat. Er habe den Wanderburschen schon von Reichenbach an mitgenommen. Als dieser nicht weit von Nürnberg über Kälte klagte, habe er ihn fest in eine Reisedecke eingewickelt, bis er hilflos war, und dann erdrosselt. Auch in diesem Geständnis fehlte noch ein Rest an Wahrheit. Aber Tetzner schloß mit den Worten: »Der Professor Kockel hat ganz recht, das habe ich mir während der ganzen Verhandlung gedacht.«

Drei Jahre später, am 19. Januar 1934, starb Kockel an einem Luftröhrenkrebs. Zu dieser Zeit bemühte sich die Gerichtsmedizin angestrengter als je zuvor, tiefer in die Probleme der Fettembolie einzudringen und Verfahren zu entwickeln, mit denen sich nachweisen ließ, ob ein verbrannt Aufgefundener zum Zeitpunkt des Verbrennens noch gelebt hatte oder bereits tot war. Dabei stellte sich heraus, daß Kohlenmonoxyd auch noch in das Blut von Toten gelangen konnte; es fand seinen Weg durch die Haut hindurch. Kohlenmonoxyd, das man in hautnahen Blutgefäßen fand, konnte nicht als Beweis dafür gelten, daß es bei einem Brande eingeatmet worden war. Nur die Befunde im Herzblut waren beweisend. Einige Jahre später folgten die Lehren aus den Bombennächten des zweiten Weltkriegs: Verbrennungsruß drang auch bei Toten noch bis in die tiefen Teile der Bronchien ein, niemals jedoch in deren feinste Endigungen, die Alveolen; fand man den Ruß dort, so war dies ein Beweis dafür, daß er zu Lebzeiten eingeatmet worden war. Die Gerichtsmedizin lernte im Laufe der Jahre auch aus einer Vielzahl von Beobachtungen, welche Arten von Verletzungen, die einem Verbrannten vorher in mörderischer Absicht beigebracht worden waren, sich selbst noch nach der Verbrennung feststellen ließen. Möglich war dies zum Beispiel bei Erdrosselung, und zwar mit Hilfe einer Strangmarke, während Kehlkopfbrüche, die seit vielen

Jahrzehnten als besonders deutliches Zeichen des Erwürgens und Erhängens galten, auch durch heftige Flammeneinwirkung entstehen konnten, ohne daß eine Strangulierung oder Erdrosselung voraufgegangen war.
Die Erörterung der Frage, inwieweit eine Fettembolie als Zeichen für Gewalteinwirkung vor dem Tode zu gelten habe, kam nicht zur Ruhe. Die notwendige Unterscheidung zwischen echten Fettembolien und Fetteinbrüchen durch Hitzewirkung erforderte unablässig neue Untersuchungen. Leicht war der Rückschluß auf eine Gewaltanwendung vor dem Tode nur, wenn man in den Lungen eine Verstopfung der kleinen Blutgefäße durch Hirnsubstanz oder Leberzellen fand.
Neue Wege öffneten sich, und neue Zweifel entstanden. Weit dehnte sich das Feld der Irrtumsmöglichkeiten, denen man nur durch Genauigkeit, Vorsicht und das Abwägen aller medizinischen und nichtmedizinischen kriminalistischen Ermittlungen entging.

22

In dem Jahrzehnt, das auf die Ereignisse in Leipzig folgte, ließ sich an vielen Vorgängen innerhalb der Kriminalistik erkennen, daß die forensische Medizin ihren Arbeitsbereich auf eine Weise ausdehnte, wie sie Kockel vorgeschwebt hatte. Wahrscheinlich aber gab es wenig Beispiele, welche die Ausweitung in die Naturwissenschaft und Technik hinein so deutlich machten wie das Geschehen um die Aufklärung eines Kindesmordes in der schottischen Stadt Aberdeen im Jahre 1934.
Der Schauplatz, auf dem dieses Drama seinen Anfang nahm, war ein dreistöckiges Mietshaus in der Urquhart Road im Norden des Dee-Flusses – unfreundlich, kleinbürgerlich, ohne jenen Glanz, der so mancher ›cause célèbre‹ ihre besondere Note gegeben hatte. Zu beiden Seiten eines engen Treppenhauses lag je eine Wohnung, bestehend aus einer Wohnküche und einem Schlafraum. Die Toilette befand sich im Hausgang; im Hof reihten sich grau in grau ein Waschhaus und die Kohlenschuppen für die Mieter aneinander.
Am Nachmittag des 20. April 1934 verschwand aus diesem Hause ein Kind, Helen Priestly, acht Jahre alt, die einzige Tochter des Anstreichers John Priestly und seiner Frau Agnes. Die Priestlys lebten in der Wohnung, die im ersten Stock des Hauses zur Rechten der Treppe gelegen war. Um 12.15 Uhr kehrte Helen aus der Schule heim, die nur wenige Minuten entfernt war. Eine Viertel-

stunde später – zwischen 12.45 und 1 Uhr – aß sie mit ihrer Mutter zu Mittag: Fleisch, Kartoffeln, eine Tasse Tee und ein Butterbrot. Um 1.30 Uhr schließlich machte sie sich auf den Weg zu der Bäckerei einer Konsumgenossenschaft an der Ecke Urquhart Road und Hunter Place, um ein Brot einzukaufen. Es war ein Weg von nur wenigen Minuten. Als Helen um 1.50 Uhr noch nicht zu Hause war und die Zeit des nachmittäglichen Schulunterrichts heranrückte, begab sich Agnes Priestly, von wachsender Unruhe erfaßt, zu der Bäckerei. Dort hatte Helen das Brot gekauft, den Kassenbon an sich genommen und den Heimweg angetreten. Seither aber waren rund fünfzehn Minuten vergangen. Die Mutter lief daraufhin in der Hoffnung, das Kind könnte zur Schule gegangen sein, zur King Street School. Niemand hatte Helen gesehen. Nachdem Agnes Priestly noch verschiedene Bekannte und ihren Mann alarmiert hatte, begab sie sich zur Polizeistation.

Detektiv-Inspektor Taylor übernahm den Fall gegen 5 Uhr nachmittags. Er beschaffte sich eine Beschreibung Helens. Ihre Kleidung bestand aus einem Serge-Rock, einem blauwollenen Jersey-Pullover, einer marineblauen Mütze, schwarzen Strümpfen, einer Hemdhose und einem dunkelblauen Schlüpfer. Bei den ersten Nachforschungen stieß Taylor auf einen Schulkameraden Helens, Richard Sutton. Er behauptete, Helen am Mittag mit einem ungepflegten Mann gesehen zu haben. Dadurch gerieten die Nachforschungen in eine völlig falsche Richtung, bis Sutton gestand, daß seine Geschichte erfunden war. Immerhin behielt Taylor das Haus in der Urquhart Road ebenfalls im Auge. Mehrere Konstabler durchsuchten das Waschhaus und die Kohlenschuppen. Die Priestlys durchfuhren in einem Polizeiauto abwechselnd die Straßen des Stadtviertels, um Ausschau nach dem Kind zu halten; Nachbarn lösten die Priestlys bei diesen Fahrten ab. Die Nacht auf den 21. April war kalt und regnerisch. Die Suche wurde jedoch nicht unterbrochen. Ab und zu kam einer der Nachbarn zurück, um sich mit Tee aufzuwärmen. Dabei besuchten einige auch die Toilette im Erdgeschoß, die in einem Erker hinter dem unteren Treppenabsatz lag, unmittelbar neben der Hoftür. Noch um 4.30 Uhr, als es bereits hell wurde, fand William Topp, der im Erdgeschoß links wohnte, den Erker leer. Eine halbe Stunde später, um 5 Uhr, kehrte ein anderer Nachbar der Priestlys namens Porter von einer Suchfahrt zurück und betrat das Treppenhaus. Sein Blick fiel auf einen Sack, dessen Ende hinter der Treppe hervorragte. Er lief darauf zu, tastete nach dem Inhalt und alarmierte das Haus. In dem Sack lag Helen Priestly – tot.

Innerhalb von 25 Minuten trafen Inspektor Taylor, Superintendent

Gordon, die Konstabler Cole und Westland sowie Dr. Robert Richards ein. Richards bekleidete das Amt eines Polizeiarztes in Aberdeen und hielt an der Universität Vorlesungen über gerichtliche Medizin. Das enge Treppenhaus war voller Menschen. Die Konstabler mußten erst den Weg frei machen, damit Richards den Sack öffnen konnte. Was Richards sofort auffiel, war der Umstand, daß der Sack völlig trocken war. Angesichts des heftigen Regenwetters war es also unwahrscheinlich, daß man ihn von außen her ins Haus getragen hatte. Nachdem der Sack fotografiert war, holte Richards den kleinen Leichnam hervor. Helen lag auf der rechten Seite. Schon ein erster Blick zeigte Richards, daß etwas Entsetzliches geschehen war. Er flüsterte Gordon zu, das Kind sei vergewaltigt worden. Auf der Hemdhose war nicht nur viel Blut zu sehen; es zeigten sich auch gelbliche Flecken, deren Herkunft sich nicht sofort klären ließ. Der Körper war kalt und starr. Die Totenflecken befanden sich an der Außenseite des linken und der Innenseite des rechten Schenkels. Helen mußte also ursprünglich auf der linken Seite gelegen haben und war erst später, als das Blut geronnen war, in eine andere Lage gebracht worden. In der rechten Hand fand sich ein Stück des Kassenbons, den Helen in der Bäckerei erhalten hatte. Zwischen Helens Zähnen steckten einige Stücke Kohlenschlacke. Schlacke fand sich auch in ihrem Haar. Um den Mund klebte Erbrochenes, das mit Kohlenasche vermischt war.

Gegen 6 Uhr wurde Helen durch die dichtgedrängten Menschenmassen in die Leichenhalle der Polizei von Aberdeen überführt. Gordon und Taylor blieben zurück. Sie beschäftigten sich noch einmal mit der Frage, auf welche Weise der Sack mit dem toten Kind zwischen 4.30 und 5 Uhr unter den Treppenabsatz gelegt worden sein könnte. Niemand im Hause hatte den Lärm gehört, den jedes Öffnen der Hoftür hervorrief. Vor dem Hause aber war ständig Verkehr gewesen: Um 4.30 Uhr hatten städtische Arbeiter in der Nähe des Hauses mit Kanalarbeiten begonnen. Um 4.45 Uhr war ein Milchausträger aus einem Nachbarhaus zur Arbeit gegangen. Niemand hatte einen Mann oder eine Frau beobachtet, die einen Sack trug oder fuhr. Immer stärker drängte sich Gordon der Gedanke auf, der Leichnam des Kindes müsse sich bereits im Hause befunden haben, bevor er in einem günstigen Augenblick kurz vor 5 Uhr an den Platz geschafft wurde, auf dem man ihn gefunden hatte.

Richards' Feststellung, daß Helen mißbraucht worden war, führte zu dem Schluß, daß als Täter nur ein Mann in Frage komme. Und dieser Mann mußte sich mit hoher Wahrscheinlichkeit unter den

Bewohnern des Hauses befinden. Noch in den Vormittagsstunden begann Taylor mit einer vorsichtigen Überprüfung der männlichen Bewohner. Es gab außer John Priestly nur fünf, Topp und Donald, die mit ihren Frauen im Erdgeschoß wohnten, Mitchell, Coull und Hunt in den oberen Stockwerken. Taylor wurde in seiner Arbeit kurz vor Mittag unterbrochen, als sich ein Dachdecker namens Munro meldete, der am Mittag des 20. April im Nachbarhaus gearbeitet und gegen 2 Uhr den angstvollen Schrei eines Kindes gehört hatte. Diese Aussage bestärkte Taylors Meinung, daß der Mord in dem Haus verübt worden sein müsse, in dem die Priestlys lebten.

Unterdessen hatte der Procurator-Fiscal den fünfundsechzigjährigen Professor der Pathologie Theodore Shennan von der Universität Aberdeen beauftragt, die Öffnung der Leiche des Kindes vorzunehmen. Richards, zwanzig Jahre jünger als Shennan, assistierte. Die Hauptfragen, welche die beiden Ärzte sich stellten, lauteten: Woran war Helen gestorben? Wann war Helen gestorben? War die Vergewaltigung die Ursache ihres Todes? Die Frage nach dem Wann ließ sich verhältnismäßig leicht beantworten. Der Magen des Kindes war mit unverdauter Nahrung gefüllt. Nur ein winziger Teil des Mageninhalts war bereits in den Zwölffingerdarm übergetreten. Die Lymphgefäße des Darmes, die die Nahrung aufsogen, um sie dem Körper zuzuführen, hatten kaum begonnen, sich zu erweitern. Shennan schloß daraus, daß das Kind ungefähr eine Stunde nach seiner letzten Mahlzeit getötet worden war. Da Helen ihr Mittagsmahl am 20. April gegen 1 Uhr beendet hatte, mußte der Mord gegen 2 Uhr geschehen sein.

Die Lunge des Kindes wies alle Anzeichen der Erstickung auf. Hals, Luft- und Speiseröhre aber zeigten eine merkwürdige Kombination von Erscheinungen. An der Außenhaut des Halses befanden sich mehrere Quetschungen, die auf eine Erdrosselung mit der Hand schließen ließen. Gleichzeitig entdeckte Shennan tief in der Luftröhre Teile des erbrochenen Mageninhalts. Das Eindringen des Mageninhalts mußte zur Erstickung geführt haben. Der Pathologe machte jedoch noch einen weiteren Fund. Er legte die Thymusdrüse frei, die (wie man annahm) im Kindesalter eine besondere Rolle bei der Entwicklung der Knochen und der Keimdrüsen spielte. Helen Priestlys Thymusdrüse war weit über die Norm hinaus vergrößert, und die Erfahrung lehrte, daß bei Kindern mit derartigen Vergrößerungen des Thymus die Widerstandskraft gegen Infektionen und äußere Einflüsse verschiedenster Art verringert war. Vor allem neigten solche Kinder zu Ohnmachten; schon ein gering-

fügiger Schock konnte zu totenähnlicher Bewußtlosigkeit führen. Die überraschendste Entdeckung aber ergab sich, als Shennan und Richards den Unterleib des Kindes inspizierten, um nähere Aufschlüsse über die angenommene Vergewaltigung zu erhalten. Die Hemdhose des Kindes war aufgerissen. Der Schoß bot bei näherer Inspektion jedoch ein Bild, wie es keiner der beiden Ärzte jemals bei einem Fall von Vergewaltigung gesehen hatte. Eine heftige Blutung aus Scheide und After hatte die Schenkel und einen Teil der Hemdhose mit Blut verkrustet. Beide Ärzte hatten den Eindruck, als sei ein breiter und harter Gegenstand mit großer Gewalt in die Unterleibsorgane gestoßen worden. Durch die hintere Wand der Scheide war eine Öffnung in den Darm gebohrt. Die hintere Darmwand wies Verletzungen durch einen scharfen Gegenstand auf. Es war unmöglich, daß das Glied eines Mannes diese Verletzungen hervorgerufen hatte, bestenfalls konnte man an einen sehr kräftigen, ungewöhnlich großen Finger mit langen Nägeln, eher aber an irgendein grobes Instrument denken. Shennan wußte genauso gut wie Richards, daß es Formen männlicher Perversität gab, die zu solchen Scheußlichkeiten führen mochten.
Aber das ganze Bild erschien ihnen zu ausgefallen.
Sie fahndeten in den verletzten Organen, in den Kleidern, am ganzen Körper nach Spuren von Sperma.
Die Untersuchung auf Spuren von männlichem Samen gehörte zu den ältesten Bemühungen der gerichtlichen Medizin. Der 1851 geborene Franzose Albert Florence hatte einen der ersten Tests entwickelt, mit denen sich derartige Spuren erkennen ließen. Er beruhte darauf, daß Sperma bei der Behandlung mit konzentrierter Jodjodkali-Lösung bräunliche, nadelförmige, rhombische Kristalle bildete. Später, nach der Entdeckung der Ultraviolettstrahlung mit Quarzlampen, hatte sich gezeigt, daß Samenflecken unter dieser Strahlung bläulich aufleuchteten. Es stellte sich aber im Lauf der Zeit heraus, daß viele andere Stoffe, zum Beispiel Stärke, ähnlich fluoreszierten. Immerhin zeigte die Untersuchung im Ultraviolettlicht Flecken, die von Sperma herrühren konnten und nachher genauer bestimmt werden mußten. Entscheidend war dabei die Entdeckung von Samenzellen unter dem Mikroskop. Bei Toten fand man sie mit Bestimmtheit noch nach zwei bis drei Tagen, manchmal aber auch noch nach Wochen.
Shennan und Richards untersuchten noch mit der Quarzlampe und dem Mikroskop. Sie entdeckten nicht die winzigste Spur von Samen. Während die beiden Ärzte versuchten, ihre überraschenden Befunde in Einklang miteinander zu bringen, erinnerte sich Shennan an

einen sonderbaren Fall, der einige Jahre zurücklag: Eine Frau hatte bei einem Mord an einem Mädchen dadurch einen männlichen Täter vorzutäuschen versucht, daß sie dem Unterleib des Kindes schwere Verletzungen zufügte, wie sie bei Vergewaltigungen auftreten. Was ihn allerdings bei dem Gedanken an diesen Fall störte, war die Tatsache, daß die Verletzungen an Helens Schoß zu Lebzeiten des Kindes verursacht worden waren. In der Umgebung der Wunden war es zu starkem Blutaustritt in die Gewebe gekommen, was nach Shennans Erfahrung nicht geschehen konnte, wenn die Verletzungen erst nach dem Tode erfolgt wären. Andererseits mußten die Verletzungen dem Kind erst kurze Zeit vor dem Tode zugefügt worden sein. Den Beweis dafür erblickte Shennan darin, daß er bei der mikroskopischen Untersuchung der verletzten Teile nicht die Spur einer Wundreaktion fand, wie sie ein lebender Körper sehr schnell in die Wege leitet; zum Beispiel entstanden oft schon eine Viertelstunde nach einer Verletzung ringsum Ansammlungen von weißen Blutkörperchen. Shennan mußte also annehmen, daß das Kind im Augenblick der Verwundung noch gelebt hatte. Die Vorstellung, daß hier ein Mord durch das nachträgliche Vortäuschen einer Vergewaltigung verschleiert werden sollte, verlor dadurch an Wahrscheinlichkeit.
Shennan und Richards überprüften immer wieder ihre Befunde. Dabei stießen sie auf den Umstand, daß die Hemdhose des Kindes mit Harn durchtränkt war. Die unfreiwillige Entleerung der Blase war eine häufige Begleiterscheinung der Erstickung durch Erwürgen und Erdrosseln. Die Durchtränkung mit Harn umfaßte nur den abgerissenen und zur Seite geschlagenen Teil der Hemdhose. Das Blut aus den Unterleibsverletzungen, das in das gleiche Wäschestück eingedrungen war, hatte jedoch jenen abgerissenen Teil nicht mehr erreicht. Daraus ergab sich mit einiger Wahrscheinlichkeit der Schluß, daß die plötzliche Entleerung der Blase als Folge eines Würgeakts vor dem Zerreißen der Wäsche und der gewaltsamen Verletzung stattgefunden hatte.
Am 23. und 24. April verfaßten Shennan und Richards zwei Protokolle. Die entscheidenden Punkte darin waren die ziemlich genaue Festlegung der Todeszeit und die Feststellung, daß die Tat nicht unbedingt von einem Mann verübt worden sein mußte. Superintendent Gordon und Inspektor Taylor hatten sich bis zu dieser Zeit ein genaues Bild von sämtlichen Einwohnern des Mordhauses verschafft. Nacheinander hatten sie alle männlichen Bewohner von der Liste der möglichen Täter streichen müssen. Nur ein Mann und seine Familie waren während der ganzen Zeit nicht gesehen worden

und hatten sich auch nicht an der Suche beteiligt: der Friseur Alexander Donald, der mit seiner achtunddreißigjährigen Frau Jeannie und einer zehnjährigen Tochter in der Erdgeschoßwohnung rechts vom Treppenhaus lebte. Nachbarn hatten nachts, um 4 oder 5 Uhr, also zu der Zeit, in welcher der Sack mit Helen Priestlys Leichnam gefunden wurde, Licht in der Küche der Donalds gesehen. Alexander Donald war erst am Morgen gegen 6.30 Uhr in seiner Wohnungstür erschienen. Mit stumpfem Gesicht hatte er einen Konstabler gefragt, was es Neues gäbe. Der Konstabler antwortete: »Sie haben sie in einem Sack gefunden.« Donald verschwand daraufhin wieder in der Wohnung.

Donald war offenbar ein einsilbiger Mann, der stumpfsinnig seinem Gewerbe nachging. Das besagte wenig. Oft genug lauerten in solch stumpfen Naturen die abwegigsten Triebe. Donalds Frau war früher Köchin eines Hotels in Banchory gewesen. Ihr ging der Ruf nach, sie neige zu Zornausbrüchen. Man erzählte sich, sie habe einmal in Banchory sämtlichen Hühnern des Hotels den Hals umgedreht, nur weil ihr Chef sie getadelt hatte. Im übrigen wirkte die mittelgroße Frau mit den starken, großen Händen genauso einsilbig wie ihr Mann. Sie schien nur ein Interesse zu haben: ihre zehnjährige Tochter Jeannie Reid. Sie ließ sie im Tanzen ausbilden und nähte selbst zahlreiche Ballettkleidchen, in denen das Kind bei kleinen Vorführungen auftrat. Im übrigen sprach Jeannie Donald kaum mit den Nachbarn, die Priestlys grüßte sie nicht einmal.

Am 24. April hatte Taylor ein ziemlich mühseliges Gespräch mit Alexander Donald, während dessen Frau nicht zu Hause war. Möglicherweise war es eine Folge von Donalds Beschränktheit, wenn er schließlich Auskünfte gab, die in Taylor den ersten wirklichen Argwohn weckten. Taylor erkundigte sich nach der Nacht vom 20. auf den 21. April. Er wollte wissen, ob die Donalds nichts, gar nichts von dem großen Lärm im Treppenhaus gehört hätten. Langsam erwiderte Donald: »Oh, doch.« Sie hätten vom Bett aus den Lärm gehört. Seine Frau habe ihn auch aufgefordert, nachzusehen, was draußen geschehen sei. Aber er hatte sich nicht geregt. Daraufhin sagte sie: »Hörst du, das ist die Stimme von Mrs. Joss. Sie schreit, sie ist vergewaltigt worden ....« Donald hatte sich auch jetzt nicht geregt, sondern erwidert: »Was hat es für einen Zweck, zu dem aufgeregten Volk hinauszugehen.«

Mehr erfuhr Taylor nicht. Aber die Worte Jeannie Donalds: »Hörst du, das ist die Stimme von Mrs. Joss. Sie schreit, sie ist vergewaltigt worden ...« ließen ihn nicht mehr los. Er war während der fraglichen Zeit im Hausgang gewesen. Er hatte neben Superintendent

Gordon gestanden, als Dr. Richards diesem zuflüsterte, das Kind sei vergewaltigt worden. Niemand sonst hatte Richards' Bemerkung gehört. Niemand hatte rufen können: »Sie ist vergewaltigt worden ...« Und niemand hatte es tatsächlich getan. Woher also hatte Jeannie Donald von dem tatsächlichen Zustand des Kindes gewußt? Als Taylor am 24. April erfuhr, daß auch eine Frau die Täterin gewesen sein könne, wurde sein Argwohn zum dringenden Verdacht. Am Vormittag des 25. April, einem Mittwoch, um 11 Uhr, läuteten Superintendent Gordon, Inspektor Taylor und Konstabler Westland an der Wohnungstür der Donalds. Jeannie Donald war allein zu Hause. Gordon erklärte, es handle sich nur um eine Routinebefragung. Aber aus dieser Befragung wurde eine Vernehmung, die dreizehn Stunden dauerte, bis nachts um 12 Uhr. Jeannie Donald blieb während der ganzen Zeit kühl und unbewegt. Ihre Antworten kamen ohne Zögern. Sie gab folgende Erklärung ab: Am 20. April war sie um 1.10 oder 1.15 Uhr mittags auf den Wochenmarkt gegangen. Dort hatte sie Orangen und Eier eingekauft. Sie gab auch die Preise an, die sie dafür bezahlt hatte. Anschließend, so erzählte Jeannie Donald weiter, besuchte sie ein Stoffgeschäft, das Raggy Morrison gehörte. Sie beschrieb die Stoffe, die ihr vorgelegt wurden. Die Auswahl hatte ihr nicht zugesagt. Als sie auf dem Heimweg in die Urquhart Road einbog, bemerkte sie einige Frauen, die an der Straßenecke standen, unter ihnen die weinende Mrs. Priestly. Jeannie Donald hatte nicht weiter darauf geachtet, sondern das Haus betreten. In ihrer Wohnung begann sie zu bügeln. Dabei blickte sie auf die Uhr. Es war zehn oder fünfzehn Minuten nach 2 Uhr. Erst um 4 Uhr, als sie die Bügelarbeit beendet hatte, erzählte ihr Jeannie Reid, daß Helen vermißt wurde. Um 5.20 Uhr begab sie sich mit ihrer Tochter auf eine Tanzprobe im Beach Pavillon. Dort blieb sie bis 11 Uhr nachts. Dann war sie nach Hause gekommen und sofort zu Bett gegangen.
Superintendent Gordon ließ die Aussagen durch einen Sergeanten überprüfen. Dabei erfuhr er Einzelheiten, die ihn an ihrer Wahrheit zweifeln ließen. Zum Beispiel stimmten die Preise für Orangen und Eier nicht, die Mrs. Donald angegeben hatte. Am 20. April waren andere Preise gefordert worden; Jeannie Donalds Preise galten für den Wochenmarkt der vorangegangenen Woche. Das Geschäft von Raggy Morrison war am 20. April zu der Zeit, in der Jeannie dort Stoff ausgesucht haben wollte, geschlossen gewesen. Daß Mrs. Priestly bei einigen Frauen weinend an der Straßenecke gestanden hatte, traf zu. Aber weder sie noch die anderen Frauen konnten sich erinnern, Jeannie Donald gesehen zu haben. Ein Blick durch

das Vorderfenster der Donaldschen Wohnung belehrte Gordon, daß man von dort aus die Straßenecke beobachten konnte – Jeannie Donald war also in der Lage gewesen, die Frauen an jener Ecke zu sehen, ohne ihre Wohnung zu verlassen.

Abends gegen 9 Uhr erkundigte Gordon sich, ob die Donalds etwas dagegen hätten, wenn er sich Einzelheiten ihrer Wohnung ansehe. Sie erhoben keinen Einspruch. Daraufhin untersuchten Taylor und der Konstabler die Küche. Unter dem Ausguß befand sich Linoleum-Boden. In ihm waren Eindrücke zu erkennen, die von den Beinen eines großen Kohlen- oder Aschenkastens herrühren mochten. Jeannie Donald behauptete, keinen Aschenkasten zu besitzen. Aber ihre Tochter verschwatzte sich und sagte, dort habe immer ein Aschenkasten gestanden. Da an Helens Leichnam Schlacke und Asche gefunden worden waren, bedeutete dies ein weiteres Belastungsmoment. Sonst aber fanden sich nur einige verdächtige Flecken auf dem Linoleum vor dem Küchenschrank. Dr. Richards wurde in einem Polizeiwagen herbeigeholt. Er stellte an Ort und Stelle eine Vorprobe auf Blut an, die positiv ausfiel, erklärte aber, den endgültigen Befund könne er erst im Laboratorium erheben. Alle Verdachtsmomente zusammen schienen Gordon jedoch ausreichend, die beiden Donalds nachts gegen 12 Uhr festzunehmen. Jeannie Donald sagte mit völlig unbewegtem Gesicht: »Ich habe es nicht getan.«

Am Morgen des 26. April fand Richards bei den Laboratoriumstests, daß die Flecken, die er untersucht hatte, nicht von Blut herrührten. Aber die sonstigen Verdachtsmomente waren – wie gesagt – schwer genug, um die Donalds weiterhin in Haft zu halten. Alexander Donald wurde entlassen, als genauere Ermittlungen ergaben, daß er während des ganzen 20. April gearbeitet hatte und deshalb an dem Mord selbst nicht beteiligt gewesen sein konnte. Jeannie Donald dagegen blieb in Haft. Da sie unerschütterlich leugnete und alle vorhandenen Belastungsmomente für eine Anklage gegen sie nicht ausreichten, wandte sich der Procurator-Fiscal am 30. April an Professor Sydney Smith in Edinburgh. Er bat Smith, sich jeder medizinischen oder naturwissenschaftlichen Methode zu bedienen, die ihm geeignet schien, den Mord an Helen Priestly aufzuklären.

In den sechs Jahren, die seit der Übernahme des Edinburgher Lehrstuhls für gerichtliche Medizin durch Smith vergangen waren, hatte dieser sich einen Ruf erworben, der weit über die Grenzen Schottlands hinausreichte. Er gehörte zu denen, die gegen die Spilsbury-Legende aufzutreten wagten, ohne dabei Spilsburys historische Verdienste zu schmälern. Erst wenige Monate vorher, im November 1933, war Smith von einem Prozeß auf der Insel Jersey zurückgekehrt. Dort war der Arzt Dr. Avarne angeklagt worden, bei der Freundin eines Hotelbesitzers einen verbotenen Eingriff vorgenommen zu haben. Der Angeklagte hatte erklärt, das Kind sei bereits im Mutterleib tot gewesen, deshalb habe er operieren müssen. Spilsbury war Sachverständiger der Anklage gewesen. Er hatte anhand von Gewebspräparaten behauptet, das Kind müsse gelebt haben. Smith und Alec Burne, einer der führenden Gynäkologen Londons, hatten ihn des Irrtums überführt; Avarne war freigesprochen worden. Auf der Rückfahrt nach England hatte Spilsbury kein Wort mehr mit Smith gewechselt. Ihm fehlte, was Smith auszeichnete: die Einsicht in den weiten Bereich menschlichen Irrtumsvermögens.

Smith traf am 30. April in Aberdeen ein. Helen Priestly war inzwischen bestattet worden. Aber nach eingehenden Besprechungen mit Gordon, Shennan und Richards sowie nach der Untersuchung mikroskopischer Präparate stimmte Smith Shennans Meinung zu, daß hier kein Fall einer echten Vergewaltigung vorlag. Ein kleiner Umstand in Gordons Ermittlungen gab ihm Anlaß, eine Theorie über den Hergang der Tat zu entwickeln. Gordon hatte am 29. April erfahren, daß Helen Priestly einen Spitznamen für Jeannie Donald erfunden hatte: ›Kokosnuß‹. Oft huschte das Kind an der Wohnungstür der Donalds vorüber und rief: »Kokosnuß, Kokosnuß.«

Sydney Smith' Theorie lautete folgendermaßen: Am Mittag des 20. April lief Helen Priestly auf dem Heimweg von ihrem Brotkauf wieder einmal an der Tür der Donalds vorbei und rief: »Kokosnuß«. Jeannie Donald befand sich zufällig in der Nähe der Tür, öffnete sie und packte das Kind. Wahrscheinlich geschah nichts weiter, als daß sie es zornig an den Schultern schüttelte. Aber der Griff ihrer kräftigen Hände reichte aus, das thymuskranke Kind in tiefe Ohnmacht fallen zu lassen. Entsetzt zerrte Mrs. Donald den scheinbar leblosen Körper in ihre Wohnung. In der Annahme, daß das Kind tot und sie eine Mörderin sei, sann sie verzweifelt nach einem Ausweg. Dabei verfiel sie auf den Gedanken, eine Vergewaltigung vorzutäuschen. Sie schlug die Kleider des Kindes empor, zerriß die Hemdhose und stieß entweder ihre kräftigen Finger oder den Stiel eines hakenbewehrten Küchengerätes in den Leib des Kindes. Der Schmerz riß das Kind aus seiner Ohnmacht. Es schrie. Das waren jene Schreie, die der Dachdecker vernommen hatte. Jeannie Donald aber wurde jetzt erst recht von einer hemmungslosen Panik erfaßt. Sie sah keinen anderen Ausweg mehr, als das

Kind endgültig zu töten. Sie würgte es. Dabei blieb unklar, ob Helen im Augenblick des Erwürgens bereits durch das plötzliche Einatmen des Erbrochenen erstickt war oder gerade erstickte. Nach dem Tod des Kindes legte Jeannie Donald den Leichnam in den Aschenkasten. Dort wurde er mit Schlacke und Asche beschmutzt. In der Nacht, als Mann und Tochter schliefen, schob Jeannie Donald den Leichnam in einen Sack und trug ihn in einem günstigen Augenblick ins Treppenhaus.

Smith' Theorie deckte sich in der Tat mit allen Befunden und Ermittlungsergebnissen. Aber wie immer bedeutete die Theorie nicht auch schon den Beweis. Wenn es Sydney Smith jedoch gelang, zu zeigen, daß Helen Priestlys Körper sich seit dem Mittag des 20. April zu irgendeinem Zeitpunkt in der Wohnung der Donalds befunden hatte, war seine Aufgabe gelöst. Es gab hierfür zwei Möglichkeiten. In der Wohnung der Donalds mußte nach den Dingen gesucht werden, die Helen an oder bei sich getragen hatte und die seit ihrem Tode verschwunden waren: ihre Mütze, ihr Schlüpfer, das Brot aus dem Konsum, abgerissene Teile des Kassenbons, den ihre Hand umklammert hatte. Da Jeannie Donald (wenn sie die Mörderin war) genügend Zeit gehabt hatte, ihre Wohnung gründlich aufzuräumen und zu säubern, bestand nicht allzuviel Hoffnung, diese Gegenstände zu finden. Um so bedeutungsvoller mußte die Suche nach kleinen Spuren sein, die Jeannie Donald hatte übersehen können: Blut des Kindes, Erbrochenes, Haare, vielleicht auch typische Fasern von seinen Kleidern. Umgekehrt konnte der Sack, in dem Helen gefunden worden war, Spuren aufweisen, deren Herkunft sich auf die Wohnung der Donalds zurückführen ließ: Schlacke, Asche oder irgendwelche winzigen Teile von Materialien, die für den Haushalt typisch waren. Seine größte Hoffnung allerdings setzte Smith auf einen Umstand, an den noch niemand in Aberdeen gedacht hatte. Die Verletzungen in Helens Unterleib, die zu einer Verbindung von Darm und Scheide geführt hatten, mußten zur Folge haben, daß das Blut aus diesen Verletzungen mit Darmbakterien infiziert war. Es gab viele Arten von Darmbakterien, gelegentlich befand sich eine sehr seltene Art darunter.

Smith nahm (immer unter der Voraussetzung, daß Jeannie Donald die Mörderin war) mit Sicherheit an, daß Blut aus den Verletzungen auf den Fußboden der Donaldschen Wohnung gelangt war und daß Jeannie Donald dieses Blut aufgewischt hatte. Also bestand die Möglichkeit, daß eines ihrer Scheuertücher mit Darmbakterien beschmutzt war.

Sydney Smith berichtete später: »Wir entdeckten weder den Schlüpfer noch die Mütze des Kindes noch den Gegenstand, mit dem es verletzt worden war. Zwischen den Abfällen im Ofen fanden wir einen Papierschnitzel, der in seiner Struktur und mikroskopischen Zusammensetzung mit dem Kassenbon in der Hand des Kindes übereinstimmte; der grüne Strich auf der einen Seite deckte sich mit einer grünen Linie auf dem Bon. Dieses geringfügige Beweisstück wurde jedoch ... nicht verwertet ... Der Sack war ein ordinärer Sack aus Jute mit der Aufschrift ›Boss‹. Ich ließ ermitteln, daß er ... mit einer Getreideladung aus Kanada eingeführt worden war. Von da an ließ sich sein Weg zuerst nach London, dann zu Händlern in Glasgow und schließlich nach Aberdeen verfolgen ... Mit hoher Wahrscheinlichkeit hatte ein Bauer, in dessen Nähe einer von Mrs. Donalds Brüdern wohnte, einen dieser Säcke erworben. Es ergab sich, daß dieser Bruder für Mrs. Donald zeitweilig in Säcken Kartoffeln in die Stadt fuhr. Aber auch dies war kein ausreichender Beweis ... Im Innern des Sackes fanden wir ungefähr zwei Hände voll gewaschener Schlacke ... Die Schlacke aus dem Sack wurde mikroskopisch mit Schlackenproben aus den verschiedenen Wohnungen des Mordhauses verglichen. Ich sandte sie zu einer röntgenologischen Untersuchung ins Bergbaumuseum. Dort wurde sie auch in Asche umgewandelt, spektralanalytisch und mikroskopisch auf den Gehalt an chemischen Elementen untersucht, um festzustellen, ob sie irgendwelche Bestandteile enthielt, die für die Proben aus dem Haushalt Mrs. Donalds typisch waren – alles ohne Erfolg. Die Schlacke des Sackes war mit einer kleinen Menge Staub, Fasern von Putzlumpen und Werg vermischt, wie sie in jedem Haushalt vorkommen, ferner mit ein paar Menschen- und Tierhaaren ...«

Seit den Tagen Lacassagnes hatten viele Gerichtsmediziner sich bemüht, das Problem der Unterscheidung von Haaren, der Identifizierung anhand von Haaren und vor allen Dingen des Haarvergleichs endgültig zu lösen. Es gab Untersuchungsmöglichkeiten mikroskopischer und chemischer Natur; ihre Einzelheiten gehören einem späteren Kapitel der Kriminalgeschichte an. Im Frühjahr 1934 war es immer noch nicht gelungen, das Problem zu lösen. Immerhin hatte sich John Glaister viele Jahre lang mit forensischen Haaruntersuchungen beschäftigt und 1931 eine umfangreiche Studie darüber veröffentlicht. Auf Betreiben Sydney Smith' wurden daher alle Haarproben, die sich in dem Sack oder in der Wohnung der Donalds finden ließen, an Glaister in Glasgow übersandt. Jeannie Donald erhielt im Gefängnis eine neue Haarbürste; auf diese

Weise konnte man unauffällig Proben ihres Haares beschaffen. Helen Priestly mußte am 30. Mai exhumiert werden, denn Glaister brauchte auch Proben vom Haar des Kindes. Unabhängig von Glaister beschäftigte sich Smith selbst mehrere Wochen lang mit dem Haarvergleich. In seinen Lebenserinnerungen berichtete er später über die Haare, die sich in dem Sack befunden hatten: »Die Menschenhaare stammten nicht von dem Kind. Sie waren gröber, hatten eine andere Farbe, eine auffallend ungleichmäßige Kontur und viele deutlich erkennbare Drehungen, denn sie waren unsorgfältig onduliert. Soweit ich beurteilen kann, stimmten die Haare im Sack mit den Haaren von Mrs. Donald bis ins kleinste Detail überein . . .«

Gleichzeitig mit der Haaruntersuchung betrieb Smith die Untersuchung der Putzlumpen und sämtlicher aus Textilien bestehenden Putzmaterialien, die in der Donaldschen Wohnung gefunden werden konnten. Den ganzen Mai hindurch wurde die Wohnung immer wieder durchsucht. Es wurden Teile des Fußbodens abgehoben, Linoleumstreifen ausgeschnitten, sämtliche Besen, Waschlappen, Eimer, Gefäße, Bürsten, Matratzen, Decken, Aufwaschtücher, Nagel- und Zahnbürsten abtransportiert, das Rohr des Spülbeckens entleert.

»Das Material von Putzlappen«, so fuhr Sydney Smith fort, »setzt sich meist aus allerlei gewöhnlichen Fasern zusammen, Wolle, Baumwolle, Seide, Haaren, zu denen die für jeden Haushalt charakteristischen Fasern von Kleidern, Teppichen und ähnlichem hinzukommen. In den Lumpen und Wergproben, die in dem Sack zu finden waren, konnten wir eine große Anzahl von Fasern unterscheiden, darunter Wolle, Baumwolle, Leinen und Jute verschiedener Färbung – rot, braun, rosa, grün, gelb und purpur ... Insgesamt stellten wir etwa zweihundert verschiedene Fasertypen fest, die wir zum Vergleich mit Faserteilen aus Putzmaterial und Werg aus der Donaldschen Wohnung heranzogen ... Wir verglichen sie nach Länge, Breite und Form. Wir verglichen den Aufbau ihrer einzelnen Zellen, ihre Farbe und die Zusammensetzung der Farben. Zusätzlich bestimmten wir die chemischen Bestandteile der Farben mit Hilfe der Spektralanalyse und chemischer Reagenzien. Dabei ergab sich, daß im ganzen fünfundzwanzig verschiedene Fasern in der Donaldschen Wohnung mit den Putzmaterialteilen innerhalb des Sackes übereinstimmten. Zum Vergleich wurde Putzmaterial aus vielen anderen Wohnungen auf die gleiche Art verglichen ... Niemals konnten wir eine solche Serie von Übereinstimmungen feststellen ...«

Um diese Zeit aber war schon klar, daß Smith' stärkste Hoffnung, daß nämlich Bakterien unwiderlegliche Beweise liefern würden, in Erfüllung gegangen war. Da Smith sich selbst nicht anmaßte, genügend bakteriologische Kenntnisse zu besitzen, hatte er zunächst die Unterwäsche Helen Priestlys und alle Blutspuren, die an ihrem Körper gefunden worden waren, nach Edinburgh gesandt, und zwar an Thomas Jones Mackie, den Professor für Bakteriologie an der dortigen Universität. Mackie, sechsundvierzig Jahre alt, ein ebenso begeisterter wie erfahrener Mikrobiologe, hatte die Aufgabe, die ihm gestellt wurde, mit größtem persönlichem Interesse in Angriff genommen. Proben des übersandten Materials wurden auf Nährböden übertragen und bildeten dort charakteristische Kulturen. Bald stellte sich heraus, daß Smith recht hatte: Das Blut Helen Priestlys war mit Bakterien aus ihren Eingeweiden verseucht. Damit war allerdings noch nichts Entscheidendes gewonnen. Die Entscheidung fiel erst, als Mackie eine Darmbakterienkultur entdeckte, die außerordentlich selten war. Während der vorangegangenen Jahre hatte er für hygienische Zwecke hundertfünfzigmal Kulturen von Darmbakterien angelegt und nicht ein einziges Mal den Bakterienstamm gefunden, der in Helen Priestlys Darm gelebt hatte. Die zweite Entscheidung fiel, als Smith alle Wasch- und Aufwaschlappen aus der Donaldschen Wohnung nach Edinburgh senden ließ. Wieder legte Mackie seine Bakterienkulturen an. An den persönlichen Gegenständen Jeannie Donalds entdeckte er lediglich die übliche Darmbakterienflora. Aber dann plötzlich entwickelte sich ein ungewöhnlicher Bakterienstamm. Er stammte von einem Putz- und einem Aufwaschtuch und entsprach genau dem ebenso seltenen Stamm in den Eingeweiden und im Blut Helen Priestlys.
Als Mackie am 22. Juni seinen abschließenden Bericht vorlegte, war Smith sicher, die Verbindung zwischen der Toten und dem Ort, am dem sie getötet worden war, unwiderleglich geknüpft zu haben. Sosehr er zu Zweifel und Vorsicht neigte – hier fügten sich zu viele kriminalistische und wissenschaftliche Argumente ineinander, als daß man dem Zweifel noch hätte Raum geben dürfen.
Am 16. Juli 1934 stand Jeannie Donald nicht in Aberdeen, sondern in Edinburgh vor Gericht. Die Erregung in Aberdeen war so groß, daß man befürchtete, sie könne die Urteilsfindung der Geschworenen beeinflussen. Zehn Frauen und fünf Männer saßen über die Frau zu Gericht, die auch jetzt, während des ganzen Verfahrens, völlig unberührt von dem schien, was hier geschah. Nur zweimal bemerkte man eine Spur von innerer Erregung, zum erstenmal, während ihre Tochter als Zeugin vernommen wurde, das zweitemal,

als die Jury sie schuldig des Mordes an Helen Priestly sprach. Sie wurde zum Tode verurteilt, zu lebenslänglichem Zuchthaus begnadigt und nach zehn Jahren wieder in die Freiheit entlassen.

Der Fall Jeannie Donald aber war vom Anfang bis zu seinem Ende dazu geschaffen, ein klassisches Beispiel für den Weg zu werden, den ein großer Teil der forensischen Medizin in den beiden Jahrzehnten vor dem zweiten Weltkrieg einschlug – den Weg, der über die alten Domänen, die Pathologie, die Giftkunde, über die gerichtliche Psychiatrie und soziale Medizin hinaus in den naturwissenschaftlichen Bereich, zu Chemie, Physik, Mikrobiologie wies und zugleich zur unmittelbaren Verflechtung mit der Kriminalistik führte. Was Männern wie Kockel in ihrem Bestreben nach einer Ausweitung des gerichtsmedizinischen Feldes vorschwebte, war, die Gerichtsmedizin zu einem Sammelbecken aller naturwissenschaftlich-technischen Möglichkeiten zur Aufklärung von Verbrechen zu machen. Nach dem Fall Donald entwickelte sich Sydney Smith auf der internationalen Ebene zum bedeutendsten Repräsentanten dieser Richtung. Die großen Erfolge, die er zwischen 1934 und 1950 errang, bewahrten ihn allerdings nicht vor der Erkenntnis, daß die biologischen, chemischen und technischen Disziplinen, welche sich die Gerichtsmedizin auf diese Weise nutzbar zu machen versuchte, ein solches Eigengewicht für die Kriminalistik gewannen, daß sie sich zu eigenen Spezialitäten entwickelten. Nur vorübergehend oder in besonders großen gerichtsmedizinischen Instituten ließ sich ihre Eingliederung in die forensische Medizin durchführen oder aufrechterhalten. Sie wurden, wie wir in anderen Bänden dieser Kriminalgeschichte sehen werden, selbständig. Sie wurden zu Partnern der Gerichtsmedizin, die sich in der Kriminalistik ihren eigenen Platz errangen. Und sie wurden es um so schneller und stärker, je mehr die ursprünglichen, die eigentlich ›medizinischen‹ Gebiete der Gerichtsmedizin durch die schnell zunehmenden kriminalistischen Anforderungen und die außergewöhnliche Vermehrung der medizinischen Kenntnisse nach dem Ende des zweiten Weltkrieges eine ungeahnte Ausweitung erfuhren.

23

Der Arbeiter Sidney Tiffin, der in den Mittagsstunden des 21. Oktober 1949 einen Kahn durch das Gebiet der Essex-Marschen bei Tillingham in England stakte, ahnte nicht, daß er den Anstoß zu einem ungewöhnlichen Kriminalfall liefern würde. Inmitten der stürmischen medizinischen Entwicklung nach dem zweiten Weltkrieg sollte gerade dieser Fall zeigen, in welchem Maße die Gerichtsmedizin auf den erwähnten ureigensten Gebieten mit Aufgaben und ständig neuen Problemen konfrontiert wurde, die all ihre Kraft in Anspruch nahmen.

Gegen 12.30 Uhr fiel Tiffins Blick auf einen Gegenstand, der in einem Nebenarm des Black-River-Flusses schwamm. Zunächst nahm Tiffin an, es handle sich um einen Windsack, den ein Flugzeug verloren hatte. Als er jedoch näher kam, entdeckte er, daß es ein großes, in eine Decke eingeschlagenes Bündel war. Er öffnete es und sah den Rumpf eines menschlichen Körpers. Kopf und Beine fehlten. An dem Rumpf hingen ein blutbefleckte Seidenhemd und die Reste einer blauen Hose.

Superintendent Totterdell von der Essex-Polizei erfuhr eine Stunde später von dem grausigen Fund und wandte sich um Hilfe an Scotland Yard. Von dort fuhr Superintendent MacDougall nach Tillingham. Wegen der Gezeiten dauerte es bis zum folgenden Morgen, ehe der Rumpf des Toten geborgen und in die Leichenhalle von Chelmsford überführt werden konnte. Von hier aus rief MacDougall in London an und bat um die Entsendung eines Gerichtsmediziners. Dann fuhr er in die Marschen zurück, um nach dem fehlenden Kopf und den Beinen zu suchen. Sturmartige Winde fegten über das Marschenland und machten die Arbeit zu einer Tortur. Nach einigen Stunden mußte MacDougall aufgeben.

Als MacDougall völlig durchnäßt wieder in Chelmsford eintraf, fand er den Gerichtsmediziner bereits an der Arbeit. Sein Name war Francis E. Camps. Er gehörte zu der kleinen Gruppe Londoner Gerichtsmediziner, welche die Ära Spilsbury abgelöst hatten. Einer ihrer führenden Köpfe war in diesen Tagen Keith Simpson, der äußerlich zarte, nervöse, sensible und außerordentlich aktive Dozent für Gerichtsmedizin an der Guy's Hospital Medical School und erster Professor für Gerichtsmedizin der Londoner Universität. Sein Ruhm war durch die entscheidende Rolle begründet, die er bei der Aufklärung so ungewöhnlicher Verbrechen wie des Falles Dobkin, 1942, des Falles des ›Wigwam-Mörders‹ Sangret, ebenfalls 1942, und des Falles des Säuremörders Haigh, im Frühjahr 1944, spielte. Simpson hatte noch die Nachwirkungen der Ära Spilsbury zu spüren bekommen. Wenn er mit seinen modernen Instrumenten in den Leichenhallen erschien, glaubten manche Leichenwärter, ›die Welt ginge unter, weil er sich weigerte, Spilsburys veraltetes Instrumentarium zu benutzen‹. Wie Spilsbury war er ein Mann der engen Zusammenarbeit mit der Polizei, aber auch ein Wissenschaftler von hoher Bedeutung. Sein Kampf ging um die Errichtung gerichtsmedizinischer Institute, wie sie London noch nicht kannte. Erst 1942 hatte er in Guy's Hospital in einem Raum, den ihm der Chemiker und Toxikologe Ryffel abtrat, die Anfänge eines solchen Instituts aufgebaut, genaugenommen in einem Zimmer, das so klein war, ›daß man nicht einmal eine Katze am Schwanz im Kreis schwingen konnte‹. Mit ihm waren Francis E. Camps, der Dozent für Gerichtsmedizin am London Hospital, und Donald R. Teare als Londoner forensische Mediziner hervorgetreten. Camps, gesetzt, ruhig, seine Pfeife rauchend, berichtete MacDougall über das Ergebnis seiner ersten Inspektion.

Der Rumpf mußte zu einem schweren Mann von nahezu zwei Zentnern Gewicht und einer Größe von schätzungsweise 170 Zentimetern gehören. Aus der alten Erfahrungstatsache, daß Haut und Fingernägel von Wasserleichen sich nach einer bestimmten Zeit ablösten, schloß Camps, daß der Torso wenigstens 21 Tage im Wasser getrieben war. Er schätzte, daß man ihn ungefähr 48 Stunden nach dem Tode ins Wasser geworfen hatte. In der Brust befanden sich sechs Stichwunden. Außerdem hatte der Tote eine große Anzahl von Rippen- und Knochenbrüchen erlitten, allerdings erst, nachdem er tot war. Camps schlug vor, die Haut der Hände abzuziehen und auf dem schnellsten Wege an Chefinspektor Cherrill in der Fingerabdruckabteilung von Scotland Yard zu senden. Superintendent Totterdell fuhr nach London voraus, während Camps seine Arbeit beendete. Als er mit MacDougall in London eintraf, erwartete ihn schon die Nachricht, daß es Cherrill nach Unterspritzen der Fingerhaut mit Glyzerin gelungen war, brauchbare Fingerabdrücke herzustellen. Er hatte auch dazu passende Abdrücke in der Kartei von Scotland Yard gefunden. Bei dem Toten handelte es sich um einen Mann namens Stanley Setty, der im Jahre 1928 wegen betrügerischen Bankrotts zu einer Strafe von achtzehn Monaten Gefängnis verurteilt worden war. Setty war siebenundvierzig Jahre alt gewesen und stammte aus Bagdad. Sein ursprünglicher Name lautete Sulman Seti. Mit seinen Eltern, die mit Teppichen handelten, war er 1903 nach England gekommen. Zuletzt hatte er eine recht undurchsichtige Rolle als Händler auf dem Warren-Street-Altwagenmarkt in London gespielt, seine wirklich großen Geschäfte aber im Hintergrund abgewickelt. Zu diesen dunklen Geschäften gehörte, wie man vermutete, der Vertrieb gefälschter Benzinscheine ebenso wie der Verkauf alter Flugzeuge an vorderasiatische Länder.

Seit dem 4. Oktober war Setty, der mit seinem fleischigen Gesicht, seinen Seidenhemden und auffallenden Krawatten zu den bekanntesten Erscheinungen von Warren Street gehörte, verschwunden.

Am folgenden Tage meldete die Familie seiner Schwester, die gemeinsam mit ihm ein Luxusappartement in Lancaster Gate bewohnte, sein Verschwinden auf der Polizeiwache an der Albany Street. Am 4. Oktober hatte Setty noch einen Wagen verkauft und einen Scheck über tausend Pfund bei der Yorkshire Penny Bank gegen zweihundert Fünfpfundnoten einlösen lassen. Dem Chefinspektor Jamieson, der die Bearbeitung der Vermißtenmeldung übernahm, war es gelungen, die Nummern der Banknoten festzustellen. Am 5. Oktober früh hatte man Settys Wagen vor seiner Garage in Cambridge Terrace News mit steckendem Zündschlüssel gefunden. Sonst aber fehlte von Setty jede Spur. Seit dem 6. Oktober verbreiteten die Londoner Zeitungen die verschiedensten Spekulationen über die Gründe seines Verschwindens.

Jetzt, am Abend des 22. Oktober, war die Zeit der Spekulationen vorüber. Setty war gefunden – zweifellos als Opfer eines Mordes. Damit aber erhob sich die Frage: Auf welche Weise war der Torso von Settys Leichnam in die Essex-Marschen gelangt?

Am gleichen Abend brachte ein Wagen Settys Überreste in die London University Medical School, wo Camps bereits wartete. Die Autopsie zeigte, daß eine zweischneidige Waffe von wenigstens 10 Zentimeter Länge beim Mord benutzt worden war. Die Stiche konnten Setty in liegender, sitzender oder stehender Stellung getroffen haben; die Wundkanäle wirkten so merkwürdig ›versetzt‹, daß man annehmen mußte, Settys Körper sei hin und her gerollt, während er von den Dolchstichen getroffen wurde. Ein Stich hatte den linken Lungenflügel nahe der Wurzel völlig durchdrungen; er mußte zu einer starken Blutung, möglicherweise zu einem Blutsturz und so zu einem schnellen Tode geführt haben. Merkwürdigerweise zeigten Settys Arme und Hände keine Verletzungen, wie sie so oft bei einem Abwehrkampf entstanden. Bei der Durchtrennung der Oberschenkelknochen und der Halswirbel war mit einer feinen Säge gearbeitet worden, deren Zacken Unregelmäßigkeiten aufwiesen. Camps bat den Anatomen Dixon Boyd um Unterstützung. Erst in Röntgenaufnahmen zeigte sich das volle Ausmaß der Knochenverletzungen: Sämtliche Rippen, die Schambeinfuge und das Kreuzbein waren gebrochen. Es bestätigte sich, daß diese Verletzungen erst nach dem Tode eingetreten waren, und zwar infolge Zerschmetterns wie nach einem Sturz aus großer Höhe.

Am Morgen des 23. Oktober, als Camps mit Superintendent MacDougall in der Halle der Medical Hospital School stand, äußerte er beiläufig: »Die Knochenbrüche erinnern mich an Autopsien während des letzten Krieges an Fliegern und Fallschirmjägern, deren

Fallschirme sich nicht geöffnet hatten und die aus großer Höhe ins Wasser stürzten. Es klingt phantastisch – aber wäre es nicht möglich, daß hier einmal die Beseitigung einer Leiche mit Hilfe eines Flugzeuges versucht worden ist ...« MacDougall informierte sofort seinen Vorgesetzten, Chefsuperintendent Beveridge. Dieser besaß Phantasie genug, Camps Gedanken aufzugreifen. MacDougall begann, auf den Flughäfen Westenglands Nachforschungen anzustellen. Schon am folgenden Tage, dem 24. Oktober, traf eine Meldung aus Elstree ein, einem privaten Flugplatz in Hartfordshire. Dort hatte am 5. Oktober, also am Tage nach Settys Verschwinden, ein junger Mann namens Donald Hume aus London, Golders Green, 620 B Finchley Road, das Sportflugzeug Auster G-AGXT für einen Flug nach Southend gemietet. Hume war in Elstree als ehemaliger Kriegsflieger bekannt. Im vergangenen Jahre hatte er öfter Flugzeuge gechartert. Der Flugzeugwart Davey erinnerte sich, daß Hume zwei auffallende Pakete aus seinem Auto in das Flugzeug trug. Das größere Paket hatte Hume auf den Kopilotensitz gestellt. MacDougall fuhr sofort mit der Decke und der Kordel, die als Verpackungsmaterial für den Rumpf gedient hatten, nach Elstree und vernahm Davey. Die Decke erkannte der Flugzeugwart nicht. Wohl aber erinnerte er sich an die Kordel. Interessant war, daß MacDougall mehrere Blutflecke auf dem Boden hinter dem Kopilotensitz entdeckte.

Daraufhin beschloß Beveridge, Donald Hume überwachen und außerdem prüfen zu lassen, was er seit dem 4. Oktober getan hatte. Das Ergebnis war bemerkenswert. Am 5. Oktober, zwischen 4 und 5 Uhr nachmittags, war Hume in Elstree gestartet, zweieinhalb Stunden vor Sonnenuntergang. Seinen Lieblingshund Tony ließ er, entgegen seiner Gewohnheit, in seinem Wagen, einem Mietauto, in Elstree zurück. Er gab an, er werde vor Dunkelheit zurück sein. Statt dessen landete er jedoch erst gegen 6.30 Uhr in Southend, als die Dunkelheit schon hereinbrach. Hume galt in Elstree als unsicherer Flieger, der vor allen Dingen bei Nacht ziemlich hilflos war. Niemand hatte sich daher gewundert, daß er den Rückflug nach Elstree auf den nächsten Tag verschob. Auffällig war nur, daß er den Hund, den er sonst geradezu verzärtelte, während der ganzen folgenden Nacht und während des Vormittags des 6. Oktober in dem verschlossenen Wagen in Elstree beließ. Von Southend war Hume gegen 7.30 Uhr mit einem Taxi nach London gefahren und um 8.30 Uhr in der Finchley Road eingetroffen. Am folgenden Vormittag begab er sich mit einem anderen Taxi nach Elstree, um den Mietwagen und den Hund abzuholen. Dabei teilte er mit, daß er am

Nachmittag das geliehene Flugzeug von Southend zurückfliegen werde. Gegen 3.30 Uhr erschien er in Southend. Der dortige Chefingenieur Yeoman beobachtete, daß er ein ungewöhnlich schweres, in eine Armeedecke eingeschlagenes Bündel aus dem Wagen hob und in seine Auster G-AGXT hinübertrug. Hume stellte das Bündel aufrecht auf den Kopilotensitz und startete. Drei Stunden später landete er – wiederum nicht in Elstree, sondern auf dem Flugplatz Gravesend. Er sagte, er habe sich verflogen, und fuhr mit einem Taxi nach Hause. Er bezahlte mit einer Fünfpfundnote. Am folgenden Tage hatte er die Flugplatzleitung von Elstree gebeten, die Auster-Maschine in Gravesend abholen zu lassen.

All diese Umstände waren geeignet, Verdacht zu wecken. War Hume in den Mord an Setty verwickelt? Hatte er Setty möglicherweise in seine Wohnung in der Finchley Road gelockt, getötet, die Leiche verpackt und dann seine Möglichkeiten als Flieger dazu benutzt, die Leichenteile in den Ärmelkanal zu werfen? Ermittlungen über Humes Vergangenheit und Lebenswandel verstärkten den Argwohn. Am bedeutsamsten war die Feststellung, daß Donald Hume mit Setty bekannt gewesen war.

Auch Humes Lebensgeschichte war alles andere als vertrauenerweckend. Mochte vieles, was Beveridges Beamte durch Vertrauensleute in Soho erfuhren, nicht beweisbar sein – das Gesamtbild blieb beunruhigend genug. Hume war dreißig Jahre alt und der uneheliche Sohn einer Lehrerin, die ihn in einem Heim untergebracht hatte. Von Kindheit an war er von der Vorstellung getrieben, durch seine uneheliche Geburt zu kurz gekommen zu sein. Er glaubte das Recht zu haben, sich an der Gesellschaft zu rächen und sich ›von ihr zu nehmen, was ihm paßte, ohne etwas dafür zu geben‹. Obwohl er rührende Pflegeeltern und eine Stellung als Elektriker bekam, hatte er niemals geregelte Arbeit geleistet. Als Siebzehnjähriger stahl er wahllos Autos, fuhr sie in Grund und Boden und ließ die Wracks an irgendeinem Straßenrand stehen. Geradezu gierig nach Abenteuern, hatte er sich 1939 mit unrichtigen Personalangaben bei der Royal Air Force freiwillig gemeldet und war eingestellt worden. Nur wenige Monate später wurde er bereits wieder entlassen. Der äußere Anlaß dazu war eine Meningitis, an der er erkrankte. Aber schon vorher hatte er sich als unfähig erwiesen, die Anforderungen als Pilot oder Bordschütze zu erfüllen. In der Folgezeit verkaufte er auf dem schwarzen Markt gestohlenen medizinischen Spiritus mit kleinen Gin-Zusätzen als ›Fonlinson's Old English Gin‹. Als die Spiritus-Quelle versiegte, tauchte er als Luftmelder bei den Napier-Flugzeugwerken unter. Hier löste er falschen

Luftalarm aus und raubte die Kantinenvorräte aus, während sich das Personal in den Luftschutzkellern befand. Später erwarb er für fünf Pfund eine Fliegeruniform und tauchte von 1942 an als ›Pilot-Officer Don Hulme‹ in den verschiedensten Luftwaffendepots auf, um mit gefälschten Papieren Motorenersatzteile abzuholen und illegal zu verkaufen. Als er gefaßt wurde, fand er im Old Bailey einen milden Richter, der ihm eine zweijährige Bewährungsfrist bewilligte. Hume machte sich daraufhin die Notlage der Kriegsjahre und Nachkriegsjahre zunutze. Er produzierte Toaster und elektrische Geräte, gründete Werkstätten in London und Hay on Way, stand im Verdacht der Beteiligung an Bandendiebstählen, trug teure Anzüge und fuhr kostspielige Autos. Er war ständiger Gast in den teuersten Nachtklubs, bezog eine zwei Stockwerke umfassende sechsräumige Wohnung, ein sogenanntes Maisonette, in der Finchley Road und heiratete die elegante Cynthia, Tochter eines Bankbeamten. Sie fragte wenig danach, woher seine Geldmittel stammten. 1947, als die Notjahre zu Ende gingen und das normale Leben mit seinen Anforderungen an Qualität und Zuverlässigkeit begann, stand Hume wieder vor dem Nichts. Um diese Zeit hatte er Setty kennengelernt und sich diesem anscheinend als Handlanger für allerlei dunkle Geschäfte verkauft, um seinen gewohnten Lebensstil weiterführen zu können.

Die Vertrauensleute behaupteten, Hume sei für Setty an der Überführung alter Militärmaschinen nach Nordafrika beteiligt gewesen. So weit waren die Ermittlungen gediehen, als sich auch der Taxifahrer fand, der Hume am Abend des 5. Oktober von Southend nach London gefahren hatte. Er war mit einer Fünfpfundnote bezahlt worden, die sich noch in seinem Besitz befand. Sie trug eine Seriennummer der Banknoten, die Setty vor seinem Verschwinden bei sich getragen hatte!

Am frühen Morgen des 27. Oktober, um 7.30 Uhr, erschien Jamieson in Humes Wohnung, um ihn vorläufig zu verhaften. Er stieß auf einen kräftigen jungen Mann mit dichten schwarzen Haaren, starken Jochbögen, spöttisch nach unten gezogenen Mundwinkeln und durchdringend kalten Augen. Chefsuperintendent Beveridge schrieb später: »Es ist eine beängstigende Angelegenheit, wegen eines Kapitalverbrechens festgenommen und in eine Polizeistation gebracht zu werden. Ich habe dabei die arrogantesten Leute zusammenbrechen sehen. Hume schien völlig unberührt zu sein ...«

Nach anfänglichen Versuchen, alles abzustreiten, erklärte Hume: Gut, er habe Setty gekannt. Gut, er habe Pakete ins Flugzeug getragen. Er werde also berichten, was wirklich geschehen war. Das

Protokoll über Humes Bericht begann: »Ich bin verheiratet und wohne mit meiner Frau Cynthia und meinem drei Monate alten Sohn in Golders Green. Während des Krieges diente ich achtzehn Monate bei der Royal Air Force; ich habe einen Flugzeugführerschein und bin seit neun Monaten Mitglied des ›United Services Flying Club‹ ... Während der letzten Jahre stand ich in geschäftlicher Beziehung mit Autohändlern in der Warren Street. Unter ihnen befand sich ein Mr. Salvadori. Ich erzählte ihnen, daß ich fliegen könne. Gelegentlich wurde ich gefragt, ob ich Personen mit dem Flugzeug nach Italien oder Belgien bringen könne.« Dann fuhr Hume fort: Am Freitag, dem 30. September, sei er in Salvadoris Büro von einem Manne namens Mac angesprochen worden. Dieser stellte ihn einem zweiten Fremden namens Gree vor. Hume beschrieb die beiden in allen Einzelheiten. Mac habe sich erkundigt, ob er, Hume, Geld verdienen wolle. Hume hatte bejaht und Mac seine Telefonnummer genannt. Am Sonntag, dem 2. Oktober, fragte Mac telefonisch an, ob Hume kurzfristig ein Flugzeug chartern könne. Hume bejahte abermals. Drei Tage später, am 5. Oktober, telefonierte Mac erneut und teilte mit, Hume solle ein Flugzeug bereithalten. Er, Mac, werde ›mit einem Auftrag‹ bei ihm vorbeikommen. Hume bestellte das Flugzeug und einen Selbstfahrer-Leihwagen für die Fahrt nach Elstree. Zwischen 2 und 3 Uhr nachmittags erschienen Mac, Gree und ein dritter Unbekannter, der sich Roy nannte, in Humes Wohnung. Gree und Roy trugen jeder ein Paket. Mac sprach von Druckstöcken für gefälschte Benzinscheine, die in den Paketen untergebracht seien. Hume solle sie über den Kanal fliegen und ins Meer werfen. Dabei spielte er mit einer Pistole. Hume erhielt sechs Fünfpfundnoten. Mac kündigte an, man werde um 8 Uhr abends wieder vorbeikommen und weitere fünfzig Pfund bezahlen. Hume beschrieb auch die Größe der beiden Pakete. Seine Beschreibung deckte sich mit der, die aus Elstree vorlag. Beide waren in Karton und Papier verpackt. Hume stellte sie in einen Kohlenverschlag hinter der Küche. Gegen 3.30 Uhr nachmittags lud Hume die Pakete in den Leihwagen und fuhr mit seinem Hund zum Flughafen. Humes weitere Geschichte deckte sich mit dem Bericht aus Elstree. Neu war nur seine Angabe, er habe das Flugzeug in 300 Meter Höhe über den Kanal hinausgesteuert und ungefähr vier oder fünf Meilen von den Peers von Southend entfernt die Pakete über Bord geworfen. Weil er beim Chartern des Flugzeuges angegeben hatte, er benötige es für einen Flug nach Southend, landete er dort und fuhr schließlich nach London, da es für den Rückflug zu dunkel wurde. Den Taxifahrer bezahlte er mit einer der Fünfpfundnoten, die er von Mac erhalten hatte. Vor seiner Haustür tauchte Mac aus dem Dunkel auf und erklärte drohend, er komme reichlich spät. Er verlangte, daß Hume noch in der kommenden Nacht ein weiteres Paket über dem Kanal abwarf. Schließlich einigte man sich darauf, daß Hume das Paket am folgenden Tage über den Kanal fliegen sollte. Das Paket befand sich in einem Wagen, der am anderen Straßenrand parkte. Mac und Roy trugen es in Humes Wohnung hinauf und stellten es in den Kohlenverschlag. Hume fuhr wörtlich fort: »Am folgenden Morgen, ungefähr gegen 11 Uhr, trug ich das Paket mit Hilfe eines Angestellten der Sounders-Garage in den Wagen. Auf der Treppe gab es in dem Paket ein gurgelndes Geräusch. Ich dachte, es könnte ein menschlicher Körper darin sein ... Am Morgen hatte ich gelesen, daß Setty vermißt wurde. Und plötzlich kam mir der Gedanke, in dem Paket könnte Setty verschnürt sein. Das Paket war von einer Armeedecke umschlossen und mit einer Kordel umwickelt.«

Auch der folgende Teil von Humes Erklärungen deckte sich mit den Ermittlungen in Southend, Gravesend und Elstree. Neu waren nur die Einzelheiten darüber, wie Hume das schwere Bündel über dem Kanal aus dem Flugzeug gestoßen hatte. Am Morgen des 7. Oktober las Hume in der Zeitung die Nummern der Banknoten, die Setty zuletzt bei sich trug. Zu seinem Schrecken stellte er fest, daß die Geldscheine, die er als Bezahlung erhalten hatte, Nummern dieser Serie trugen. Er schloß: »Am Sonntag, dem 23. Oktober, las ich, daß ein Teil von Settys Körper in Essex gefunden worden war. Kurz darauf, um 11 Uhr etwa, klingelte das Telefon ... Der Mann, der sich Roy genannt hatte, meldete sich und fragte, ob ich die Sonntagszeitungen bereits gelesen hätte. Er drohte: ›Ich hoffe, daß du nicht daran denkst, zu schwatzen. Du hast Frau und Kind.‹ Seitdem habe ich von den Männern nichts mehr gehört.«

Humes ›Geständnis‹ fügte sich so genau in die bisherigen Ermittlungen ein, daß Beveridge und MacDougall trotz äußersten Mißtrauens ›nicht daran vorübergehen konnten‹. Sie forderten nochmals eine genaue Beschreibung der drei Fremden. Hume beschrieb jede gewünschte Einzelheit und erklärte: »Sie müssen die Männer in Warren Street aufspüren können.« Da Hume auf Grund seines eigenen Berichts zumindest in dem Verdacht stand, an der Beseitigung Settys beteiligt gewesen zu sein, wenn auch ohne sein Wissen, blieb er in Haft. Jamieson und eine Schar anderer Beamter machten sich noch am gleichen Tage auf die Suche nach Mac, Gree und Roy. Sie fanden Salvadori, in dessen Büro Hume Mac kennengelernt haben wollte. Aber Salvadori erklärte, niemals Männern von der Art eines Mac, Gree oder Roy begegnet zu sein. Im ganzen Viertel von Warren Street wußte kein Mensch, wer sie sein könnten. Die Durchforschung aller Bars und Nachtklubs, in denen dunkle Existenzen wie sie verkehrten, förderte auch nicht die Spur einer Spur zutage. MacDougall gelangte zu der Überzeugung, daß Mac, Gree und Roy niemals existiert hatten, sondern von Humes klug berechnender Phantasie erfunden sein mußten.

Mehrere Beamte schlugen mit der Begründung, Cynthia Hume gegen eventuelle Repressalien der geheimnisvollen Unbekannten schützen zu wollen, ihr Quartier in Humes Wohnung auf. Sie ließen nichts unversucht, um irgendwelche Fingerabdrücke Settys zu finden. Sie vernahmen planmäßig alle Personen, die in den Tagen vom 4. bis 6. Oktober die Wohnung betreten hatten oder mit Hume in Berührung gekommen waren. Sie fanden nicht die Spur eines Fingerabdrucks von Setty. Cynthia Hume erklärte, niemals habe sie Setty in ihrer Wohnung gesehen und noch weniger am 4. oder 5. Oktober irgendwelche ungewöhnlichen Vorgänge in ihrer Wohnung bemerkt. Am 5. Oktober hatte sie sich bei ihrem kranken Kind in den Schlafzimmern des oberen Stockwerkes aufgehalten und das Kind gegen Mittag ins Krankenhaus gebracht. Am 6. Oktober war sie meistens im Krankenhaus gewesen. Im übrigen habe sie sich niemals mit Humes Geschäften befaßt. Trotzdem schien es schwer erklärlich, daß in ihrer Wohnung ein Mord geschehen und eine Leiche zerstückelt und verpackt worden sein sollte, ohne daß sie etwas davon bemerkt hätte. Sämtlichen Nachbarn wurden Bilder Settys gezeigt. Keiner von ihnen erinnerte sich, ihn jemals in der Finchley Road gesehen zu haben. Keiner der Mitbewohner des Hauses hatte am Abend des 4., in der Nacht auf den 5. Oktober und am 5. Oktober ungewöhnliche Geräusche, etwa von einem Kampf, einem Sturz oder vom Schleifen eines schweren Körpers, gehört. Allerdings waren ihnen auch keine zweifelhaften Gestalten wie Mac, Gree oder Roy aufgefallen. Dann aber entdeckte Jamieson die erste Lücke. Er stieß auf Mrs. Stride, die Zugehfrau, die am Mittwoch jeder Woche Humes Wohnung säuberte. Sie kam regelmäßig gegen 2 Uhr und arbeitete bis 5 Uhr nachmittags. Auch am Mittwoch, dem 5. Oktober, hatte sie die Wohnetage betreten, die aus einer Halle, einem größeren Wohnraum und einem links gelegenen Eßzimmer mit anschließender Küche bestand. Zu ihrer Überraschung vermißte sie den Teppich des Wohnzimmers. Hume erklärte, er habe den Teppich am Vormittag zum Reinigen und Färben gegeben. Die Gelegenheit wolle er auch nutzen, die Böden aller Zimmer, mit Ausnahme des Linoleums in der Halle, frisch zu beizen. Schließlich hatte er Mrs. Stride beauftragt, neue Aufwaschtücher zu kaufen, die alten seien verschlissen. Dann war er für eine Stunde in der Küche verschwunden und hatte die Tür hinter sich verschlossen. Später war er mit zwei Paketen unter dem Arm erschienen und hatte die Wohnung verlassen. Die Pakete waren schwer. Mrs. Stride hatte keine Männer bemerkt, die, wie Hume behauptet hatte, am gleichen Nachmittag die ersten beiden Pakete in seine Wohnung getragen haben sollten.

In der Saunders-Garage fand Jamieson kurz darauf einen Arbeiter namens Stadden. Ihn hatte Hume am Vormittag des 6. Oktober beauftragt, die Fußböden zu beizen. Stadden hatte die Arbeit am Mittag begonnen. Etwas später bat Hume ihn, beim Transport eines Paketes zu seinem Wagen behilflich zu sein. Hume hatte versucht, dieses Paket selbst zu tragen, war aber nur bis zur Treppe gelangt. Es war ein großes, zentnerschweres Bündel, in eine Decke eingeschlagen und mit einer Kordel verschnürt. Hume verbot Stadden, dieses Bündel anders anzufassen als an der Verschnürung. Hume mußte den Wagen von der Straße zum Hintereingang des Hauses fahren, um den Weg für den Transport abzukürzen. Sonderbarerweise hatte sich Stadden während der kurzen Fahrt zu ihm in den Wagen setzen müssen, als befürchte Hume, Stadden mit dem Bündel auf der Haustreppe allein zu lassen.

Mehr Belastungsmaterial fanden MacDougall und Jamieson zunächst nicht. Aber es genügte, den Verdacht zu vertiefen, daß Hume selbst der Mörder war und sich hinter einer glänzend erfundenen Geschichte verbarg. Hatte er Setty, der ihn aus irgendwelchen Gründen unbemerkt aufgesucht hatte, am Abend des 4. Oktober getötet? Sei es, um ihn zu berauben, sei es aus anderen, noch zu klärenden Gründen! Hatte die Tat so ausgedehnte Blutspuren auf dem Teppich und den Böden der Wohnetage hinterlassen, daß Hume aus diesem Grunde den Teppich färben und die Böden neu beizen ließ? Hatte er den Toten in dem Kohlenraum hinter der Küche verborgen und am Mittag des 5. Oktober zerstückelt, während seine Frau mit dem Kind beschäftigt war und die Aufwartefrau draußen arbeitete?

Am 29. Oktober erhielt Francis E. Camps den Auftrag, Humes Wohnung auf Blutspuren zu untersuchen. Einen Teil der Arbeit übernahm Dr. Henry Smith Holden, der Direktor des Polizeilaboratoriums von Scotland Yard.

Holden besaß besondere Erfahrungen auf dem Gebiet der Blutspurenkunde, die seit den Tagen Uhlenhuths eine so große Entwicklung erfahren hatte, daß sie innerhalb der Gerichtsmedizin weithin zu einem Spezialgebiet geworden war. Eine ›forensische Serologie‹

war im Entstehen, die zwar in Europa zum größten Teil noch innerhalb der gerichtlichen Medizin wirkte, aber auch schon Tendenzen zur Verselbständigung zeigte. Ihren größten Auftrieb hatte sie durch die Entdeckung erfahren, daß Blut nicht gleich Blut war, sondern daß es verschiedene Blutgruppen gab, die sich wiederum durch Blutfaktoren unterschieden. Die Unterscheidung der Blutgruppen A, B, AB und O sowie mehrere Faktoren hatte es möglich gemacht, aus Blutspuren bedeutsame Schlüsse auf ihre Herkunft von bestimmten Menschengruppen zu ziehen. Das war für kriminalistische Untersuchungen von größter Bedeutung, so daß auch Chemiker und Biologen sich mit der ›forensischen Serologie‹ überall dort befaßten, wo keine gerichtsmedizinischen Institute erreichbar waren. Angesichts der Eigenentwicklung, welche die Blutspurenkunde auf diese Weise einschlug, muß ihr im späteren Verlauf dieser Geschichte ein eigenes, umfangreiches Kapitel gewidmet sein. Im vorliegenden Zusammenhang müssen wir uns mit diesen wenigen Bemerkungen und dem Hinweis begnügen, daß Holden zu den Chemikern gehörte, die sich mit Blutgruppen-Untersuchungen befaßten.

Camps und Holden leisteten sorgfältige Arbeit. Holden stieß an der Unterseite des gereinigten und gefärbten Wohnzimmerteppichs auf einen Fleck von 30 mal 22 Zentimeter Größe. Er war durch Blut verursacht. Infolge der Reinigung des Teppichs war es jedoch unmöglich, Blutart und Blutgruppe zu bestimmen. Die nächsten Blutspuren entdeckte Holden an Bodenbrettern neben der Tür des Wohnraums. Hier war eine Untersuchung möglich: Es handelte sich um menschliches Blut. Weitere Spuren menschlichen Blutes zeigte der Linoleumbelag in der Halle. Sie reichten von der Tür des Wohnzimmers bis zum Eßzimmer. Der Boden des Eßzimmers bestand aus frisch gebeizten Bodenbrettern, an deren Oberfläche alle Spuren zerstört waren. Dafür enthielten die Ritzen zwischen den Bodenbrettern um so mehr Spuren. Zwischen sechs Brettern fand sich menschliches Blut der Gruppe O. Daraufhin ließ Camps den gesamten Fußboden aufreißen. Die Untersuchung des Zwischenraumes zwischen den Brettern und der Decke der darunterliegenden Wohnung förderte eine Tasse voll geronnenen Blutes der Gruppe O zutage. Küche und Kohlenraum wiesen keine Blutspuren auf, während die Wand des Treppenhauses und der Linoleumboden des Badezimmers nur so geringe Spuren lieferten, daß sich nicht feststellen ließ, ob es sich um menschliches Blut handelte. Eine genaue Altersbestimmung des Blutes war nicht mehr möglich. Aber einige Tests deuteten darauf hin, daß es noch sehr jungen Datums war.

Kein Zweifel – im gesamten unteren Teil der Wohnung waren

größere Mengen menschlichen Blutes vergossen und angestrengte Versuche unternommen worden, dieses Blut zu beseitigen. In den glatten Flächen der Küche und in dem Kohlenraum hatten diese Bemühungen offenbar zum Erfolg geführt. Auf dem Linoleum der Halle aber waren trotz der aufgewandten Mühe Blutspuren zurückgeblieben. Daraus ließ sich schließen, daß der ursprüngliche Umfang der Blutlachen und Blutflecke bedeutend größer gewesen war.

Camps und Holden versuchten die Menge Blut festzustellen, die vergossen worden sein mußte, damit so viel geronnenes Blut übrigblieb, wie unter den Fußbodenbrettern des Speisezimmers gefunden worden war. Sie ließen ein Stück Fußboden legen, das dem in Humes Speisezimmer entsprach. Dann gossen sie einen halben Liter frisches Blut darüber aus und kontrollierten in verschiedenen Zeiträumen, wieviel davon sich unter dem Fußboden ansammelte und gerann. Nach mehrtägigen Experimenten kamen sie zu dem Ergebnis, daß wenigstens anderthalb Liter Blut notwendig waren, um die Blutmenge unter den Dielen zu erklären; dabei war nicht das Blut berücksichtigt, das in den Wohnzimmerteppich, auf die Wohnzimmerdielen, den Boden der Halle und des Badezimmers gelangt war. Die große Blutmenge schloß jeden möglichen Erklärungsversuch Humes, es handle sich um zufällig vergossenes Blut, etwa infolge von Nasenbluten, aus. Camps untersuchte schließlich auch die Decke, in die Settys Rumpf eingewickelt gewesen war. Die Decke ließ Versuchsblut, das darüber ausgegossen wurde, ›in großen Strömen glatt durchlaufen‹.

Wenn es im Rahmen dessen, was Hume angegeben hatte, eine Erklärung für die Blutspuren in seiner Wohnung gab, dann nur die, daß das Blut aus den Paketen und Bündeln stammte, in denen – wie er selbst angenommen hatte – Settys Leichnam verpackt gewesen war. Wenn die Pakete aber so viel Blut durchgelassen hatten, hätten sie außen stark mit Blut befleckt gewesen sein müssen. Davon aber hatte Hume kein Wort gesagt. Davon hatten auch Mrs. Stride und Stadden nichts bemerkt. Ferner hätten Pakete und Bündel abwechselnd im Wohnzimmer, in der Halle, im Eßzimmer abgestellt oder durch die Räume geschleift worden sein müssen. Auch davon war bei Humes Vernehmung keine Rede gewesen. Es lag tausendmal näher anzunehmen, daß Hume und niemand anders Setty in seiner Wohnung ermordet, den schweren blutenden Körper durch die Halle, den Speiseraum und die Küche geschleift und dabei überall Blutspuren hinterlassen hatte.

Beveridge argwöhnte, daß Hume während der ersten Vernehmung, bei der die Polizei von den Blutspuren noch nichts wußte, mit infernalischem Geschick deren Wissen abgetastet hatte, um danach seine Geschichte zu erfinden. Er entschloß sich deshalb im Einvernehmen mit dem Ankläger, Christmas Humphreys, die Entdeckung der Blutspuren geheimzuhalten und Hume keine Gelegenheit zu geben, sich Ergänzungen seiner Darstellung auszudenken, die auch die Blutspuren erklärten, ohne daß er als Mörder dastand. Die einzige Möglichkeit, ihn in Widersprüche zu verwickeln, bestand darin, ihn möglichst überraschend mit der Tatsache der Blutfunde zu konfrontieren. Sie rechneten allerdings auch damit, daß Hume bereits irgendeine ergänzende Geschichte bereithielt.

Humphreys erkundigte sich daher bei Camps und Holden, ob sich aus den Blutfunden nicht noch weitere Schlüsse ziehen ließen, die unwiderlegbar bewiesen, daß der Mord in Humes Wohnung geschehen sein mußte und nirgendwo anders geschehen sein konnte. Wie stand es beispielsweise, so fragte er, mit der Gerinnung des Blutes. Er erinnerte sich, in einem gerichtsmedizinischen Werk gelesen zu haben, daß Leichenblut die Fähigkeit verlor, zu gerinnen. Wie war es unter diesen Umständen möglich, daß das Blut unter Humes Eßzimmerboden geronnen war, wenn es aus Paketen mit Teilen eines Toten stammte, der außerhalb der Wohnung vor mehr oder weniger langer Frist ermordet worden war? Im Falle des Bündels mit dem Torso waren im günstigsten Falle zehn Stunden, möglicherweise aber vierundzwanzig Stunden seit Settys Tod vergangen; sein Blut war also nicht mehr gerinnungsfähig. Bestand hier nicht die Grundlage für einen absolut schlüssigen Beweis, daß Humes Geschichte eine Erfindung war und daß das geronnene Blut in seiner Wohnung nur von dem dort ermordeten Setty stammen konnte?

Zwei oder drei Jahrzehnte früher hätten Camps und Holden vielleicht mit gutem Gewissen erwidern können, daß die Tatsache der Blutgerinnung einen Schlüssel zum Beweis von Humes Schuld bieten konnte. In den Jahren 1935 bis 1938 hatten unter anderen der Deutsche Walcher und der Franzose Piédelièvre festgestellt, daß Leichenblut einige Stunden nach dem Tode (Walcher setzte die Frist mit sechs Stunden fest) seine Fähigkeit zur Gerinnung verlor. Aber was damals noch klar oder einfach erscheinen mochte, war jetzt, im Jahre 1949, durchaus nicht mehr sicher. Der Lehrsatz, daß bis zum Tode vergossenes Blut im allgemeinen gerinne, Leichenblut aber nicht mehr gerinne oder in verhältnismäßig kurzer Zeit seine Gerinnungsfähigkeit verliere, war angesichts neuer, sich oft genug widersprechender Erkenntnisse nicht mehr zu halten. Die immer subtiler werdende Erforschung der biologischen und chemischen

Vorgänge im menschlichen Körper hatte gezeigt, daß die Blutgerinnung selbst beim lebenden Menschen ein sehr komplexer Prozeß mit so vielen noch unbekannten Faktoren war, daß Berthold Mueller, einer der führenden deutschen Gerichtsmediziner, 1953 klagte: »Die Vorgänge werden mit Zunahme unserer Kenntnisse eher komplizierter als einfacher.«

Noch um ein Vielfaches schwieriger war das Problem der Gerinnungsfähigkeit des Leichenblutes. Nach einem langsamen Tod im Verlauf einer verzehrenden Krankheit hatte man seit eh und je geronnenes und flüssiges Blut nebeneinander vorgefunden. Beim schnellen Tod dagegen, also auch bei gewaltsamem Tod, stieß man meist auf flüssiges Blut. Brouardel hatte 1897 berichtet, daß das Blut von Erhängten innerhalb der ersten Stunde nach dem Tod gerann und dann wieder flüssig wurde. Seine Berichte waren wieder vergessen worden; erst die Zeit nach dem zweiten Weltkrieg führte zur Neuentdeckung des von Brouardel erwähnten Umstandes und zugleich zur Erforschung vieler neuer, noch verwirrenderer Einzelheiten. Deutsche, wie Schleyer, Berg, Klein, und Sowjetrussen, wie Ydin, Bagdassarow, Guljajew, fanden viele neue Tatsachen. Die sowjetische Blutforschung hatte nach dem spanischen Bürgerkrieg einen großen Auftrieb erfahren. Die Not hatte dazu gezwungen, Leichenblut für Bluttransfusionen zu verwenden. Diese Transfusionen waren nicht nur überraschend erfolgreich gewesen, sondern hatten auch zu vielerlei Erkenntnissen über das Verhalten des Leichenblutes geführt. Es zeigte sich, daß das Blut schnell Verstorbener tatsächlich in den meisten Fällen innerhalb einer mehr oder weniger kurzen Frist nach dem Tode gerann, um sich dann wieder zu verflüssigen. Allgemein schien das Leichenblut eine größere Widerstandsfähigkeit gegen die Gerinnung zu besitzen als Blut von Lebenden. Aber aus dem zeitlichen Ablauf der Gerinnung oder Nichtgerinnung ließen sich keine Regeln ableiten. Die Wiederverflüssigung des anfangs geronnenen Leichenblutes konnte sich nach sowjetischen Erfahrungen innerhalb von dreißig Minuten, aber auch erst nach drei Tagen vollziehen. Gerinnung oder Nichtgerinnung hingen anscheinend von der Art der Körperteile oder Organe ab, aus denen das Blut stammte. Sie wurden aber auch durch eine Vielzahl physiologischer und biochemischer Vorgänge beeinflußt, die vor, während oder nach dem Tode und bei jeder Todesart anders abliefen. Es gab keine sichere Erklärung dafür, weshalb das Herzblut bei schnell eintretendem Tode flüssig blieb, beim langsamen aber gerann. Es gab verschiedene Deutungen dieses Umstandes; man dachte an einen gerinnungsfeindlichen Kohlensäureüberschuß,

der zum Beispiel beim Ersticken durch Sauerstoffmangel hervorgerufen wurde, oder stellte sich einfach vor, daß gewisse chemisch-biologische Vorgänge beim plötzlichen Tode noch einige Zeit weiterliefen, während sie beim langsamen Sterben schon vor dem Eintritt des Todes erloschen. Während der Deutsche Klein in einer Reihe von Untersuchungen die Frist, innerhalb derer das Leichenblut gerinnungsfähig blieb, auf zwei Stunden begrenzte, gab es sowjetische Berichte, denen zufolge die Gerinnungsfähigkeit fünf, sechs und mehr Tage erhalten blieb. Wahrscheinlich waren beide Ergebnisse richtig, weil die Umstände verschieden waren. Der Deutsche Schleyer fand bei peripherem Blut, also bei Blut aus den äußeren Teilen des Körpers, ganz verschieden lange Phasen der Gerinnungsfähigkeit. Aus seinen Beobachtungen zog er den Schluß, daß das Blut nach schnellem Tod zwar gerinnbar war, aber nicht zuerst gerann, um sich nachher wieder zu verflüssigen, sondern von Anfang an flüssig war und später, nach mehr oder weniger langer Zeit, seine Gerinnungsfähigkeit einbüßte. Der Deutsche Steffen Berg dagegen fand die anfängliche Gerinnung mit nachfolgender Wiederverflüssigung bestätigt. Alle Erkenntnisse konnten jedoch nur als vorläufig gelten. Alles war noch im Fluß. Gerichtsmediziner und Serologen suchten erst nach den Wegen, die zur Enträtselung der Geheimnisse des Blutgerinnungsvorgangs führen sollten.
Die Berichte über viele der erwähnten Untersuchungen lagen noch nicht vor, als Camps und Holden sich die Frage stellten, ob sie auf der Grundlage der Blutgerinnung Beweise gegen Hume finden konnten. Beide waren mit Arbeiten des Engländers MacFarlane aus den Jahren 1946 bis 1948 sowie mit sowjetischen Forschungsergebnissen vertraut. Sie überprüften auch nochmals alle wissenschaftlichen Veröffentlichungen, die ihnen zugänglich waren. Darin herrschte weitgehende Übereinstimmung darüber, daß das Blut nach einem schnellen Tode, wie ihn auch Setty erlitten hatte, flüssig blieb oder sich wieder verflüssigte. Diese Tatsache kam ausschließlich Hume zugute, falls er seine Aussagen ergänzen und erklären würde, aus den Paketen oder dem Bündel sei in seiner Wohnung Blut ausgetreten. Dagegen bestand keinerlei Gewißheit über die Frage, wie lange Leichenblut gerann und wann es seine Gerinnungsfähigkeit verlor. Viele Forschungsergebnisse sprachen zwar dafür, daß das Leichenblut nur wenige Stunden gerinnungsfähig blieb. Dadurch wurde Hume aufs schwerste belastet, und Camps sowohl wie Holden waren überzeugt, daß es sich tatsächlich so verhielt. Aber sie wußten nur zu gut, daß es keinen Zweck hatte, vor Gericht mit einem solchen wissenschaftlichen Argument zu

operieren. Jeder geschickte Verteidiger würde mit gegenteiligen Darstellungen aufwarten, die glaubhaft machten, daß Settys Blut tagelang seine Gerinnungsfähigkeit bewahrt hatte, da es keine absolute Gewißheit in dieser Sache gab. Es war daher sinnlos, die Frage der Blutgerinnung überhaupt zu einem Gegenstand der Beweisführung zu machen.

Am 18., 19. und 20. Januar 1950 hatte Christmas Humphreys das Wort als Ankläger im Prozeß gegen Donald Hume vor dem Court Nr. 1 des Old Bailey. Er beschuldigte ihn, Stanley Setty am Abend des 4. Oktober oder in der darauffolgenden Nacht in seiner Wohnung ermordet, seinen Leichnam zerstückelt, in drei Pakete verpackt und diese Pakete am 5. und 6. Oktober vom Flugzeug aus in den britischen Kanal geworfen zu haben. »Mit seinem dichten schwarzen Haar«, so beschrieb der britische Journalist John Williams den Angeklagten, »und seinem runden, frischen Gesicht wirkte er jünger als ein Dreißigjähriger. Aber auch wenn der kalte Ausdruck seiner Augen an diesen Tagen etwas gedämpft war, gaben sein Mund und die Linien über seinen dicken Augenbrauen einen Begriff von seiner Härte.« Es sollte nicht lange dauern, bis Hume den Beweis lieferte, wie hart er war und über wieviel Phantasie er verfügte. Drei Tage lang rief Humphreys seine Zeugen auf; angefangen von dem Flugzeugwart in Elstree über Mrs. Stride bis zu den verschiedensten Warren-Street-Gestalten, die niemals einen Mac, einen Gree, einen Roy gesehen hatten. Aber der eigentliche Coup der Anklage war ohne Zweifel das Erscheinen Francis E. Camps' und Henry S. Holdens, war die Beweisführung über die vorgefundenen Blutspuren. Es war eine absolute Überraschung. »Hume stand in der Anklagebank«, so berichtete John Williams, »die Hände auf dem Geländer. Er sah so beherrscht aus wie immer. Aber innerlich kroch die Erregung in ihm empor. Das hier war ein Triumph der Anklage ...« Aber die Erregung des Anklägers war nicht weniger groß. Er spürte förmlich das Gewicht der entscheidenden Frage: Würde Hume jetzt das Meisterstück gelingen, seine Geschichte so auszubauen, daß sie die Blutfunde erklärlich machte, ohne daß er selbst seine Hand gegen Setty hätte erheben müssen?

Humphreys, Camps und Holden brauchten nicht lange zu warten, um mit atemlosem Erstaunen und Erbitterung zu erkennen, daß Hume die Antwort fand. Als sein Verteidiger Levy ihn in den Zeugenstand rief, wiederholte er zunächst seine Geschichte – bis zu jenem Abend des 5. Oktober, an dem Mac, Gree und Roy das große Bündel in seine Wohnung und in den Kohlenverschlag trugen. Bis hierher war es die gleiche Geschichte. Aber nur bis hierher.

»Was taten Sie mit dem Paket?« erkundigte sich Levy. »Was taten Sie, nachdem die Männer gegangen waren?«

»Ich ging«, antwortete Hume, »in den Kohlenverschlag, um das Bündel an eine Seite zu stellen. Als ich es aufhob, gab es ein gurgelndes Geräusch, und auf dem Boden sah ich eine Blutlache.«

Humphreys schloß für einen Augenblick die Augen. Dann beugte er sich weit vor, um kein Wort, um auch nicht das Geringste zu überhören, was sich vielleicht in Humes weiteren Erklärungen an Angriffspunkten bot. Kalt und beherrscht berichtete Hume, daß ihn in diesem Augenblick die ›Furcht des Christen‹ befallen habe. Er fand Blut im Wohnzimmer, wo das Bündel zuerst gestanden hatte, und wischte es auf. Am folgenden Morgen machte er einen ersten Versuch, das Bündel aus seiner Wohnung und in den Wagen zu schaffen. Er trug es bis zum Küchenschrank, dann ins Eßzimmer. Dabei öffnete sich eine Seite, und eine große Menge Blut quoll heraus. Es lief auch in die Halle hinüber. Er beseitigte das Blut, verschnürte das Bündel mit Hilfe eines Kleides seiner Frau und wickelte eine Decke darum. Noch einmal wischte er überall auf und säuberte die Küche und den Kohlenraum. Dann erst war der Garagenarbeiter, der den Boden an diesem Tage beizen sollte, eingetroffen; er hatte ihn später gebeten, ihm beim Transport des Bündels zu helfen. Der Arbeiter hatte nichts von dem Blut bemerkt. Dann folgte die bereits bekannte Geschichte von der Fahrt zum Flugplatz Southend.

Humphreys spürte die kalt berechnete Lüge. Erregt versuchte er, Hume im Kreuzverhör in Widersprüche zu verwickeln. Vergebens. Er stieß in die einzige Lücke hinein, die Hume vergessen hatte auszufüllen: Humes Geschichte mit dem Bündel bot keine Erklärung für den Blutfleck auf dem Teppich des Wohnraums. Dieser Teppich war bereits am 5. Oktober, unzweifelhaft mit Blut befleckt, in die Reinigungsanstalt gebracht worden. Woher stammte das Blut an diesem Teppich, wenn nicht von einem Mord, den Hume in seinem Wohnraum an Setty begangen hatte. Aber Hume war nicht zu erschüttern. Eiskalt erwiderte er, für diesen Fleck wisse er selbst keine Erklärung. Ob man nicht bei genauem Suchen in zahlreichen Wohnungen und an vielen Teppichen Blutspuren finden werde, deren Ursprung niemand kenne? Seines Wissens stehe nicht einmal fest, ob es sich um Menschenblut handele. Jedenfalls hätten Camps und Holden nichts dergleichen bewiesen.

Bei jeder Antwort Humes verstärkte sich Humphreys grimmige Überzeugung, daß er log. Aber er war machtlos gegen diese Lüge, und Camps und Holden hatten ihm keine Beweismittel liefern können. Als Humphreys sein Kreuzverhör beendete, wußte er, daß der entscheidende Waffengang verloren war. Alles, was jetzt noch folgte, war von zweitrangiger Bedeutung. Es war gleichgültig, daß Levy ein paar Zeugen aus Paris auftreten ließ, die dort den Namen Mac, Gree oder Roy begegnet waren. Es war belanglos, daß Donald R. Teare als Zeuge der Verteidigung erklärte, es sei unwahrscheinlich, daß Hume Settys Knochen zersägt hätte, ohne die Nachbarn zu alarmieren. »Es ist unmöglich«, erklärte Teare aus seiner Erfahrung als Pathologe, »einer Sekretärin zu diktieren, während ein Körper zersägt wird.« All das waren Punkte zweiten Ranges. Entscheidend war, daß, wie ein Berichterstatter sich ausdrückte, der »einzige Tatzeuge, das Blut des Getöteten, nichts Eindeutiges auszusagen hatte«.

Am sechsten Tage des Prozesses, dem 23. Januar, zogen sich die Geschworenen zurück. Als sie in den Saal zurückkehrten, verkündete der Vormann mit einer Stimme, aus der die innere Qual eines Mannes sprach, der selbst empfand, daß Hume ein Lügner war, man ihn aber nicht der Lüge überführen konnte: Die Jury sei außerstande, sich über ein Urteil zu einigen. Humphreys forderte zwar sofort, daß eine neue Jury zusammengestellt und vereidigt werde. Aber er wußte, daß auch diese neue Jury schwerlich anders entscheiden würde. Entschlossen, Hume nicht gänzlich entkommen zu lassen, griff er nach dem Mittel, das Hume selbst ihm in dem Augenblick geboten hatte, in dem er gestand, daß das große Bündel geblutet hatte. Dadurch war er zwar dem Todesurteil wegen Mordes entgangen, aber er hatte zugleich eingestanden, wissentlich an der Beseitigung eines Ermordeten mitgewirkt zu haben. Humphreys erhob also Anklage wegen Beihilfe zum Mord. Auf die Frage, ob Hume sich schuldig oder nicht schuldig bekenne, blieb diesem keine andere Wahl, als sich schuldig zu bekennen. Richter Sellers verurteilte ihn zu zwölf Jahren Zuchthaus. Am nächsten Tage trat Hume die Strafe in Dartmoor an.

»Ganz England«, so schrieb später der Berichterstatter des ›Sunday Pictorial‹, Victor Sims, »fühlte, daß Hume gelogen hatte, um seinen Hals zu retten.« Es fehlte nicht an Stimmen, die erkannten, daß Camps und Holden den Schuldbeweis hätten erbringen können, wenn ihnen ihre Wissenschaft eine sichere Basis zur Verfügung hätte stellen können. Zornig schrieb die Schriftstellerin Rebecca West: »Was die medizinischen Sachverständigen betrifft, so wären sie am besten gleich zu Hause geblieben ...« Es war eine der Stunden, in denen Camps mit tiefer Bitterkeit die Grenzen empfand, vor denen die Gerichtsmedizin auch nach einem Jahrhundert wissenschaftlicher Arbeit stand. Nirgendwo wurde dies deutlicher als in dem Referat, das er am 23. November 1950 vor der gerichtsmedizinischen Gesellschaft in London über den Fall Setty hielt. Bei aller wissenschaftlichen Kühle sprach aus ihm die Überzeugung, daß Hume schuldig war, und zugleich das Gefühl der eigenen Hilflosigkeit. Die Frage, wer Setty getötet habe, schloß er, werde wahrscheinlich immer eine Sache der Spekulation bleiben. Er ahnte in diesem Augenblick noch nicht, daß es nur wenige Jahre dauern sollte, bis eines der ungewöhnlichsten und zynischsten Geständnisse der Kriminalgeschichte den Fall Setty noch einmal ins grellste Rampenlicht rücken und die Frage nach Settys Mörder beantworten würde.

In den frühen Morgenstunden des 1. Februar 1958 wurde Hume vorzeitig aus Dartmoor entlassen. Vier Monate später, am 1. Juni 1958, erschien die englische Sonntagszeitung ›Sunday Pictorial‹ mit der Schlagzeile »Donald Humes aufrüttelndes Geständnis: Ich ermordete Setty und kam ungestraft davon!« Es schien zunächst unglaublich, ungeheuerlich – aber es war Tatsache: Unfähig, ein bürgerliches Leben zu führen, von Geldgier und Zynismus verführt, hatte Hume der Zeitung für 2000 Pfund Sterling die wahre Geschichte des Mordes an Stanley Setty verkauft. Er wußte genau, daß kein englisches Gericht ihn wegen eines Verbrechens, das bereits bei Gericht verhandelt worden war, noch einmal vor seine Schranken rufen konnte.

Humes Geständnis, das vor seiner Veröffentlichung sorgfältig überprüft worden war, bildete eine einzige Bestätigung der Vorstellung über den Ablauf der Tat, die sich aus der gerichtsmedizinischen und kriminalistischen Untersuchung ergeben hatte. Nach dem Zusammenbruch seiner großspurigen Nachkriegsunternehmungen war Hume zu Settys Helfershelfer bei dessen dunklen Geschäften geworden. Er hatte Kraftwagen gestohlen, er hatte Waffen über die Grenze geflogen. Setty hatte ihn gut bezahlt, aber in ihm niemals mehr gesehen als einen ›Bastard‹, einen großmäuligen kleinen Gauner. 1949 war Humes Haß gegen die herablassende Art seines Arbeitgebers aufs Äußerste gestiegen. Als Setty ihn am Abend des 4. Oktober 1949 – ungesehen – in seiner Wohnung aufsuchte, um ihm einen neuen Auftrag zu erteilen, entzündete sich dieser Haß an einer spöttischen Bemerkung. In wilder Wut griff Hume nach einem Dolch und stach auf Setty ein. Setty versuchte zu spät, ihn mit den Beinen abzuwehren. Er stürzte auf den Teppich. Hier erhielt er seine tödlichen Wunden. Das Ganze vollzog sich innerhalb weniger Minuten. Nicht einmal die Fenstervorhänge waren geschlossen. Als alles vorüber war, hatte Hume den schweren Leichnam durch die Vorhalle ins Eßzimmer, von dort in die Küche und schließlich in die Kohlenkammer geschleift, die seine Frau aus Angst vor Mäusen niemals betrat. Dabei war viel Blut auf den Boden geflossen; der Teppich des Eßzimmers zeigte einen großen Fleck. Er wischte alles Blut auf dem Boden vorsichtig auf und versuchte den Teppich zu säubern. Das gelang aber nur unvollständig. Schließlich wischte er alle Gegenstände ab, die Setty berührt hatte oder berührt haben konnte, und entfernte so Settys Fingerabdrücke. Dann ging er zur Straße hinunter, um Settys Citroën, der dort parkte, fortzuschaffen. Er fuhr den Wagen in die Cambridge Terrace News. Dort ließ er ihn im Dunkeln stehen, lief zu Fuß bis zur Avenue Road, fand ein Taxi, fuhr ein Stück und legte den Rest des Weges wieder zu Fuß zurück. Niemand sah ihn, als er gegen 11 Uhr seine Wohnung wieder betrat. Danach trennte er mit einer alten Säge und einem Küchenmesser den Kopf und die Beine von Settys Körper.

Das grausige Werk vollzog sich schnell und leichter als gedacht. Den Kopf verpackte er in eine leere Schachtel der Konservenfabrik Heinz, die durch Stiche verletzten Beine in einen anderen Karton, den Rumpf mit den Armen zuerst in Filz und dann in eine Armeedecke.

Als die Aufwartefrau Mrs. Stride am darauffolgenden Mittag erschien, war Humes Arbeit längst erledigt. Sorgfältig waren die Kohlenkammer und die Küche gesäubert, der Teppich zum Reinigen und Färben fortgetragen und der Auftrag zum Beizen des Fußbodens erteilt. Weder aus den Paketen noch aus dem Bündel war Blut gesickert; das Bündel war lediglich ein wenig feucht geworden, so daß Hume den Arbeiter Stadden veranlaßt hatte, nur die Schnur anzufassen. Da die Zeit drängte, war Hume nicht weit genug über den Kanal hinausgeflogen. Nur dieser Fehler hatte dazu geführt, daß der Rumpf an die Küste von Essex geschwemmt worden war. Die drei Wochen bis zu seiner Verhaftung hatte Hume dazu benützt, weitere Säuberungsarbeiten in seiner Wohnung durchzuführen. Er war schließlich überzeugt gewesen, auch die letzte Spur des Mordes beseitigt zu haben. Erst als die Nummern der Banknoten bekannt wurden, die Setty bei sich trug, begriff Hume, daß er einer Verhaftung nicht entgehen würde. Damals hatte er begonnen, die erste große Lüge zu erfinden: seine Geschichte mit Mac, Gree und Roy. Die Entdeckung der Blutspuren war für ihn eine furchtbare Überraschung gewesen. Aber sie hatte ihn seine zweite große Lüge aushecken lassen, und war diese Lüge – so fragte er – ihm nicht meisterhaft gelungen?

Als Humes beispiellos zynisches Geständnis erschien, hatte er selbst England bereits verlassen. Er gab sich in Zürich unter dem Namen Bird als kanadischer Testpilot aus und warf sein Geld mit vollen Händen zum Fenster hinaus. Als er 1959 einen Raubüberfall auf die Gewerbebank in Zürich unternahm, einen Kassierer verletzte und einen Taxifahrer erschoß, wurde er gefaßt und zu lebenslänglichem Zuchthaus verurteilt.
Sein Geständnis von Juni 1958 bedeutete für Humphreys, Beveridge und seine Beamten eine späte Rechtfertigung. Für Camps und Holden aber war es in zweierlei Hinsicht bedeutungsvoll. Auf der einen Seite lehrte es, daß ihre Untersuchungen und Schlüsse fehlerlos gewesen waren. Aber gerade diese Gewißheit machte es um so schmerzlicher, daß der letzte Beweis an jenem Rest von Unsicherheit gescheitert war, den die Erforschung der Blutgerinnung und zahlreicher anderer Vorgänge nach dem Eintreten des Todes nicht hatte beseitigen können.

24

Im Jahre 1840 veröffentlichte eine der frühesten gerichtsmedizinischen Zeitschriften, ›Henke's Zeitschrift für die Staatsarzneykunde‹, eine Liste der Männer, die ihre Lebensarbeit der forensischen Medizin gewidmet hatten. Sie umfaßte zweiundzwanzig Namen; die Träger dieser Namen lebten in Frankreich, in den deutschen Ländern, in Italien, in Österreich, in Schottland. Sie lebten also in Europa, dem Zentrum der damaligen Welt. Hundert Jahre später, an der Schwelle zur zweiten Hälfte des 20. Jahrhunderts, publizierten mehrere gerichtsmedizinische Zeitschriften neue Listen, in denen sie die Institute für forensische Medizin und die Gerichtsmediziner der Welt zu erfassen suchten. Es gelang ihnen nicht mehr. Ihre Listen umfaßten Tausende von Namen, und ›Welt‹ bedeutete nicht mehr Europa, sondern die gesamte bewohnte Erde. Und trotzdem waren die Listen alles andere denn vollständig. Mochten die Länder, in denen die Wiege der forensischen Medizin gestanden hatte, immer noch den größten Anteil an Forschung und Praxis stellen, mochten Paris, Lyon oder Lille, Berlin, Leipzig, München, Heidelberg, Köln, Erlangen oder Hamburg, Wien, Graz oder Innsbruck, Mailand, Rom, Neapel oder Palermo, Edinburgh oder Glasgow als Stätten gerichtsmedizinischer Arbeit nach wie vor internationalen Rang bekleiden – sie waren nur noch Teile einer weit größer gewordenen forensischen Welt. Im Laufe der Jahrzehnte waren in Europa selbst zahlreiche neue Forschungs- und

Arbeitsstätten der Gerichtsmedizin entstanden, welche die älteren oftmals an Modernität der Ideen und der instrumentellen Ausstattung übertrafen. Sie befanden sich in Zürich, Basel, Bern und Genf ebenso wie in Brüssel, Liège, in Madrid, Valencia oder Barcelona, in Athen, Istanbul oder Ljubljana genauso wie in Budapest, Bukarest, Krakau oder Lodz. Sie standen in Helsinki, Kopenhagen, Oslo und Stockholm, Moskau und Leningrad, London und Leeds. Die wahre räumliche Ausdehnung der forensischen Medizin wurde jedoch erst sichtbar, wenn sich der Blick über die Weltmeere und auf die anderen Kontinente richtete. Da waren die Forschungsinstitute für forensische Medizin in Teheran, in Peking und Shanghai, in Tokio, Fukushima, Hiroshima, Hokkaido, Osaka, Kumanoto und Nagasaki, da waren Brisbane in Australien und Auckland auf Neuseeland, Manila auf den Philippinen, Kairo und Johannesburg in Afrika. Der Blick mußte über ganz Südamerika hinwegstreifen von Buenos Aires und La Plata in Argentinien nach Montevideo in Uruguay, von Santiago und Concepcion in Chile nach Caracas in Venezuela, von Bogota in Kolumbien nach São Paulo, Bahia, Rio de Janeiro, Belo Horizonte und Santa Catarina in Brasilien. Er mußte weiterwandern nach Boston, nach New York, nach Baltimore, nach San Francisco und Los Angeles in den Vereinigten Staaten von Amerika.
Immer noch nahmen allerdings insbesondere die USA eine Außenseiterstellung ein. Rund drei Jahrzehnte nach Charles Norris' Tod war der Kampf zwischen Medical Examiners und Coroners, zwischen der Einsicht in die Bedeutung der forensischen Medizin für die Kriminalistik und dem Glauben, jeder Arzt könne kriminalistische Arbeit leisten, nicht entschieden. Nur sieben weitere amerikanische Bundesstaaten hatten das tausendfach erprobte Medical-Examiner-System von New York übernommen. Nur fünf Staaten hatten die Wählbarkeit der Coroners abgeschafft und vier durch Gesetze festgelegt, daß alle Coroners Ärzte sein mußten. Im überwiegenden Teil des Landes bestimmten immer noch die Coroners das Gesicht der gerichtlichen Medizin.
Selbst im Jahre 1950 waren von den 70 Coroners in Wisconsin noch dreiunddreißig Bestattungsunternehmer – so wie in den Jahren des ›Gesetzlosen Jahrzehnts‹. Und dennoch waren viele Coroners nicht mehr das, was sie einst gewesen waren. Der wachsende Einfluß von Norris' Nachfolgern, von Gonzales bis zu Vance, hatte die Einsichtigen unter ihnen gezwungen, selbst die Reform des Coronersystems in die Hand zu nehmen. Henry W. Turkel, der Coroner von San Francisco, verfügte über gerichtsmedizinische

Möglichkeiten, um die ihn mancher forensische Mediziner der Alten Welt beneiden mußte. Ähnliches galt für den Coroner von Los Angeles. So wie Gonzales oder Helpern in New York nun vor Medizinstudenten in Hörsälen lasen, die zu Norris' Zeiten noch leer geblieben waren, so waren es Pathologen aus den Stäben des Coroners von San Francisco und Los Angeles, Männer wie Newbarr, Myers oder Carr, die einen gerichtsmedizinischen Unterricht an den Universitäten von Kalifornien begründeten. Allan R. Moritz, der das gerichtsmedizinische Institut an der Harvard-Universität gegründet hatte, lehrte forensische Pathologie an der Universität in Cleveland. Richard Ford setzte Moritz' Arbeit in Harvard fort und versammelte Monat um Monat Polizeibeamte aus dem ganzen Lande in Boston, um ihnen eindringlich die Bedeutung der gerichtlichen Medizin vor Augen zu führen. Russell Fischer in Baltimore oder Theo Curphy auf Long Island erstrebten das gleiche Ziel. Sie alle waren immer noch einzelne, behindert durch traditionelle Überlieferung, County-Rivalitäten und veraltete Gesetze. Sie wußten, daß sich die europäische gerichtsmedizinische Entwicklung nicht dem eigenen Lande aufpfropfen ließ, sondern daß unter Kämpfen und Qualen ein eigenes System entstehen mußte, das im Zuge der gesellschaftlichen Stabilisierung der Vereinigten Staaten die gleichen Aufgaben erfüllte wie die forensische Medizin in der Alten Welt. Aber sie hofften mit dem Optimismus ihres Landes, daß auch die forensische Medizin der USA über kurz oder lang die Gerichtsmedizin der übrigen Welt befruchten würde, so wie es die amerikanische Allgemeinmedizin und die medizinische Grundlagenforschung von Jahr zu Jahr in steigendem Maße taten.

Kein Zweifel – in einem Jahrhundert war die forensische Medizin zu einer weltumspannenden Wissenschaft geworden. Aber diese räumliche Weite bildete nur einen Aspekt. Wichtiger war der zweite: das stetige Mühen um die Anpassung an die immer mehr ins Breite gehende und immer schneller ablaufende Entwicklung der kriminalistischen und sozialen Probleme auf der einen und der medizinischen Welt auf der anderen Seite. Von ihren frühesten Stunden an hatte die forensische Medizin zweierlei gelernt: kämpfen und sich wandeln. Eine Epoche lang hatte die Gerichtsmedizin darum kämpfen müssen, ihrer ›Mutter‹, der Medizin, den Sinn ihrer besonderen Aufgabe deutlich zu machen: Brücke zu sein zwischen der Medizin auf der einen und der Justiz und Kriminalistik auf der anderen Seite. In einer anderen Epoche hatte sie mit Erfolg versucht, alles medizinische, naturwissenschaftliche und schließlich auch technische Wissen, das zur Erfüllung ihrer Aufgabe gegenüber der Kriminalistik notwendig war, in sich zu vereinen, für die eigene Aufgabe umzuwandeln, zu erforschen und fortzuentwickeln. Nun, um die Jahrhundertmitte, befand sie sich abermals in einer neuen Epoche, in der die Anforderungen der Kriminalistik alle einst bekannten Maße überschritten und gleichzeitig die medizinischen, die naturwissenschaftlichen, die technischen Erkenntnisse eine solche Breite erreichten, daß sie den Rahmen der forensischen Medizin entweder zu sprengen drohten oder auf naturwissenschaftlich-technischem Gebiet bereits gesprengt hatten. Was in den Fällen Jeannie Donald und Hume angeklungen war – der Erfolg auf Grund einer Fülle von Methoden in den unterschiedlichsten Disziplinen, aber auch Mißerfolg, Zweifel und Erkenntnis der Lücken im Wissen bestimmte das Bild. Wo die gerichtliche Medizin selbst nicht mehr das Sammelbecken für alle Erkenntnisse zu sein vermochte, geriet sie von selbst auf den Weg der Beschränkung auf die Arbeit, die im engeren oder weiteren Sinne ›medizinisch‹ war und trotz dieser Beschränkung eine Weite annahm, die ein einzelner kaum noch zu überblicken vermochte. Darüber hinaus lautete ihr Gesetz nun: Zusammenarbeit mit anderen forensisch-kriminalistischen Wissenschaften, die zum Teil aus ihrem Schoß hervorgewachsen, zum Teil selbständig entstanden waren und uns in späteren Teilen der Kriminalgeschichte beschäftigen werden.

Als Fritz Reuter, einer der geistvollsten Nachfolger Eduard von Hofmanns und Albin Haberdas, im Jahre 1954 einen Ausblick auf den weiteren Weg der forensischen Medizin schrieb, setzte er an dessen Ende das Schillerwort:

»Immer strebe zum Ganzen, und kannst du selber kein Ganzes werden, als dienendes Glied schließ an ein Ganzes dich an!«

Nachwort

Das vorliegende Taschenbuch ›Report der Toten‹ bildet den zweiten Teil der insgesamt dreibändigen Taschenbuchausgabe des Originalwerkes ›Die Stunde der Detektive‹, das 1964 zum ersten Male erschien und seither in zahlreichen Sprachen und Auflagen über die ganze Welt verbreitet ist. Der Umfang des Werkes, das selbst wiederum nur den in sich abgeschlossenen ersten Teil einer vierbändigen allgemeinverständlichen Darstellung der Höhepunkte in der Geschichte der Kriminalistik bildet, machte eine solche Dreiteilung erforderlich. Das vorliegende Taschenbuch umfaßt das zweite Hauptkapitel des Originals ›Was die Toten erzählen‹. Wie bei der Originalausgabe wurde auch bei der Taschenbuchausgabe Wert darauf gelegt, daß jeder Band in sich geschlossen und einzeln lesbar ist.

Der Verfasser hält es für richtig, jedem Taschenbuchband das Nachwort der Originalausgabe ›Das Jahrhundert der Detektive‹ anzufügen, weil es einen Überblick über Entstehung und Ziele des Gesamtwerkes gibt. Es lautet:

Wer mit gutem Gewissen von sich sagen kann, er habe im Laufe vieler Jahre die vorhandene internationale Literatur über die Kriminalpolizei und ihre mit dem Begriff ›Kriminalistik‹ umschriebene Arbeit gelesen, sieht sich ein wenig verwundert der Tatsache gegenüber, daß über die geschichtliche Entwicklung dieser Kriminalistik nur wenige literarische ›Bruchstücke‹ existieren. Die Verwunderung ist um so größer, als die Geschichte des Bemühens der menschlichen Gesellschaft, sich mit Hilfe ihrer Kriminalpolizeien gegen ihren naturgegebenen Antagonisten, die Kriminalität, zur Wehr zu setzen, zu den dramatischsten Stoffen gehört, welche das Leben der Völker, der Gesellschaft und des Menschen zu bieten hat. Im angelsächsischen und französischen Schrifttum gibt es zwar zahlreiche Bücher über Kriminalfälle, viele Memoirenbände von Juristen, Polizeibeamten, Kriminalisten oder Gerichtsmedizinern, und die Fülle der Fachveröffentlichungen über Einzelprobleme der Kriminalistik ist kaum noch zu übersehen. Aber nirgendwo wurde über die erwähnten Bruchstücke hinaus der Versuch unternommen, eine Geschichte der internationalen Kriminalpolizei und ihrer Arbeitsmethoden zu schaffen.

Nach der Niederschrift von ›Das Jahrhundert der Detektive‹ glaubt der Verfasser einige Gründe für die Enthaltsamkeit auf diesem Gebiet zu kennen. Allein der Sammlung der Quellen stellen sich ungewöhnliche Schwierigkeiten entgegen, die ohne große Hilfsmittel nicht zu überwinden sind. Sie führt – wenn man von einigen wenigen Gebieten absieht – in Neuland und in ein weithin unerforschtes ›Gebirge von Stoff‹ hinein. Viele, über die Welt verteilte Mosaiksteinchen müssen zusammengefügt werden. Aus der Vielseitigkeit des Stoffes ergibt sich die Notwendigkeit zum Studium nicht nur der Quellen über Entstehung, Aufstieg und Arbeit der Kriminalpolizei vieler Länder, sondern auch zahlreicher Einzelwissenschaften, die zum unlösbaren Bestandteil kriminalistischer Arbeit wurden. Ohne das Studium von Daktyloskopie, Pathologie und Serologie, Chemie und Physik, Toxikologie, Biologie und Mikrobiologie wäre es schlechterdings unmöglich, einen geschichtlichen Abriß der Kriminalistik zu schreiben. Der gesamte Stoff schließlich ist so umfangreich, daß es sich unmöglich in einem Buch ›bändigen‹ läßt, sondern vier in sich abgeschlossene Bände, also ein umfangreiches Werk verlangt, innerhalb dessen das nun vorliegende Buch ›Das Jahrhundert der Detektive‹ den ersten, in sich abgeschlossenen Band bildet.

Die für das Werk gewählte Darstellungsart, das heißt die Schilderung der Kriminalgeschichte im Rahmen hervorragender internationaler Verbrechen, Kriminaluntersuchungen und Prozesse erfordert darüber hinaus das besonders detaillierte Studium zahlreicher polizeilicher Untersuchungsverfahren und der Protokolle bedeutender Prozesse. Bei vielen allgemeinverständlichen Darstellungen und sogenannten ›Sachbüchern‹ (zu denen diese Arbeit trotz einiger äußerlicher Verwandtschaften nicht gerechnet werden möchte) ist es üblich geworden, den sachlichen Stoff mit Hilfe von Szenen und Dialogen ›aufzulockern‹, so daß sich Wahrheit und Erfindung mischen und der historische Wahrheitsgehalt weitgehend zerstört wird. Das vorliegende Buch ist frei von Erfindungen. Es gibt kein Vorkommnis, keine Szene, keine Schilderung einer Person und keinen Dialog, die nicht quellenmäßig belegt wären, auch wenn der dahinter stehende wissenschaftliche Apparat aus Gründen der Lesbarkeit nicht in Gestalt von Einzelnachweisen und Fußnoten sichtbar wird. Eine solche Darstellung wird erst durch die Erforschung des Quellendetails möglich.

Nichtsdestoweniger scheint es auch jetzt, da mit ›Das Jahrhundert der Detektive‹ der erste Teil des Gesamtwerkes abgeschlossen ist, vermessen, von einer vollständigen Geschichte der Kriminalistik zu sprechen. Wer wirklich den Umfang und die Vielschichtigkeit dieser Entwicklung auch nur annähernd kennt, schreckt vor solchen Bezeichnungen zurück. Eine lückenlose internationale Geschichte der Kriminalistik zu schreiben, müßte zu einem Werk von überhaupt nicht mehr übersehbarem Umfang führen. Es würde den Rahmen einer lesbaren Veröffentlichung sprengen und zum Nachschlagewerk für eine kleine Schar von Spezialisten werden. Es würde nicht mehr die Aufgabe erfüllen, die dem vorliegenden Buch und seinen Nachfolgern gestellt ist, nämlich, Menschen unserer Zeit und unserer Welt in ein Gebiet einzuführen, das zwar durch zahllose Kriminalromane romantisiert wurde und wird, dessen dramatische Wirklichkeit aber weithin unbekannt geblieben ist.

Trotz aller Zurückhaltung hofft der Verfasser sagen zu dürfen, daß mit dem vorliegenden und den späteren Bänden ein erster Überblick über entscheidende geschichtliche Stationen der Kriminalistik entsteht – ein Bild von Höhen und Tiefen, Irrtümern und Gefahren, Erfolgen und Mißerfolgen, die den Weg der Kriminalistik bis heute begleitet haben und trotz der gelegentlichen Träume vom natürlichen Tod des Verbrechens infolge revolutionärer Wandlungen der Gesellschaft bis in die ferne Zukunft begleiten werden.

Castagnola (Schweiz) und Los Angeles (USA)

Jürgen Thorwald

Für Leser, die sich weiter in den Stoff des vorliegenden Buches vertiefen wollen, wird auf das umfassende Quellen- und Literaturverzeichnis der Originalausgabe von »Das Jahrhundert der Detektive« verwiesen.

Bildnachweis

J. Löwy, Wien (1) · Paul Popper, London (1) · Radio Times, Hulton Pictures Library, London (2) · Max Schneider, Wien (1) · Süddeutscher Verlag, München (2) · Ullstein-Bilderdienst, Berlin (3) · Roger Viollet, Paris (1) · Alle anderen Bildvorlagen wurden vom Autor zur Verfügung gestellt.

Register